财政部规划教材
全国高职高专院校财经类教材

经济法基础

司丽娟　主编

中国财经出版传媒集团
中国财政经济出版社

图书在版编目（CIP）数据

经济法基础／司丽娟主编．—北京：中国财政经济出版社，2018.7
财政部规划教材　全国高职高专院校财经类教材
ISBN 978－7－5095－8316－6

Ⅰ.①经… Ⅱ.①司… Ⅲ.①经济法－中国－高等职业教育－教材 Ⅳ.①D922.29

中国版本图书馆 CIP 数据核字(2018)第 134771 号

责任编辑：马立祥　　　　　　　　责任校对：黄亚青
封面设计：构远设计

中国财政经济出版社 出版
URL：http：//www.cfeph.cn
E－mail：cfeph @ cfeph.cn
（版权所有　翻印必究）
社址：北京市海淀区阜成路甲 28 号　邮政编码：100142
营销中心电话：010－88191537　北京财经书店电话：64033436　84041336
北京富生印刷厂印刷　各地新华书店经销
787×1092 毫米　16 开　16.5 印张　399 000 字
2018 年 7 月第 1 版　2019 年 8 月北京第 2 次印刷
定价：38.00 元
ISBN 978－7－5095－8316－6
（图书出现印装问题，本社负责调换）
本社质量投诉电话：010－88190744
打击盗版举报热线：010－88191661　QQ：2242791300

编写说明

本书是财政部规划教材,由财政部教材编审委员会组织编写并审定,作为全国高职高专院校财经类教材使用。

成熟的市场经济应该是法治经济,其运行机制不仅是竞争性经济,而且还应该是规范有序的经济。因此在这种法治化经济条件下,无论是国家管理经济活动,还是主体之间的经济往来,或是商事主体的设立、变更和终止,市场准入和交易习惯规则的制定或实施,市场交易的维护与监管等,都必须有法可依,依法操作。所以,《经济法基础》不仅是一门实践性很强的学科,也是高职高专各专业的必修基础性课程之一。

为适应高职高专教育改革与发展的要求,本教材在组织编写过程中认真结合经济法教学实际的基础上,依据国家最新公布的法律、法规,遵循"需用为准,够用为度,实用为先"原则,力争充分体现高等职业教育的培养目标,具体特点如下:

1. 结构合理,形式新颖。本教材在法律、文献的组织安排上,尽可能地依据高职高专经济类专业对相关法律学习的实际需要而选定;在编写形式上,力求简明扼要、深入浅出。每章均有学完本章学生应达到的知识目标和能力目标的要求;每章开始以案例导入新课,以案说法;具体教学内容中重要知识点穿插教学案例加以说明、帮助理解,尽量减少枯燥、实用性不强的理论灌输;最后还有综合实训练习题,强化对学生实际操作能力的培养。

2. 强调时效,注重实践。本教材在编写过程中,一方面结合我国经济立法实践,及时反映经济法的最新法律制度,以强调教材的应用时效性;二是结合学生专业学习及就业的需要,融入一些民商法的内容(如物权法、代理等制度),以提高学生整体素质和综合能力。

3. 配套习题,强化效果。为了更好地帮助学生理解和掌握经济法律制度及法律知识,提高经济法律实践能力,本教材还同时编写与教材相配套的复习指导,针对教材中所涉及的知识点以练习题的方式进行学习强化,并配有答案方便教师教学和学生自学之用。

本教材由司丽娟任主编,彭明强任副主编,编写人员及分工如下:司丽娟编写第一章、第二章、第五章;彭明强编写第五章(商标法)、第六章、第八章;方颖编写第三章、第九章;王运召编写第四章、第七章;陈子慧编写第十章;卢宁编写第十一章。司丽娟对全书进行了设计、主审与统稿。

本书为用书学校任课老师提供了课后习题答案和电子课件,如有需要,请登录中国财经教育网(http://cjjc.cfeph.cn 或 www.zgcjjy.com)下载,或通过 caijingjiaocai@163.com 索取。

本教材在编写过程中，参阅了目前已出版的国内经济法学的优秀教材、专著、资料和网络、媒体的内容，在此致以诚挚的谢意。由于编者水平有限，时间仓促，书中难免存在不足之处，敬请各位读者不吝赐教，我们将不胜感激。

编　者
2018 年 5 月

目　录

第一章　法治是市场经济的保障——经济法概述 （1）
- 第一节　初识经济法——经济法的概念与调整对象 （2）
- 第二节　开展经济活动的第一步——认知经济法律关系 （4）
- 第三节　学习相关经济法律制度 （7）
- 第四节　谁来给我评评理——经济法律责任与经济纠纷的解决 （13）

第二章　谁动了我的兔子——物权法律制度 （25）
- 第一节　产权的界定——认识物权法 （26）
- 第二节　物权法的核心制度——所有权 （32）
- 第三节　它山之石可以攻玉——用益物权 （41）
- 第四节　债权的保险箱——担保物权 （44）

第三章　让国民经济的细胞健康起来——企业法律制度 （51）
- 第一节　当个小老板——个人独资企业法 （52）
- 第二节　合伙如异体同心——合伙企业法 （57）
- 第三节　现代企业制度——公司法 （66）

第四章　一诺千金——合同法律制度 （94）
- 第一节　初识合同法——合同和合同法 （95）
- 第二节　你情我愿——合同的订立 （97）
- 第三节　"你情我愿"就受法律保护吗——合同的效力 （103）
- 第四节　按部就班——合同的履行 （107）
- 第五节　计划赶不上变化——合同的变更与转让 （113）
- 第六节　好合好散——合同权利与义务的终止 （115）
- 第七节　合同的"紧箍咒"——违约责任 （119）
- 第八节　债务的"备胎"——合同的担保 （122）

第五章　给创新的火花加油——知识产权法律制度 （127）
- 第一节　独享智力成果的保障——知识产权法概述 （128）
- 第二节　天才之火加上利益之油——专利法 （130）
- 第三节　能认出我吗——商标法 （139）

第六章 维护公平竞争的市场秩序——反不正当竞争法 (153)
第一节 规范竞争秩序——反不正当竞争法概述 (154)
第二节 维护市场秩序的"警察"——对涉嫌不正当竞争行为的调查 (160)
第三节 违反反不正当竞争法的法律责任 (161)

第七章 驯服那些桀骜不驯的商业巨头——反垄断法 (166)
第一节 "垄断"的前世今生——反垄断法概述 (167)
第二节 让行为符合规矩——垄断行为的法律规制 (169)
第三节 谁为垄断行为"买单"——反垄断法的法律责任 (171)

第八章 供给侧改革的保证——产品质量法 (176)
第一节 企业生命的开始——产品质量法概述 (177)
第二节 让劣质产品无处可逃——产品质量监督管理制度 (179)
第三节 秉持供给者的基本准则——生产者、销售者的产品质量义务 (180)
第四节 违反产品质量法的法律责任 (181)

第九章 营造和谐消费环境——消费者权益保护法 (186)
第一节 提振消费发力供给——消费者权益保护法概述 (187)
第二节 品质消费的保障——消费者的权利和经营者的义务 (189)
第三节 有效化解消费纠纷——争议解决与法律责任 (195)

第十章 文明社会的代价——税收法律制度 (202)
第一节 无法不成税——税法概述 (203)
第二节 多收多缴——流转税 (205)
第三节 多得多缴——所得税 (210)
第四节 多占多缴——资源税、财产税、行为税 (215)
第五节 税源足额入库的保证——税收征收管理 (218)
第六节 违反税法的法律责任 (221)

第十一章 维护劳动者劳动的尊严——劳动合同法律制度 (227)
第一节 维护劳动者权益的法律——劳动合同法律概述 (228)
第二节 劳动者入职的第一步——劳动合同的订立 (229)
第三节 劳资双方的权利和义务——劳动合同的主要内容 (234)
第四节 劳资双方的合作——劳动合同的履行和变更 (238)
第五节 劳动者"流动"的权益——劳动合同的解除和终止 (241)
第六节 劳资双方的争议——劳动争议的解决 (247)
第七节 违反劳动合同法的法律责任 (249)

参考文献 (255)

第一章
法治是市场经济的保障
——经济法概述

　　人类生存和发展离不开经济活动。调整经济关系、维护经济秩序是法律的首要任务。因此，自从人类社会出现了私有制，出现了国家，就会伴随出现法律现象，也就有了对经济的法律调整。

　　经济法的基本价值就是为了维护经济自由，实现实质正义，维护社会整体的经济秩序。这些基本价值都有别于其他的法律部门。①

——符启林

学习目标：
- □ 了解经济法的概念和调整对象，理解经济法律关系。
- □ 了解"法人制度"、"代理制度"，理解并掌握法人的民事权利能力和民事行为能力、代理权的行使及其法律后果。
- □ 了解仲裁、仲裁协议、诉讼等概念；理解仲裁的基本原则、基本制度、诉讼的管辖，掌握仲裁适用范围及程序、诉讼时效制度及程序规定。

技能目标：
- □ 能运用法人制度、代理制度、仲裁、诉讼等相关法律规定，分析、解决我们生活、工作中存在的实际问题。

【案例导入】

　　2015年底，某家电商场购进了一种新型空调，定价3108元。营业员张某在制作价签时错写为2108元。2016年初，王某在商场看到这款新型空调，觉得价格便宜，就买了两台，

---

① 符启林：《中国经济法法律体系的形成和立法现状》，中国网，2011年3月10日。

并用信用卡支付了货款。2016年底，商场盘点时发现少了2000元货款，经查是张某贴错价签造成的。商场很快找到王某，让其补交2000元货款，或退两台空调，商场返还王某4216元。而王某认为买卖关系已经生效，且营业员贴错价签是商场内部的事，与自己无关，当即拒绝了商场的要求，商场不得已将王某告上了法庭。

问：
(1) 什么是经济法律行为？如何判断经济法律行为的效力？
(2) 结合经济法律行为效力判断的理论分析该案应如何处理。

（资料来源：赵炬，《经济法基础与实务》，北京邮电大学出版社2016年版。）

第一节　初识经济法——经济法的概念与调整对象

一、经济法的概念

"经济法"的概念虽然起源于法国，但是具有现代意义的"经济法"一词却是由德国学者最先使用的。我国经济法研究自改革开放以来蓬勃兴起，产生过诸多经济法论说。本书综合各种学说见解，认为经济法是产生于市场经济基础之上的，体现国家干预经济意志的新兴法律，是调整国家在经济管理和协调发展经济活动过程中所产生的经济关系的法律规范的总称。简而言之，经济法就是调整一定范围内的经济关系的各项经济法律规范的总称。经济关系包括人们在物质资料的生产、交换、分配、消费等方面的关系，实际上就是各种经济主体在经济活动中发生的关系。

二、经济法的调整对象

经济法的调整对象是指经济法所调整的具体的社会关系，是指特定的经济关系，即国家在管理调控经济运行过程中所发生的经济关系。这些关系主要体现在：

（一）经济管理关系

经济管理关系是指国家组织领导与管理国民经济过程中所形成的经济关系，包括宏观管理与微观管理两方面的内容。宏观管理经济关系一般包括国家在计划与产业政策的制定和实施，经济预算及其投资引导，税收、金融、物价调节、土地利用规划、标准化管理等活动中所产生的经济关系；微观管理经济关系一般包括国家在税收征管、金融证券监管、贸易管制、物价监督、企业登记管理、交易秩序管理等活动中产生的经济关系。在实践中，这两方面的内容往往是交织在一起的。

（二）维护公平竞争关系

维护公平竞争是国家协调发展经济活动的重要方面。这一关系是指国家为了维持市场经济的正常运行和保持其活力，而采取的相应的措施，以维护、促进或限制竞争的过程中所形成的社会经济关系。我国经济是社会主义市场经济，为了保证市场经济健康有序地发展，必须建立统一、开放的市场体系，以促进各种生产要素的自由流动，充分发挥市场竞争机制的作用。但是，市场竞争也往往具有限制竞争和妨害竞争的问题，出现垄断和不正当竞争的倾向。垄断和不正当竞争是妨碍市场经济发展的大敌，这就必须通过经济法规对市场经济关系加以协调，以完善市场规则，有效地反对垄断，制止不正当竞争，维护市场公平、自由竞争的经济秩序。

（三）经济组织内部经济关系

这里的经济组织是指以企业为主体的各类经济组织，其内部经济关系是指其自身在组织经济活动中发生的各种内部经济管理关系，包括企业领导机构与其下属生产组织之间、各生产组织之间以及企业与职工之间在生产经营管理活动中所发生的经济关系。健全和完善的经济组织内部关系是保证社会经济关系健康有序发展的前提。为了保证经济组织行为的规范性和有效性，国家有必要通过法律手段对经济组织的内部经济关系进行协调，以达到维护经济秩序和交易安全的目的。这一内容包括经济组织的主体资格类型以及各类型的内部组织管理、财务会计、投资立项、劳动用工、工资制度、奖惩措施和安全管理等。

（四）劳动和社会保障关系

这是指国家对社会成员在劳动、收入、福利、社会救助、社会保险等保障方面发生的经济关系。社会保障的主要功能，就是建立以社会化为标志的生活安全网，来消除竞争机制运行过程中产生的社会不安定因素及其所引起的社会震动。它的作用就在于通过救助、扶贫和扶持经济开发等措施，调节收入的过大差距，以缓和社会成员之间可能出现的矛盾；并通过社会保障的各种措施，增进公民的福利水平，提高其文化素质和生活质量，进而促进劳动力的合理流动和市场经济的健康发展。因此，社会保障是维护社会化大生产、促进生产力发展的必不可少的手段，也是促进社会安定团结、使社会发展进入良性循环的社会稳定机制的调节机制。

> **相关链接**
>
> 法的调整对象是特定的法律关系。通常人们判断一个法域是不是独立的法律部门，关键是看它有没有自己独特的调整对象。而经济法的确存在，其调整对象就是一切需要由国家介入干预的特殊的经济关系，且在我国目前的社会条件下经济法存在有着重大意义。经济法的调整任务是要把事实上的经济关系变成由法律保障实施的经济法律关系。

第二节　开展经济活动的第一步——认知经济法律关系

法律关系是社会关系的一种，是人们在社会生活中受法律规范所调整而形成的权利义务关系。法律关系由法律关系主体、法律关系内容和法律关系客体三要素构成。在一项法律关系中，权利义务归属的主体，称之法律关系的主体；权利和义务则是法律关系的内容；权利和义务共同指向具体的对象，称之为法律关系的客体。

一、经济法律关系的含义与要素

（一）经济法律关系的含义

经济法律关系是法律关系的一种，是指由经济法确认和调整的经济主体之间所形成的权利义务关系，即经济法主体根据经济法律规范产生的，经济法主体之间在国家管理与协调经济过程中形成的权利与义务关系。

（二）经济法律关系的要素

经济法律关系也是由三个要素所构成，即经济法律关系的主体、经济法律关系的客体和经济法律关系的内容。三者缺一不可。

1. 经济法律关系的主体

它是指在经济管理和协调过程中依法独立享有一定权利和承担一定义务的当事人。享有一定权利的当事人叫作权利主体，承担一定义务的当事人则称为义务主体。经济法律关系主体范围十分广泛，其大致可分为两大类：

（1）经济管理主体。这主要是指依据宪法和行政法及其他有关法律、法规设立，由宪法和行政法及其他有关法律、法规规定其性质、职能、任务、隶属关系等，承担组织、管理和协调经济职能的组织或机构。其主要是指国务院及其承担经济管理职能的部、委、局、会、行和地方政府及其相应机构，也包括各级权力机关，以及由国家和法律授权而承担某种经济管理职能的其他组织等。

（2）经济活动的主体。这是指依据民法、经济法、行政法以及其他法律、法规设立，从事经济活动的组织和个人。这类主体主要包括：

①企业法人和其他经济组织。这是经济法主体中最主要的生产经营主体。

②事业单位法人。这是由国家财政或其他单位拨款，不以营利为目的文化、教育、卫生等组织。

③社会团体法人。社会团体是指我国公民行使结社权利自愿组成，为实现会员的共同意愿，按照其章程开展活动的非营利性社会组织。包括各类使用学会、协会、研究会、促进会、联谊会、联合会、基金会、商会等称谓的社会组织。

④公民、个体工商户和农村承包经营户。公民、个体工商户和农村承包经营户除了可以

作为民事主体以外，他们在国家干预经济运行过程中与其他经济主体发生经济权利和经济义务时，可以成为经济法律关系的主体。

此外，企业法人的内部机构，虽不具备法人资格，但在一定条件下也能成为经济法律关系的主体，如公司的股东会、董事会行使经济职权，分公司依法作为纳税人参加税收法律关系等。

> **相关链接**
>
> 法人是经济法律关系中最常见的主体，它是指具有民事权利能力和民事行为能力，依法独立享有民事权利、承担民事义务的社会组织。法人根据其业务性质可分为企业法人、机关法人、事业单位法人和社会团体法人。企业法人是以营利为目的，从事生产经营活动的法人。机关、事业单位和社会团体法人，都不进行生产经营活动，不以营利为目的。

2. 经济法律关系的内容

它是指经济法律关系主体享有的经济权利和承担的经济义务。它是联系经济法律关系主体的纽带。

（1）经济权利。经济权利是指经济法律关系的主体在经济管理和经济协调关系中依法具有的自己为或不为一定行为和要求他人为或不为一定行为的资格。

经济权利的本质在于满足经济法律关系主体的经济利益。经济法律关系主体通过权利的行使，在实现自身利益的过程中，同时也实现了国家利益和社会利益。因此，经济利益是权利的实质和核心内容。经济法赋予经济法律关系主体一定的权利，就意味着经济法律关系主体获得了实现经济利益的自由。

（2）经济义务。经济义务是指经济法律关系主体为了满足特定的权利主体的权利，在法律规定的范围内必须实施或不实施某种经济行为。这是相对于经济权利而存在的，是法律对经济法律关系主体行为的限制和约束。

3. 经济法律关系的客体

经济法律关系的客体是指经济法律关系的主体享有的权利和承担的义务所共同指向的对象。概括起来，可分为三大类：

（1）物，亦称有体物。这是指可以为人们控制和支配，有一定经济价值并以物质形态表现出来的物体。有些物不能为人所控制或支配，或即使可为人控制，但无一定的经济价值的物，就不能作为经济法律关系的客体。

（2）经济行为。它是指经济法律主体为达到一定经济目的所进行的行为。它具体包括：经济管理行为、完成一定工作的行为、提供一定劳务的行为。

（3）非物质财富。它是指不具有独立的实物形态，但可为经济法主体所控制，并具有经济价值的脑力劳动成果。如商标、专利、专有技术、计算机软件等。

经济法律关系的三个要素是紧密联系、不可分割的有机组成部分，抽去其中任何一个就不能构成经济法律关系，变更其中任何一个也不再是原来的经济法律关系。

> **案例分析**
>
> 甲手机制造商与乙物流公司签订运输合同，约定在合同签订之日起10日内由乙公司从F地运送5车货物到H地，货物运抵目的地后7日内甲公司向乙公司支付运费。问：甲公司与乙公司是否形成经济法律关系？如果形成经济法律关系，主体、客体、内容是什么？
>
> 【解析】甲公司与乙公司签订运输合同这个行为使双方形成经济法律关系。其中，主体是甲、乙两公司；客体是乙公司为承运设备提供的服务；内容中的权利是甲公司有权要求乙公司按时将货物送达H地，乙公司在完成运送任务后有权向甲公司索要运费，同时，甲公司的义务是向乙公司支付运费，乙公司的义务是确保货物安全运达。

二、经济法律关系的产生、变更与终止

（一）经济法律关系的产生、变更与终止的含义

经济法律关系的产生是指由于一定的客观情况的出现，使特定的经济法律关系主体之间形成某种经济权利和经济义务关系。经济法律关系的变更是指由于一定的客观情况的出现，使经济法律关系的构成要素发生改变。经济法律关系的三个要素（即主体、内容和客体）只要有一个发生变化，便可引起经济法律关系的变更。经济法律关系的终止是指由于一定的客观情况的出现，使经济法律关系主体之间的经济权利和经济义务关系归于消灭。

（二）经济法律关系的产生、变更和终止需要具备的条件

1. 经济法律规范

经济法律规范是指经济法律关系产生、变更和消灭的法律依据。

2. 经济法主体

经济法主体是指权利与义务的实际承担者。

3. 经济法律事实

经济法律事实是指由经济法律规范所规定的，能够引起经济法律关系产生、变更和消灭的客观事实。经济法律事实按照其发生是否与当事人的意志有关为依据，可将法律事实分为事件和行为两类：

（1）事件，是指不依经济法主体的主观意志为转移的，能引起经济法律关系发生、变更和消灭的客观事实，包括自然现象和当事人无法预见和控制的社会事件。前者如由于自然原因而发生的火灾、水灾、风灾等引起的保险合同赔偿责任，后者如由于战争、罢工、骚乱引起经济法律关系的变更或消灭。

（2）行为，是指以权利主体意志为转移的，能够引起经济法律关系发生、变更和终止的、有意识的活动。行为依其与法律规范的要求是否一致，分为合法行为和违法行为。这两种行为都可以引起经济法律关系的发生、变更和消灭。不同的是合法行为是受到法律保护的行为，而违法行为则是要承担法律责任的行为。

可见，法律规范是经济法律关系产生的前提，法律规范是确定法律事实的依据，法律事实是引起经济法律关系产生、变更和终止的具体原因。

想一想：
1. 刮风、下雨等自然现象，散步、看书等人类活动是不是法律事实？
2. 理发店理发、商场购物是不是法律事实？

【解析】经济法律关系的产生、变更与终止是基于一定的法律事实。法律事实就是那些能够引起经济法律关系产生、变更、终止的客观事实，但并不是所有的自然现象和人的活动都可以成为法律事实，比如上述刮风、下雨等自然现象和散步、看书等人类活动就不是法律事实，因为它不能引起经济法律关系的产生、改变和消灭；而理发店理发、商场购物属于法律事实，因为它能引起顾客与理发店、商场间形成被服务与服务的经济关系，由消费者权益保护法来调整。需要注意的是客观事实只有将法律规定和它的一定法律后果联系起来，才能成为法律事实。

第三节　学习相关经济法律制度

一、法人制度

（一）法人的概念

法人是自然人的对称，是另一类重要的民事主体。《中华人民共和国民法总则》（简称《民法总则》）第五十七条规定，法人是具有民事权利能力和民事行为能力，依法独立享有民事权利和承担民事义务的组织。也就是说，法人就是能够以自己的名义享有民事权利和承担民事义务的组织。

小贴士：
社会组织之所以称为法人，是因为它是依法律创设的民事主体，已获得法律的承认而取得法律上的人格，是社会组织在法律上的人格化。

（二）法人成立的条件

《民法总则》第五十八条规定，法人应当依法成立。在我国设立法人组织既要符合我国法律对成立法人的实质条件的规定，又要符合我国法律对设立法人组织需要履行的程序方面的规定，法律规定需要登记的就得登记，应当经过审批的必须经过有关机关的审批，否则，不能成立法人组织。

按照《民法总则》第五十八条规定，成立法人必须同时具备以下条件：

（1）有自己的名称。法人的名称是一个法人区别于其他组织的标志，因此名称是成立法人的一个条件。

（2）有与之相适应的组织机构。法人的组织机构是法人行使其职权和从事日常工作不可缺少的常设机构，也是法人独立享有民事权利和承担民事义务的保证。

(3) 有住所。法人以其主要办事机构所在地为住所。依法需要办理法人登记的，应当将主要办事机构所在地为住所。

小贴士：

住所与场所不同，住所是法人法律意义上的住址，场所是法人开展活动的场地。法人可以有多处场所，但只能有一个住所。

(4) 有必要的财产或者经费。必要的财产和经费是法人从事民事活动的物质基础，是法人享有民事权利和承担民事义务的前提，也是其承担民事责任的财产保障。

小贴士：

法人的独立责任是指法人在违反义务而对外承担责任时，其责任范围应当以其所拥有或经营管理的财产为限，与法人成员和其他人的财产无关。独立责任使得法人和其成员在人格上得以彻底分离，使法人取得独立的法人人格。

（三）我国法人的分类

按照《民法总则》的规定，我国法人可分为三类：一是营利法人；二是非营利法人；三是特别法人。

1. 营利法人

营利法人是以取得利润并分配给股东等出资人为目的成立的法人。营利法人在我国经济活动中占主导地位，是最重要的民事主体之一。营利法人又可分为公司法人和非公司法人。公司是按照公司法的要求设立和运作的企业法人，在我国包括有限责任公司和股份有限公司两种形式。非公司法人是指非依公司法设立的企业法人，如依据《全民所有制工业企业法》设立的国有企业等。

2. 非营利法人

非营利法人是为公益目的或者其他非营利目的成立，不向出资人、设立人或者会员分配所取得利润的法人。非营利法人包括事业单位、社会团体、基金会、社会服务机构等。

（1）事业单位法人。事业单位法人是具备法人条件，为适应经济社会发展需要，提供公益服务设立的事业单位。如各类从事科研、教育、文化、卫生、体育、新闻、出版等公益事业单位。这类法人经依法登记成立，取得事业单位法人资格；依法不需要办理法人登记的，从成立之日起，具有事业单位法人资格。

（2）社会团体法人。社会团体法人是指具备法人条件，基于会员共同意愿，为公益目的或者会员共同利益等非营利目的设立的社会团体。社会团体法人包括各种政治团体（如各民主党派）、人民群众团体（如工会、共青团、妇联）、社会公益团体（如残疾人联合会）、学术研究团体（如法学会）等。这类法人经依法登记成立，取得社会团体法人资格；依法不需要办理法人登记的，从成立之日起，具有社会团体法人资格。

（3）基金会、社会服务机构法人。基金会、社会服务机构法人指具备法人条件，为公益目的以捐助财产设立的基金会、社会服务机构等组织。这类法人经依法登记成立，取得捐助法人资格。依法设立的宗教活动场所，具备法人条件的，可以申请法人登记，取得捐助法人资格。法律、行政法规对宗教活动场所有规定的，依照其规定。

3. 特别法人

特别法人包括机关法人、农村集体经济组织法人、城镇农村的合作经济组织法人、基层群众性自治组织法人。

我国《民法总则》第九十七、第九十九条至一百零一条规定，有独立经费的机关和承担行政职能的法定机构，从成立之日起，具有机关法人资格，可以从事为履行职能所需要的民事活动。农村集体经济组织依法取得法人资格。法律、行政法规对农村集体经济组织有规定的，依照其规定。城镇农村的合作经济组织依法取得法人资格。法律、行政法规对城镇农村的合作经济组织有规定的，依照其规定。居民委员会、村民委员会具有基层群众性自治组织法人资格，可以从事为履行职能所需要的民事活动。未设立村集体经济组织的，村民委员会可以依法代行村集体经济组织的职能。

（四）法人的民事权利能力和民事行为能力

法人的民事权利能力是指法律赋予法人从事民事活动，享有民事权利和承担民事义务的资格。法人的民事行为能力是指法人通过自己的行为从事民事活动，取得民事权利和承担民事义务的能力。

法人的民事权利能力由法人核准登记的经营范围决定。从维护相对人的利益和促进交易的角度出发，相关司法解释规定，当事人超过经营范围订立合同，不违反国家限制经营、特许经营以及法律、行政法规禁止经营规定的，人民法院不因此认定合同无效。由于不同法人的民事权利能力范围不同，因此，与其相对应的法人的民事行为能力的范围也不一致。

小贴士：

法人作为民事主体与自然人一样具有民事权利能力和民事行为能力。

（五）法定代表人

法定代表人是指依照法律或者法人章程的规定，代表法人从事民事活动的负责人，如厂长、经理、董事长、校长、院长等。法定代表人以法人名义从事的民事活动，其法律后果由法人承受。法定代表人因执行职务造成他人损害的，由法人承担民事责任。法人承担后，依照法律或者法人章程的规定，可以向有过错的法定代表人追偿。法人章程或者法人权力机构对法定代表人代表权的限制，不得对抗善意相对人。

> **知识延伸**
>
> 在我国，不具有法人资格，但是能够依法以自己的名义从事民事活动的组织称之为非法人组织。非法人组织包括个人独资企业、合伙企业、不具有法人资格的专业服务机构等。这些社会组织既非自然人，也没有法人资格，但是我国法律赋予其民事权利能力，允许其以各自名义开展各类社会活动。

二、代理制度

（一）代理的概念及特征

代理是指代理人在代理权限范围内，以被代理人（又称本人）的名义与第三人（又称相对人）实施民事法律行为，其法律后果直接由被代理人承担的法律制度。其中，代为他人实施民事法律行为的人，称为代理人；由他人以自己的名义代为民事法律行为，并承受法律后果的人，称为被代理人。

代理具有以下法律特征有：

（1）代理人必须以被代理人的名义实施法律行为。这是因为代理的法律后果由被代理人承受，而非归属于代理人。

小贴士：

非以被代理人名义而是以自己的名义代替他人实施的法律行为不属于代理行为。如行纪、寄售等受托处分财产的行为。

（2）代理人在代理权限内独立地向第三人进行意思表示。代理行为属于法律行为，代理人在代理权限范围内，有权根据情况独立进行判断，并直接向第三人进行意思表示，以实现代理目的。

小贴士：

非独立进行意思表示的行为，不属于代理行为。如传递信息、居间行为等。

（3）代理行为的法律后果直接归属于被代理人。这使代理行为与无效行为、冒名欺诈等行为区别开来。

（二）代理的适用范围

代理适用于民事主体之间设立、变更和终止权利义务的法律行为。在社会经济生活中，代理行为被广泛行使。但依照法律规定或按照双方当事人约定，应当由本人实施的民事法律行为，不得代理，如遗嘱、婚姻登记、收养子女等。

（三）代理的种类

代理包括委托代理、法定代理。

（1）委托代理。委托代理是代理人根据被代理人的授权委托行为而产生的代理。在委托代理关系中，被代理人称为委托人，代理人称为受托人。委托代理，可以用书面形式，也可以用口头形式。法律规定用书面形式的，应当用书面形式。委托代理授权采用书面形式的，授权委托书应当载明代理人的姓名或者名称、代理事项、权限和期间，并由被代理人签名或者盖章。

（2）法定代理。法定代理是指代理人根据法律的直接规定而产生的代理。它主要适用于被代理人为无民事行为能力人或者限制民事行为能力人的情况。

案例分析

公民李某委托新东安画廊经理程某购买某著名画家张某的一副《春色》油画，双方签订委托合同，约定合同价款为人民币 50 万元。其后，画廊经理程某以李某名义与画家张某达成一份书面协议，约定以人民币 50 万元购买其正在画廊展出的《春色》油画，待画展结束即交付该画并付款。10 天后，因画廊经理程某涉嫌伤害罪，被司法机关逮捕，有三位债权人同时起诉该画廊。画家张某得知后，遂派人去画廊取回油画。李某闻讯，找到张某，要求其交付《春色》油画。

请问：李某是否有权要求张某交付油画？

解析：本案中，程某受李某委托，在李某的授权范围内以李某的名义与张某签订了买卖《春色》油画的协议，产生了两个法律关系：一个是代理法律关系，程某是代理人，李某是被代理人，张某是相对人或第三人；另一个是基于程某的代理行为产生的法律后果——油画买卖合同法律关系。由于代理行为所产生的法律效果直接由被代理人承担，因而，油画买卖合同的双方当事人是李某和张某，作为买方，李某有权要求张某交付合同的标的物——油画，而作为卖方则有依照约定交付标的物的义务；相应地，李某有付款的义务，而张某有要求付款的权利。

（资料来源：柯新华，《经济法原理与实务》（第四版），上海财经出版社2016年版。）

（四）代理权的行使

代理人行使代理权必须是为了被代理人的利益，这是行使代理权的本质要求。代理人不履行或者不完全履行职责，造成被代理人损害的，应当承担民事责任。代理人原则上应当由本人亲自完成代理事务，不得擅自转委托代理。

1. 禁止滥用代理权

滥用代理权的表现形式有以下三种：（1）自己代理：是指代理人以被代理人的名义与自己进行民事活动；（2）双方代理：是指同一代理人代理双方当事人进行同一项民事活动；（3）恶意串通：是指代理人与相对人恶意串通损害被代理人的利益。

滥用代理权的行为属无效法律行为，给被代理人及他人造成损失的，应当由代理人承担相应的赔偿责任。代理人和相对人恶意串通，损害被代理人合法权益的，代理人和相对人应当承担连带责任。

2. 无权代理

无权代理是指在没有代理权的情况下以他人名义实施的代理行为。无权代理包括三种表现：（1）没有代理权而实施的代理；（2）超越代理权而实施的代理；（3）代理权终止后实施的代理。

小贴士：

超越代理权限的部分属于无权代理。

在无权代理的情况下，未经被代理人追认的，对被代理人不发生效力。相对人可以催告被代理人自收到通知之日起一个月内予以追认。被代理人未作表示的，视为拒绝追认。行为人实施的行为被追认前，善意相对人有撤销的权利。撤销应当以通知的方式作出。

行为人实施的行为未被追认的，善意相对人有权请求行为人履行债务或者就其受到的损害请求行为人赔偿，但是赔偿的范围不得超过被代理人追认时相对人所能获得的利益。

相对人知道或者应当知道行为人无权代理的，相对人和行为人按照各自的过错承担责任。

3. 表见代理

表见代理是指行为人没有代理权、超越代理权或者代理权终止后，仍然实施代理行为，相对人有理由相信行为人有代理权的情形。在此情况下,《民法总则》第一百七十二条规定,代理行为有效。

小贴士:
　　法律确立表见代理的意义在于维护人们对代理制度的信赖,保护善意无过失的当事人,进而保障交易安全。
　　表见代理须具备以下构成条件:(1)存在无权代理行为;(2)相对人在客观上有理由相信无权代理人有代理权;(3)相对人主观上是善意的且无过错。
　　除上述几种情况之外,无权代理均不对被代理人产生任何法律效力。无权代理行为视同为无效民事行为,并产生与之相同的法律后果。

想一想:
　　(1)嘛嘛香大酒店委托采购员李某采买某种海鲜食材100斤,后李某见这种海鲜食材市场价格有上涨趋势,又考虑到临近双节,故代买了150斤。问:怎样判定李某的代买行为?
　　(2)甲公司委托乙购买重型汽车一辆,同时丙公司也委托乙出卖重型汽车一辆。于是乙就同时代理甲丙两公司签订了重型汽车买卖合同。问:乙同时代理甲丙两公司签订的重型汽车买卖合同有效吗?

【解析】
　　(1)李某的代买行为是部分有效民事行为。李某代买的150斤海鲜食材,其中100斤属于有权代理,50斤属于无权代理。
　　(2)这个合同无效。该行为是滥用代理权情形之一的双方代理,为无效行为。

(五)代理权的终止

　　《民法总则》第一百七十三条规定了委托代理因下列情形之一而终止:(1)代理期间届满或者代理事务完成;(2)被代理人取消委托或者代理人辞去委托;(3)代理人丧失民事行为能力;(4)代理人或者被代理人死亡;(5)作为代理人或者被代理人的法人、非法人组织终止。
　　我国《民法总则》第一百七十五条规定了法定代理,因下列情形之一的而终止:(1)被代理人取得或者恢复完全民事行为能力;(2)代理人丧失民事行为能力;(3)代理人或者被代理人死亡;(4)法律规定的其他情形。

> **相关链接**
>
> ### 民法总则彰显人文关怀
>
> 　　作为中国民法典的开篇之作,《中华人民共和国民法总则》15日获十二届全国人大五次会议表决通过,自2017年10月1日起施行。中国民事法律制度从此开启"民法典时代"。民法总则不仅充分构建了我国民商事法律制度的基本框架,还详细规定了民事活动必须遵循的基本原则和一般性规则,为民法典后续的各分编内容提供了基本的体系和框架。因此,民法总则的颁布在我国法治进程中具有划时代意义。
> 　　民法总则构建了内涵丰富的权利体系。自然人的人身自由、人格尊严受法律保护;

保护自然人的个人信息权;对知识产权作出保护规定;在传统财产权利基础上将投资性权利纳入保护范围……民法总则不仅保护了公民的人格尊严、使公民免受非法侵扰,维护了社会秩序,还反映了互联网时代下法律的与时俱进。

民法总则强调了对弱势群体的倾斜保护。民法总则通过扩大被监护人范围、调整监护人范围、强化国家监护职能、完善撤销监护相关规定、降低限制民事行为能力人的最低年龄、延长诉讼时效等一系列措施,强调对妇女、未成年人、老年人、残疾人、消费者等弱势群体的保护,为后续各分编拟定具体倾斜保护措施奠定了基础。

民法总则更注重人的精神生活保障。人类面对的不仅仅是人与人之间的关系问题,也是人与自然之间的关系问题。民事主体在行使各种权利时,不仅以尊重他人权利为必要,也有保护生态环境的义务。因此,民法总则规定民事主体从事民事活动,应当有利于节约资源、保护生态环境。"绿色原则"也被确立为民法总则的基本规定,促进可持续发展。

民法总则对社会个体权利的充分确认与保障,对弱势群体的充分尊重与特殊关爱,对社会个体追求幸福生活各种努力的肯定与支持,彰显人文关怀,是一部"温情脉脉"的法律。相信作为编纂民法典的坚实基础,民法总则蕴含的人文关怀意识将为后续各分编所继承与发扬,从而提升整个民法典的质量与活力。(作者系吉林大学法学院教授)

(资料来源:曹险峰,"民法总则彰显人文关怀",新华网。)

第四节 谁来给我评评理——经济法律责任与经济纠纷的解决

一、经济法律责任

(一)经济法律责任的含义

经济法律责任是指经济主体对其经济违法行为或经济违约行为依照经济法律法规所应承担的具有强制性的法律后果。经济法律责任的本质是国家以强制力制裁违法者以维护正常的经济秩序和法律秩序。

(二)违反经济法律的法律责任的形式

根据经济违法行为所违反的经济法律的性质,可以把法律责任分为民事责任、行政责任、刑事责任。

1. 民事责任

民事责任是指由于行为人违反民事法律、违约或者依照民法规定所应承担的一种法律责任。根据《民法总则》第一百七十九条规定,承担民事责任的方式主要有:停止侵害;排除妨碍；消除危险；返还财产；恢复原状；修理、重作、更换；继续履行；赔偿损失；支付违约金；消除影响、恢复名誉；赔礼道歉。法律规定惩罚性赔偿的，依照其规定。以上承担民事责任的方式，可以单独适用，也可以合并适用。

2. 行政责任

行政责任是指由国家行政机构或者国家授权的有关单位对违反经济法的单位或个人依法采取的行政制裁。行政责任包括行政处分和行政处罚。行政处分的种类有：警告；记过；记大过；降级；撤职；开除。行政处罚的种类有：警告；罚款；没收违法所得、没收非法财物；责令停产停业；暂扣或者吊销许可证、暂扣或者吊销执照；行政拘留；法律、行政法规规定的其他行政处罚。

3. 刑事责任

刑事责任是指行为人违反经济法，造成严重后果，触及国家刑事法律，构成犯罪的，由司法机关代表国家所确定的否定性法律后果，即刑罚。根据《刑法》规定，刑罚分为主刑和附加刑。

主刑是对犯罪分子适用的主要刑罚方法，只能单独适用，不能附加适用，对犯罪分子只能判一种主刑。主刑的种类有：管制；拘役；有期徒刑；无期徒刑；死刑。

附加刑是既可以独立适用，又可以附加适用的刑罚方法。附加刑的种类有：罚金；剥夺政治权利；没收财产。对于犯罪的外国人，可以独立适用或者附加适用驱逐出境。

想一想：

某商场员工张某在布置展台时，一通电的取暖器石英管突然爆裂，致其受伤。后查明事故原因是由于取暖器生产厂家不慎将几台质检不合格的取暖器包装出厂。问：厂家对此事故应承担什么责任？

【解析】厂家要承担民事责任，不仅要更换这几台不合格产品，还要赔偿此事故给商场及袁某所造成的损失。

二、经济纠纷的解决方式

经济法主体在纷繁复杂的经济活动中不可避免地会产生经济纠纷，为了保护当事人的合法权益，维护社会经济秩序，必须利用有效的手段，及时处理这些纠纷。通常处理这些纠纷的方式有：当事人相互协商、第三方机构进行调解（包括民间调解、行政调解、仲裁调解和法院调解）、仲裁、诉讼。如果当事人不能通过协商或调解解决纠纷时，就需要通过仲裁和诉讼方式来解决。

（一）仲裁

1. 仲裁与《仲裁法》

仲裁是指争议双方在争议发生前或争议发生后达成协议，自愿将争议交给仲裁机构，由仲裁机构对其争议依法作出对争议双方有约束力的裁决，从而解决争议的方式。

《中华人民共和国仲裁法》是1994年8月31日第八届全国人民代表大会常务委员会第九次会议通过，并分别于2009年8月27日和2017年9月1日两次修正。（以下简称《仲裁

法》)

2. 仲裁的基本原则

（1）自愿原则。这一原则是指，当事人采用仲裁方式解决纠纷，应当双方自愿，达成仲裁协议。没有仲裁协议，一方申请仲裁的，仲裁委员会不予受理；当事人还可以自愿选择仲裁机构和仲裁员；当事人也可以自行和解，达成和解协议后，可以请求仲裁庭根据和解协议作出仲裁裁决书，也可以撤回仲裁请求；当事人自愿调解的，仲裁庭应予以调解。

（2）以事实为根据，以法律为准绳，公平合理地解决纠纷原则。仲裁机构认为有必要收集的证据，可以自行收集。在适用法律时，法律有明文规定的，按照法律的规定执行；无明文规定的，按照法律的基本精神和公平合理原则处理；不偏袒任何一方，也不对任何一方施加压力。

（3）仲裁组织依法独立行使仲裁权原则。仲裁组织是民间组织，它不隶属任何国家机关。仲裁组织仅对法律负责，依法独立进行仲裁，不受任何行政机关、社会团体和个人的干涉。人民法院可以依法对仲裁进行必要的监督。

（4）一裁终局原则。一裁终局是指仲裁裁决作出后，当事人就同一纠纷再申请仲裁或者向人民法院起诉的，仲裁委员会或者人民法院不予受理。但是，裁决被人民法院依法裁定撤销或者不予执行的，当事人就该纠纷可以根据双方重新达成的仲裁协议申请仲裁，也可以向人民法院起诉。

3. 仲裁的适用范围

我国《仲裁法》规定，平等主体的公民、法人和其他组织之间发生的合同纠纷和其他财产权益纠纷，可以仲裁。

同时，《仲裁法》也规定了不能仲裁的事项：（1）婚姻、收养、监护、扶养、继承纠纷；（2）依法应当由行政机关处理的行政争议。

想一想：

甲地方税务局向乙百货商场购买了一批办公用品，因办公用品质量问题与该百货商场发生纠纷。同时，甲地方税务局又因向乙百货商场征收增值税而与其发生争议。请问：这两项争议是否可以通过仲裁方式解决？

【分析】在前一争议中，由于双方处于平等主体地位，所发生的争议属于平等主体之间发生的财产纠纷，根据《仲裁法》的规定，双方的纠纷可以通过仲裁方式解决。在后一争议中，双方属于行政管理与被管理的关系，所发生的争议属于行政争议，根据《仲裁法》的规定，不属于《仲裁法》的适用范围，双方的纠纷不能通过仲裁方式解决。

（资料来源：财政部会计资格评价中心编，《中级会计资格经济法》，中国财经出版传媒集团、经济科学出版社2017年3月版。）

4. 仲裁协议及其法律效力

（1）仲裁协议的概念和内容。仲裁协议是当事人双方自愿将他们之间可能发生的或已经发生的纠纷提请仲裁机构予以裁决的意思表示，包括合同中订立的仲裁条款和以其他书面方式在纠纷发生前或者纠纷发生后达成的请求仲裁的协议。这里所说的其他书面方式，包括合同书、信件和数据电文（包括电报、传真、电传、电子数据交换和电子邮件）等形式。

我国《仲裁法》第十六条规定了仲裁协议应当具有下列内容：①请求仲裁的意思表示；②仲裁事项；③选定的仲裁委员会。若仲裁协议独立存在，合同的变更、解除、终止或者无效，不影响仲裁协议的效力。仲裁庭有权确认合同的效力。

(2) 仲裁协议的法律效力。仲裁协议具有以下效力：①仲裁协议中为当事人设定的义务，不能任意更改、终止或撤销；②合法有效的仲裁协议对双方当事人诉权的行使产生一定的限制，在当事人双方发生协议约定的争议时，任何一方只能将争议提交仲裁，而不能向人民法院起诉；③对于仲裁组织来说，仲裁协议具有排除诉讼管辖权的作用；④仲裁协议具有独立性，合同的变更、解除、终止或无效，不影响仲裁协议的效力。

当事人对仲裁协议的效力有异议的，应当在仲裁庭首次开庭前请求仲裁委员会作出决定，或者请求人民法院作出裁定。一方请求仲裁委员会作出决定，另一方请求人民法院作出裁定的，由人民法院裁定。

(3) 仲裁协议无效的法定情形。我国《仲裁法》第十七条规定，有下列情形之一的，仲裁协议无效：①约定的仲裁事项超出法律规定的仲裁范围的；②无民事行为能力人或者限制民事行为能力人订立仲裁协议的；③一方采取胁迫手段，迫使对方订立仲裁协议的。此外，《仲裁法》第十八条又规定了，仲裁协议对仲裁事项或者仲裁委员会没有约定或者约定不明确的，当事人可以补充协议；达不成补充协议的，仲裁协议无效。

> **试一试**
>
> 甲、乙发生合同纠纷，继而对双方事先签订的仲裁协议效力发生争议。甲提请丙仲裁委员会确认仲裁协议有效，乙提请丁法院确认仲裁协议无效。问：如何确定该仲裁协议效力？
>
> 【解析】《仲裁法》规定，当事人对仲裁协议的效力有异议的，一方请求仲裁委员会作出决定，另一方请求人民法院作出裁定的，由人民法院裁定。本案中应由丁法院来确定仲裁协议的效力，该仲裁协议无效。

(4) 仲裁协议与诉讼。当事人达成仲裁协议，一方向人民法院起诉未声明有仲裁协议，人民法院受理后，另一方在首次开庭前提交仲裁协议的，人民法院应当驳回起诉，但仲裁协议无效的除外；另一方在首次开庭前未对人民法院受理该起诉提出异议的，视为放弃仲裁协议，人民法院应当继续审理。

5. 仲裁程序

(1) 仲裁申请和受理。《仲裁法》第二十一条规定，当事人申请仲裁应当符合下列条件：①有仲裁协议；②有具体的仲裁请求和事实、理由；③属于仲裁委员会的受理范围。

当事人申请仲裁，应当向仲裁委员会递交仲裁协议、仲裁申请书及副本。仲裁委员会收到仲裁申请书之日起五日内，认为符合受理条件的，应当受理，并通知当事人；认为不符合受理条件的，应当书面通知当事人不予受理，并说明理由。

(2) 仲裁庭的组成。仲裁庭可以由三名仲裁员或者一名仲裁员组成。由三名仲裁员组成的，设首席仲裁员。

《仲裁法》第三十四条规定，仲裁员有下列情形之一的，必须回避，当事人也有权提出回避申请：①是本案当事人或者当事人、代理人的近亲属；②与本案有利害关系；③与本案当事人、代理人有其他关系，可能影响公正仲裁的；④私自会见当事人、代理人，或者接受当事人、代理人的请客送礼的。

当事人提出回避申请，应当说明理由，在首次开庭前提出。回避事由在首次开庭后知道的，可以在最后一次开庭终结前提出。

（3）仲裁裁决：

①仲裁应当开庭进行。当事人协议不开庭的，仲裁庭可以根据仲裁申请书、答辩书以及其他材料作出裁决。

②仲裁不公开进行。当事人协议公开的，可以公开进行，但涉及国家秘密的除外。

③当事人申请仲裁后，可以自行和解。达成和解协议的，可以请求仲裁庭根据和解协议作出裁决书，也可以撤回仲裁申请。当事人达成和解协议，撤回仲裁申请后反悔的，可以根据仲裁协议申请仲裁。

④仲裁庭在作出裁决前，可以先行调解。当事人自愿调解的，仲裁庭应当调解。调解不成的，应当及时作出裁决。调解达成协议的，仲裁庭应当制作调解书或者根据协议的结果制作裁决书。调解书与裁决书具有同等法律效力。

⑤裁决应当按照多数仲裁员的意见作出，少数仲裁员的不同意见可以记入笔录。仲裁庭不能形成多数意见时，裁决应当按照首席仲裁员的意见作出。

⑥裁决书自作出之日起发生法律效力。

（4）仲裁效力。当事人应当履行裁决。一方当事人不履行的，另一方当事人可以依照民事诉讼法的有关规定向人民法院申请执行。受申请的人民法院应当执行。

当事人提出证据证明裁决有依法应撤销情形的，应当自收到裁决书之日起六个月内，向仲裁委员会所在地的中级人民法院申请撤销裁决。人民法院经组成合议庭审查核实裁决有法定撤销情形之一的，或认定裁决违背社会公共利益的，应当裁定撤销。

案例分析

甲公司与乙公司签订一份承揽合同，并在合同中单独规定了仲裁条款，约定双方发生合同争议时提请某仲裁机关仲裁（假定该仲裁条款有效）。事后，甲公司发现在订立合同时对有关事项存在重大误解。请问甲公司是否可以根据合同中的仲裁条款向某仲裁机构申请撤销合同？如果甲公司直接向人民法院申请撤销合同，人民法院是否应当受理？

【解析】甲公司可以向某仲裁机构申请撤销合同。如果甲公司直接向人民法院申请撤销合同，人民法院不应受理。根据《仲裁法》和《公司法》的有关规定，仲裁协议包括合同中订立的仲裁条款，合同的变更、解除、终止或者无效，不影响仲裁协议的效力，当事人可以据此申请仲裁机构解决争议。根据《仲裁法》的有关规定，仲裁协议合法有效的，具有排除诉讼管辖权的作用，对双方当事人诉权的行使产生一定的限制，在当事人双方发生协议约定的争议时，任何一方只能申请仲裁，而不能向人民法院起诉，当事人向人民法院起诉的，人民法院应当不予受理。

（资料来源：财政部会计资格评价中心编，《中级会计资格经济法》，中国财经出版传媒集团、经济科学出版社2017年版。）

(二) 诉讼

1. 诉讼与《民事诉讼法》

诉讼是指人民法院根据纠纷当事人的请求，运用审判权确认争议各方权利义务关系，解决经济纠纷的活动。诉讼是解决经济纠纷的重要手段，大多数情况下是解决经济纠纷的最终办法。在我国，经济纠纷引起的诉讼属于民事诉讼的范畴，民事诉讼适用于《中华人民共和国民事诉讼法》的有关规定。

《中华人民共和国民事诉讼法》1991年4月9日第七届全国人民代表大会第四次会议通过，并于2017年6月27日第十二届全国人民代表大会常务委员会第二十八次会议进行了第三次修正。（以下简称为《民事诉讼法》）

2. 诉讼条件

《民事诉讼法》规定：当事人起诉必须符合下列条件：（1）原告是与本案有直接利害关系的公民、法人和其他组织；（2）有明确的被告；（3）有具体的诉讼请求和事实、理由；（4）属于人民法院受理民事诉讼的范围和受诉人民法院管辖。

3. 诉讼管辖

诉讼管辖是指各级人民法院以及同级人民法院之间对于受理第一审经济案件的分工和权限。管辖制度就是要解决第一审民事案件由哪一级法院以及哪一地法院受理的问题。诉讼管辖主要分为级别管辖、地域管辖和协议管辖。

（1）级别管辖。级别管辖是根据案件的性质、影响范围来划分上下级人民法院受理第一审案件的分工和权限。它主要解决第一审经济案件由哪一级别法院受理的问题。《民事诉讼法》中的有关级别管辖的规定如下：①除法律规定由中级法院、高级法院、最高法院管辖的案件之外，所有第一审案件均由基层人民法院管辖。②中级人民法院管辖的第一审民事案件主要有：重大涉外案件；在本辖区有重大影响的案件；最高人民法院确定由中级人民法院管辖的案件。③高级人民法院管辖在本辖区有重大影响的第一审民事案件。④最高人民法院管辖的第一审案件是在全国有重大影响的案件；认为应当由最高人民法院审理的案件。

（2）地域管辖。地域管辖是确定同级人民法院在各自的辖区内受理第一审经济案件的分工和权限。它主要解决第一审民事案件由哪一地法院受理的问题。地域管辖分为一般地域管辖、特殊地域管辖和专属管辖。

一般地域管辖是"原告就被告"，即第一审民事案件由被告住所地人民法院管辖；被告住所地与经常居住地不一致的，由经常居住地人民法院管辖。同一诉讼的几个被告住所地、经常居住地在两个以上人民法院辖区的，各该人民法院都有管辖权。

特殊地域管辖是指民事诉讼法及相关司法解释对其管辖问题作出了特殊的规定。《民事诉讼法》第二十三条至第三十二条规定的主要内容如下：①因合同纠纷提起的诉讼，由被告住所地或者合同履行地人民法院管辖。②因保险合同纠纷提起的诉讼，由被告住所地或者保险标的物所在地人民法院管辖。③因票据纠纷提起的诉讼，由票据支付地或者被告住所地人民法院管辖。④因公司设立、确认股东资格、分配利润、解散等纠纷提起的诉讼，由公司住所地人民法院管辖。⑤因铁路、公路、水上、航空运输和联合运输合同纠纷提起的诉讼，由运输始发地、目的地或者被告住所地人民法院管辖。⑥因侵权行为提起的诉讼，由侵权行为地或者被告住所地人民法院管辖。⑦因铁路、公路、水上和航空事故请求损害赔偿提起的诉讼，由事故发生地或者车辆、船舶最先到达地、航空器最先降落地或者被告住所地人民法院管辖。⑧因船舶碰撞或者其他海事损害事故请求损害赔偿提起的诉讼，由碰撞发生地、碰撞船舶最先到达地、加害船舶被扣留地或者被告住所地人民法院管辖。⑨因海难救助费用提起的诉讼，由救助地或者被救助船舶最先到达地人民法院管辖。⑩因共同海损提起的诉讼，由船舶最先到达地、共同海损理算地或者航程终止地的人民法院管辖。

专属管辖是指法律规定某些特殊类型的案件专门由特定的法院管辖。根据《民事诉讼法》第三十三条规定，下列案件由规定的人民法院专属管辖：①因不动产纠纷提起的诉讼，由不动产所在地人民法院管辖；②因港口作业发生纠纷提起的诉讼，由港口所在地人民法院管辖；③因继承遗产纠纷提起的诉讼，由被继承人死亡之时住所地或者主要遗产所在地人民法院管辖。

小贴士：
专属管辖是排他性管辖，其他法院无管辖权，当事人也不得协议变更管辖法院。

（3）协议管辖。协议管辖是指合同或者其他财产权益纠纷的当事人可以书面协议选择被告住所地、合同履行地、合同签订地、原告住所地、标的物所在地等与争议有实际联系的地点的人民法院管辖，但不得违反本法对级别管辖和专属管辖的规定。其中，其他财产权益纠纷包括因物权、知识产权中的财产权而产生的民事纠纷。

知识延伸

两个以上人民法院都有管辖权的诉讼，原告可以向其中一个人民法院起诉；原告向两个以上有管辖权的人民法院起诉的，由最先立案的人民法院管辖。

案例分析

甲企业得知竞争对手乙企业在F地的营销策略将会进行重大调整，于是到乙企业设在G地的分部窃取乙企业内部机密文件，随之采取相应对策，给乙企业在F地的营销造成重大损失，乙企业经过调查掌握了甲企业的侵权证据，拟向法院提起诉讼。问：乙公司如何选择提起诉讼的法院？

【解析】根据规定，因侵权行为提起的诉讼，由侵权行为地或者被告住所地人民法院管辖。侵权行为地，包括侵权行为实施地、侵权结果发生地。本案中，侵权行为实施地是G地（G地的分部实施窃取行为），侵权结果发生地是F地（乙企业在F地的营销策略），被告是甲企业，所以乙公司可以对甲住所地法院、F地法院、G地法院中的一家做出选择并进行起诉。

4. 诉讼时效

诉讼时效是指权利人未在法定期间内行使权利而丧失请求人民法院予以保护其民事权利的法律制度。可见，诉讼时效是权利人行使请求权，获取人民法院保护其民事权利的法定时间界限。它包含三层意思：①诉讼时效届满胜诉权消灭。对于原告已过诉讼时效的请求，人民法院将驳回其诉讼请求。②诉讼时效届满并不消灭实体权利。诉讼时效届满后，权利人仍然享有实体权利，如果义务人自愿履行，权利人仍有权受领。③诉讼时效属于强制性规定。当事人对诉讼时效期间、计算方法以及中止、中断等事由的约定无效。

(1) 诉讼时效期间。诉讼时效期间是指法律规定的权利人请求人民法院保护其民事权利的法定期间。诉讼时效是法定的。《民法总则》第一百八十八条规定，向人民法院请求保护民事权利的诉讼时效期间为三年。法律另有规定的，依照其规定。诉讼时效期间自权利人知道或者应当知道权利受到损害以及义务人之日起计算。法律另有规定的，依照其规定。

对于无民事行为能力人或者限制民事行为能力人，《民法总则》第一百九十条规定，他们对其法定代理人的请求权的诉讼时效期间，自该法定代理终止之日起计算。为了保护未成年人的权益，《民法总则》第一百九十一条规定，未成年人遭受性侵害的损害赔偿请求权的诉讼时效期间，自受害人年满十八周岁之日起计算。

但是自权利受到损害之日起超过二十年的，人民法院不予保护；有特殊情况的，人民法院可以根据权利人的申请决定延长。《民法总则》第一百九十二条规定，诉讼时效期间届满的，义务人可以提出不履行义务的抗辩。诉讼时效期间届满后，义务人同意履行的，不得以诉讼时效期间届满为由抗辩；义务人已自愿履行的，不得请求返还已履行标的物。

(2) 诉讼时效的中止。诉讼时效中止是指在诉讼时效进行期间，因发生法定事由阻碍权利人行使请求权，诉讼依法暂时停止进行，并在法定事由消失之日起继续进行的情况，又称为时效的暂停。

《民法总则》第一百九十四条规定，在诉讼时效期间的最后六个月内，因下列障碍，不能行使请求权的，诉讼时效中止：①不可抗力；②无民事行为能力人或者限制民事行为能力人没有法定代理人，或者法定代理人死亡、丧失民事行为能力、丧失代理权；③继承开始后未确定继承人或者遗产管理人；④权利人被义务人或者其他人控制；⑤其他导致权利人不能行使请求权的障碍。自中止时效的原因消除之日起满六个月，诉讼时效期间届满。

(3) 诉讼时效的中断。诉讼时效中断是指已开始的诉讼时效因发生法定事由不再进行，并使已经经过的时效期间丧失效力。

《民法总则》第一百九十五条规定：有下列情形之一的，诉讼时效中断，从中断、有关程序终结时起，诉讼时效期间重新计算：①权利人向义务人提出履行请求；②义务人同意履行义务；③权利人提起诉讼或者申请仲裁；④与提起诉讼或者申请仲裁具有同等效力的其他情形。

小贴士：

诉讼时效的期间、计算方法以及中止、中断的事由由法律规定，当事人约定无效。当事人对诉讼时效利益的预先放弃无效。

5. 审判程序

我国人民法院审理经济纠纷案件实行两审终审制。不经过一审，不能进入二审程序，但并非每一个案件必须经过这两个阶段。如果一审判决、裁定作出后，当事人不上诉或者在法定期限内未上诉以及一审经过调解结案后，则不发生二审程序。一审判决、裁定即发生法律效力。当事人不服一审判决、裁定而上诉。《中华人民共和国民事诉讼法》（简称《民事诉讼法》）第一百六十四条规定，当事人不服地方人民法院第一审判决的，有权在判决书送达之日起十五日内向上一级人民法院提起上诉。当事人不服地方人民法院第一审裁定的，有权在裁定书送达之日起十日内向上一级人民法院提起上诉。

进入二审判决后，二审判决为终审判决。从二审判决、裁定作出之日起，即发生法律效力。当事人不履行发生效力的判决、裁定，另一方当事人可以向法院申请强制执行。当事人对已经发生法律效力的判决、裁定，认为有错误的，《民事诉讼法》第一百九十九条规定，可以向上一级人民法院申请再审；当事人一方人数众多或者当事人双方为公民的案件，也可以向原审人民法院申请再审。当事人申请再审的，不停止判决、裁定的执行。

> **知识延伸**
>
> **判决与裁定**
>
> 判决是指法院对民事案件依法定程序审理后对案件的实体问题依法作出的具有法律效力的结论性判定。裁定是指法院在审理民事案件的过程中对有关诉讼程序的事项作出的判定。

综合实训

一、应掌握的专业术语

经济法、经济法律关系、经济权利、经济义务、经济法律事实、法人、代理、无权代理、表见代理、经济法律责任、仲裁、诉讼、诉讼时效

二、单选题

1. 下列选项中，不属于我国经济法的调整对象的有（   ）。
   A. 彩华公司设立董事会　　　　B. 李某与刘某合办一家制砖厂
   C. 老王收养一名孤儿　　　　　D. 小李缴纳个人所得税
2. 在经济管理和协调过程中依法独立享有一定权利和承担一定义务的当事人是经济法律关系的（   ）。
   A. 主体　　　　　　　　　　　B. 客体
   C. 内容　　　　　　　　　　　D. 事实
3. 甲、乙双方签订一份修理一台设备的合同，由此形成的法律关系客体是（   ）。
   A. 乙方修理的该设备　　　　　B. 甲乙双方
   C. 乙方承接修理设备的劳务行为　D. 甲乙双方承担的权利和义务
4. 作为经济法律关系的国家机关主要是指（   ）。
   A. 国家权力机关　　　　　　　B. 经济管理机关
   C. 审判机关　　　　　　　　　D. 检察机关
5. 经济法律关系是经济法在调整人们行为过程中所形成的（   ）。
   A. 自觉与强制的关系　　　　　B. 命令与服从的关系
   C. 指引与遵守的关系　　　　　D. 权利和义务的关系
6. 下列客观现象中，（   ）属于法律事实中事件范围。
   A. 订立销售合同　　　　　　　B. 家政公司钟点工服务
   C. 地震　　　　　　　　　　　D. 选举公司董事长

7. 经济法律关系的设立、变更、终止都是由（　　）决定的。
   A. 企业法人　　　　　　　　B. 经营管理权
   C. 法律事实　　　　　　　　D. 工业产权

8. 司机王某要出差到烟台，李某委托他代买一箱黄金梨，唐某见当地黄金梨物美价廉，就多买了一箱。此行为属于（　　）行为。
   A. 没有代理权　　　　　　　B. 有权代理
   C. 滥用代理权　　　　　　　D. 超越代理权

9. 甲公司业务经理乙长期在丙餐厅签单招待客户，餐费由公司按月结清。后乙因故辞职，月底餐厅前去结账时，甲公司认为，乙当月的几次用餐都是招待私人朋友，因而拒付乙所签单的餐费，下列（　　）选项是正确的。
   A. 甲公司应当付款　　　　　B. 甲公司应当付款，乙承担连带责任
   C. 甲公司有权拒绝付款　　　D. 甲公司应当承担补充责任

10. 铁路、公路、水路货物运输和联合货物运输中发生的合同纠纷，由下列（　　）仲裁机构管辖。
    A. 合同签订地　　　　　　　B. 合同履行地
    C. 运输始发地　　　　　　　D. 仲裁协议选定的

11. 仲裁庭在作出裁决前，可以先行调解。当事人自愿调解的，仲裁庭应当调解，调解不成的应采取下列（　　）做法。
    A. 应及时进行仲裁　　　　　B. 说服当事人执行仲裁庭的调解协议
    C. 重新调解　　　　　　　　D. 告知当事人向法院起诉

12. 下列不是经济仲裁原则的是（　　）。
    A. 独立原则　　　　　　　　B. 自愿原则
    C. 一裁终局原则　　　　　　D. 两审终审原则

13. 甲乙两方合同纠纷申请仲裁，仲裁机构就此进行了裁决，但甲方不履行裁决，这时乙方可以依法向（　　）申请执行。
    A. 仲裁机构　　　　　　　　B. 工商局
    C. 人民政府　　　　　　　　D. 人民法院

14. 关于民事案件的级别管辖，下列（　　）选项是正确的。
    A. 第一审民事案件原则上由基层法院管辖
    B. 涉外案件的管辖权全部属于中级法院
    C. 高级法院管辖的一审民事案件包括在本辖区内有重大影响的民事案件和它认为应当由自己审理的案件
    D. 最高法院仅管辖在全国有重大影响的民事案件

15. 根据民事诉讼法的规定，（　　）按专属管辖办理。
    A. 企业破产案件　　　　　　B. 保险合同纠纷
    C. 继承遗产纠纷　　　　　　D. 票据纠纷

16. 与乙在 A 市签订了一份买卖合同，约定在双方住所地以外的 B 市履行合同，合同尚未实际履行，双方即发生争执。为此，甲提起诉讼，下列（　　）法院对甲乙双方的合同纠纷有管辖权。

A. 甲住所地 B. 乙住所地
C. A 市 D. B 市

三、多选题

1. 经济法的调整对象是特定的经济关系，这些关系主要体现在（　　）。
   A. 经济管理关系 B. 经济组织内部经济关系
   C. 劳动和社会保障关系 D. 维护公平竞争关系
2. 下列各项中，属于经济法律关系的有（　　）。
   A. 消费者因商品质量问题与商家发生的赔偿与被赔偿关系
   B. 税务局长与税务干部之间发生的领导与被领导关系
   C. 企业厂长与企业职工在生产经营管理活动中发生的经济关系
   D. 税务机关与纳税人之间发生的征纳关系
3. 经济法律关系的三个要素由（　　）所构成。
   A. 经济法律关系的主体 B. 经济法律关系的客体
   C. 经济法律关系的内容 D. 经济法律事实
4. 经济法律关系的内容包括（　　）。
   A. 经济行为 B. 经济权利
   C. 经济义务 D. 经济法律事实
5. 经济法律关系的客体十分广泛，概括起来可分为（　　）。
   A. 物 B. 事件
   C. 行为 D. 无形资产
6. 下列活动中，（　　）属于经济法律关系主体承担的义务。
   A. 欠债还钱 B. 债主收钱
   C. 运输公司运送货物 D. 希望工程捐款
7. 下列活动中，（　　）属于经济法律关系主体应享有的权利。
   A. 买主收到货物 B. 贷方收到还款
   C. 提供仓储服务 D. 收取账外回扣
8. 下列各项中，属于法律事实中的行为的有（　　）。
   A. 经济管理行为 B. 消费者的消费行为
   C. 欺诈行为 D. 偷漏税行为
9. 按照代理权产生的根据不同，代理可分为（　　）。
   A. 独家代理 B. 法定代理
   C. 指定代理 D. 委托代理
10. 无权代理主要表现形式为（　　）。
    A. 未经授权的"代理" B. 代理权消灭后的"代理"
    C. 超越代理权限的"代理" D. 双方代理
11. 经济违法行为承担的民事责任可以是（　　）。
    A. 责令停产停业 B. 支付违约金
    C. 恢复原状 D. 修理、重作

12. 经济违法行为承担的行政责任可以是（　　）。
    A. 停止侵害　　　　　　　　B. 吊销执照
    C. 没收非法财物　　　　　　D. 管制

13. 当事人处理争议的方式可选择（　　）。
    A. 提交仲裁机构裁决　　　　B. 当事人相互协商
    C. 进行行政调解　　　　　　D. 提起诉讼

14. 下列争议中，不适用仲裁法进行仲裁的是（　　）。
    A. 某公司与职工李某因解除劳动合同发生的争议
    B. 高某与其弟弟因财产继承发生的争议
    C. 某运输公司与保险公司因保险标的的理赔而发生纠纷
    D. 王某因不服某公安局对其作出的罚款决定与该公安局发生的争议

15. 上海甲区的欣欣公司与北京乙区的华维公司签定化工原材料买卖合同。合同约定：交货地北京丙区。合同签订后，欣欣公司书面传真告知华维公司货在上海丁区，希望在丁区交货。华维公司同意，双方在丁区交货。后因化工原材料存在质量问题，华维公司决定起诉。下列（　　）法院有管辖权。
    A. 甲区法院　　　　　　　　B. 乙区法院
    C. 丙区法院　　　　　　　　D. 丁区法院

16. 下列（　　）案件由规定的人民法院专属管辖。
    A. 因侵权行为纠纷　　　　　B. 不动产纠纷
    C. 港口作业发生纠纷　　　　D. 继承遗产纠纷

四、案例分析

1. 汪宝宝在谈恋爱时为女友买了许多礼物，价值5000多元，后来女友提出分手，汪宝宝要求其退还礼物，女友不肯，汪宝宝说恋爱关系是法律关系，而女友说恋爱关系不受法律保护，双方争执不下。
   请问：恋爱关系是法律关系吗？

2. 南华乡盛产柑橘。2017年6月东凯公司与南华乡之间签订柑橘收购合同，合同规定7月东凯公司向南华乡支付合同定金5万元，11月份南华乡向东凯公司提供总价值40万元的柑橘。不料，当年8月南华乡所在地区发生严重泥石流，南华乡柑橘种植严重受损，致使南华乡不能按期向东凯公司履行合同。东凯公司了解此情况后，提出解除收购合同，南华乡退还东凯公司5万定金，至此双方合同终止。
   请问：引起双方经济法律关系产生、终止的法律事实是什么？

3. 甲公司与乙公司因合同纠纷诉至法院。法院经审理判决甲公司败诉，甲公司不服，提起上诉。二审法院判决驳回上诉，维持原判。
   分析二审法院判决的法律效力有哪些？

第二章
谁动了我的兔子
——物权法律制度

"一兔走街,百人追之,贪人具存,人莫之非者,以兔为未定分也。积兔满市,过而不顾,非不欲兔也,分定之后,虽鄙不争。"

——《慎子》

学习目标:
- □ 理解物权法的基本概念、基本原则。
- □ 了解物权的设立、变更、转让和消灭,以及物权的保护等法律规定的内容。
- □ 掌握所有权的内容、种类,并对用益物权、担保物权等法律规定进行解释。

技能目标:
- □ 明确物的归属,正确识别自己、他人占用之物的性质及在其上拥有的权力。
- □ 预防和减少物权纠纷,当权利受到侵害时,能够正确运用物权法相关知识维护切身利益。

【案例导入】

林先生近日非常郁闷,不知怎么去找楼下的李先生协商,来维护自己的"睡觉权益"。原来林先生与李先生属于上下楼邻居,2016年李先生有了做买卖的打算,在未与林先生协商的情况下,李先生将自己的民用住宅改为私人厨房。自从私人厨房开业,林先生就很少能睡得安稳,吃饭喝酒的嘈杂声时常把林先生从睡梦中吵醒。久而久之,林先生受不了了,他找到李先生,但李先生态度很强硬,"我自己的房子,想干啥就干啥!"对此,林先生毫无办法,他不知道李先生在自家开饭馆,自己到底能不能干涉?

请同学们以小组为团队,学习物权法及其相关法律知识,为林先生出谋划策并指出相关法律依据。

第一节 产权的界定——认识物权法

一、物权法概述

我国宪法明确规定，我国实行社会主义市场经济。社会主义市场经济秩序建立的前提条件就是要求产权明晰，社会经济活动主体在一定规则的约束下取得、占有、使用和获得收益，并得到国家强制力的保护。物权法就是规范这种财产关系的民事基本法律，是调整平等主体之间因物的归属和利用而产生的民事关系的法律规范的总称。

小贴士：
物权法的直接目的：物归其主。主要体现在两方面：（1）定纷止争。依靠物权法确定的规则能够明确归属，定纷止争，稳定经济秩序。（2）物尽其用。物权法不仅有物的所有权人占有、使用、收益权利的规定，也有他人利用物的权利的规定，如用益物权、担保物权等。同时，切实保护权利人的物权，维护广大人民群众切身利益，激发人们创造财富的活力，促进社会和谐也是物权法的目的之一。

2007年3月16日第十届全国人民代表大会第五次会议通过《中华人民共和国物权法》（以下简称《物权法》），并于2007年10月1日正式实施。《物权法》第一条就明确表明其目的是为了维护国家基本经济制度，维护社会主义市场经济秩序，明确物的归属，发挥物的效用，保护权利人的物权。《物权法》的颁布与实施是我国法制史上具有里程碑意义的大事，它标志着我国社会主义市场经济法制体系完成了最为重要的部分。

（一）物

物权是基于物而产生的权利，在了解物权之前，应先对物权上的物有所了解。我国《物权法》第二条规定：本法所称的物，包括不动产和动产。不动产是指不能移动或移动就会损害其价值的物，主要指土地及土地上的定着物，定着物主要是指建筑物，以及尚未与土地分离的植物；动产是指能够移动而不损害其价值或用途的物，如汽车、电脑等。

小贴士：
精神产品虽不是物权法规范的对象，其主要由专门法律如著作权法、商标法、专利法来调整，但在有些情况下，物权法也涉及这些精神产品。如著作权、商标权和专利权中的财产权可以作为担保物权的标的。

（二）物权

《物权法》第二条同时也规定：所称的物权，是指权利人依法对特定的物享有直接支配和排他的权利，包括所有权、用益物权和担保物权。

知识延伸

物权是和债权对应的一种民事权利，它们共同组成民法中最基本的财产权形成。物权具有以下法律特征：

（1）物权的权利主体是特定的、而义务主体则是不特定的。物权是一种对世权、绝对权，它表现为体现人对物的直接支配、管领的排他性权利，物权的权利主体总是特定的，而物权人以外的其他人都负有不妨碍物权人行使、实现物权的义务，是不特定的。

（2）物权的客体是特定的独立之物，不包括行为和精神财富。物权的客体是物，这使物权与债权、知识产权和人身权区别开来，同时物权的客体是特定的独立之物，这就是物权作为支配权所必需的。债权的客体可以是行为等。

（3）物权的内容是对物的直接管理和支配。对物的直接支配和管领，意味着其权利主体实现其权利仅凭自己的行为即可，无须他人的行为，而债权得通过债务人的给付行为才能实现。物权的支配性是物权的本质所在。

（4）物权具有法定性。物权，因其具有直接支配和排他的效力，故物权的创设、内容和效力均由法律规定，而不容当事人私自约定。

所有权，是指权利人依法对自有之物享有的占有、使用、收益、处分的权利。所有权是物权的核心。用益物权，是指非所有人依法对他人之物所享有的占有、使用、收益的排他性的权利。担保物权，是指为了确保债务履行而设立的物权，当债务人不履行债务时，债权人依法有权就担保物的价值优先受偿。

（三）物权法的基本原则

1. 平等保护原则

《物权法》第三、四条明确规定，国家实行社会主义市场经济，保障一切市场主体的平等法律地位和发展权利。国家、集体、私人的物权和其他权利人的物权受法律保护，任何单位和个人不得侵犯。

2. 物权法定原则

这一原则是指物权的种类、效力、公示方法都要由法律规定，而不能由当事人通过合同任意创设。《物权法》第五条规定，物权的种类和内容，由法律规定。

3. 一物一权原则

这一原则是指一个物权只能作为一个特定的物。从根本上说，是出于产权界定、定纷止争的需要。

4. 公示和公信原则

所谓公示，是指物权在变动时，必须将物权变动的事实通过一定的公示方法向社会公开，从而使第三人知道物权变动的情况，否则不能发生物权变动的效力。《物权法》第六条规定，不动产物权的设立、变更、转让和消灭，应当依照法律规定登记。动产物权的设立和转让，应当依照法律规定交付。

 想一想：

物权的变动为什么要公示？

公示是物权设立的基本条件。物权的变动之所以要公示也是由物权的性质本身所决定的。物权是对世权，可以对抗任何其他人，因此要让世人知道。同时，物权又具有排他的、优先的效力。如果物权的变动不采用一定的公示方法，某人享有某种物权，第三人并不知道，而该人要向第三人主张优先权时，必然会使第三人遭受损害。物权公示制度的建立极大地减少了产权变动中的纠纷，从而维护了交易的安全和秩序。

所谓公信原则是指一旦当事人变更物权时，依据法律的规定进行了公示，则即使依公示方法表现出来的物权不存在或存在瑕疵，但对于信赖该物权的存在并已从事了物权交易的人，法律仍然承认其具有与真实的物权存在相同的法律效果，以保护交易安全。公信原则赋予公示的内容具有公信力。

公示与公信是密切联系在一起的，公信原则是公示原则的必然逻辑结果。公信原则集中体现在善意取得制度上。

5. 遵守法律，尊重社会公德原则

《物权法》第七条规定，物权的取得和行使，应当遵守法律，尊重社会公德，不损害公共利益和他人合法权益。

二、物权变动

物权变动，是物权的发生、变更和消灭的总称。

（一）物权的发生

物权的发生，也称为物权的取得，是指特定人与特定物之间物权法律关系的发生，表现为特定主体对物权的取得。物权的取得分为原始取得与继受取得。

（1）原始取得，又称固有取得，是指直接根据法律规定，不以他人的权利和意志而取得物权，通常的途径有：①劳动生产；②孳息取得，包括天然孳息和法定孳息；③国家采取没收、征收、征用、国有化、税收等强制手段取得；④先占，指不属于法律调整的无主财产的先占取得；⑤收归，将无人认领的遗失物、漂流物、埋葬物、隐藏物、无人继承又无人受遗赠的财产收归国家所有，但生前为集体组织成员的无人继承又无人受遗赠的财产，收归所在集体组织所有。

（2）继受取得，又称传来取得，是指以他人的权利和意志而取得的物权。继受取得又分为转移取得和创设取得。转移取得，是指原物权人将物权完善地转移给新物权人，主要的原因有买卖、互易、赠与、遗赠、继承等。创设取得，是指所有权人为他人创设所有权以外的物权，又分为民事与行政两类。民事的如所有权人通过与他人订立土地使用权出让合同、抵押合同，设立他物权。行政的主要指主管机关通过划拨或特许为法人、自然人创设土地使用权、采矿权、取水权等他物权。

（二）物权的变更

物权的变更有广义与狭义之分。广义的物权变更包括物权主体、客体和内容的变更。狭义的物权变更仅指物权客体和内容的变更。由于物权主体的变更会同时引起原物权人物权的丧失和新物权人物权的产生，一般可不再作为物权的变更处理。物权客体的变更，是指物权标的物在量上的增减或质上的优劣等的变化。如物权的标的物因复合而增加，或因毁损而减少。物权内容的变更，是指物权在质的方面的改变，即权利人权利义务存在状态的改变。如地役权的双方当事人经过合意改变土地的使用方法或期限等。

（三）物权的消灭

物权的消灭，又称物权的丧失，是指特定人与特定物之间关系的不复存在，表现为主体物权的丧失。物权的消灭可分为绝对消灭与相对消灭。物权的绝对消灭是指物权与特定主体相分离而他人又未取得该物权。导致物权绝对消灭的原因有物权标的物的灭失、物权人抛弃物权、他物权与所有权混同等。物权的相对消灭是指物本身并未灭失、物权脱离原主体而与新主体相结合并使新主体取得物权。物权的相对消灭从受让人的角度看，为物权的继受取得，因此，物权的消灭一般是指绝对消灭。

三、不动产登记

（一）不动产物权登记生效制度

《物权法》第九条规定，不动产物权的设立、变更、转让和消灭，经依法登记，发生效力；未经登记，不发生效力，但法律另有规定的除外。该条款中"法律另有规定的除外"的情形主要有：

（1）依法属于国家所有的自然资源，所有权可以不登记；

（2）《物权法》第二十八条至第三十条规定的物权变动的特殊情况包括：①因人民法院、仲裁委员会的法律文书或者人民政府的征收决定等，导致物权设立、变更、转让或者消灭的，自法律文书或者人民政府的征收决定等生效时发生效力；②因继承或者受遗赠取得物权的，自继承或者受遗赠开始时发生效力；③因合法建造、拆除房屋等事实行为设立或者消灭物权的，自事实行为成就时发生效力。

需要注意的是，上述三种情形的物权变动虽不以登记为要件，但《物权法》第三十一条规定：享有不动产物权的，处分该物权时，依照法律规定需要办理登记的，未经登记，不发生物权效力。

（二）不动产登记机构和国家统一登记制度

根据《物权法》第十条规定，不动产登记，由不动产所在地的登记机构办理。国家对不动产实行统一登记制度。统一登记的范围、登记机构和登记办法，由法律、行政法规规定。

小贴士：

根据这条法律规定，我国的不动产登记采用登记生效主义，即不动产的物权变动不仅需要当事人的法律行为或其他法律事实,还需要登记这个法律事实才能实现。例如,当事人购买订立了合法有效的房屋买卖合同后,只有依法办理了所有权转让登记,才能发生房屋所有权变动的法律后果。

根据现行相关法律法规的规定,不动产登记主要由不动产所在地的县级以上人民政府的相关管理部门负责。涉及的主要部门有土地管理部门、房产管理部门、农业主管部门、林业主管部门、海洋行政主管部门、地质矿产主管部门等。

《物权法》第十四条规定:不动产物权的设立、变更、转让和消灭,依照法律规定应当登记的,自记载于不动产登记簿时发生效力。同时,《物权法》第十六条规定:不动产登记簿是物权归属和内容的根据。不动产登记簿由登记机构管理。

案例分析

40年后表姐索要房屋产权 表弟法院维权获支持

顾某是王某的表姐,一直居住在北京。2007年春节,顾某回宁波农村老家探亲,王某热情地为表姐备下了丰盛的酒宴。酒桌上大家谈笑风生时,顾某的一句话让热闹的气氛冷了下来。原来顾某说王某住了40多年的房屋是她的。王某以为表姐开玩笑,可没想到表姐拿出了当年房屋买卖契约。仔细一看,王某居住的房屋的确是1963年顾某从余某处购买,当时还按规定向有关部门缴纳了契税。之后,顾某因工作原因一直在外地居住。王某称,自从1966年起,自己就一直在这房屋内居住。1986年,王某申请拆除原有平屋两间,自建楼房两间。村委会、乡政府审查都批准了,后来还依法领取了集体土地建设用地使用证。这个房子不可能是表姐顾某的。双方争执不下,顾某将表弟王某告上了法庭,要求确认房屋所有权属于自己所有,并要求王某返还该房屋。

法院审理后认为,1986年王某申请拆除原有两间平屋,自建两层楼房,法院无法认定顾某的房屋现仍然存在。不动产物权的设立经依法登记,发生法律效力。并且在民事诉讼中法院无权对国土资源局为王某颁发的讼争房屋土地使用权证的合法性进行审查,所以无法确认登记在王某名下的房屋为顾某所有,法院依法判决驳回了顾某的诉讼请求。

(资料来源:"40年后表姐索要房屋产权 表弟法院维权获支持",找法网。)

(三) 合同效力和登记效力的区分

在不动产买卖中,买卖合同的效力与办理登记没有必然的联系。《物权法》第十五条规定,当事人之间订立有关设立、变更、转让和消灭不动产物权的合同,除法律另有规定或者合同另有约定外,自合同成立时生效;未办理物权登记的,不影响合同效力。

(四) 登记中的法律责任

《物权法》第二十一条规定,当事人提供虚假材料申请登记,给他人造成损害的,应当承担赔偿责任。因登记错误,给他人造成损害的,登记机构应当承担赔偿责任。登记机构赔偿后,可以向造成登记错误的人追偿。

四、动产的物权变动

《物权法》第二十三条规定，动产物权的设立和转让，自交付时发生效力，但法律另有规定的除外。同时，《物权法》第二十四条至第二十七条对以下内容也有具体规定：(1) 船舶、航空器和机动车等物权的设立、变更、转让和消灭，未经登记，不得对抗善意第三人。(2) 动产物权设立和转让前，权利人已经依法占有该动产的，物权自法律行为生效时发生效力。(3) 动产物权设立和转让前，第三人依法占有该动产的，负有交付义务的人可以通过转让请求第三人返还原物的权利代替交付。(4) 动产物权转让时，双方又约定由出让人继续占有该动产的，物权自该约定生效时发生效力。

> **试一试**
>
> 甲将自己收藏的一幅名画卖给乙，乙当场付款，约定5天后取画。丙听说后，表示愿出比乙高的价格购买此画，甲当即决定卖给丙，约定第二天交货。乙得知此事，诱使甲8岁的儿子从家中取得此画给自己。该画在由乙占有期间，被丁盗走。则此时该名画的所有权属于下列哪个人（　　）。
>
> A. 甲　　B. 乙　　C. 丙　　D. 丁
>
> 【解析】A。我国《物权法》规定：动产物权的设立和转让，自交付时发生效力，但法律另有规定的除外。本题中，因为该名画尚未交付给乙，也未交付给丙，所以乙和丙不享有所有权。至于该画最后被甲的儿子取出给了乙，乙也不能因此取得该画的所有权，因为乙占有标的物时不是善意的，而且甲的儿子属于无民事行为人，其行为无效。

五、物权的法律保护

物权的保护是指通过法律规定的方法和程序，对物权人的**物权进行保护**。《物权法》第三十二条规定，当物权受到侵害的，权利人可以通过和解、调解、**仲裁**、**诉讼**等途径解决。

根据《物权法》第三十三条至第三十七条的规定，因物权的归属、**内容发生争议的**，利害关系人可以请求确认权利；无权占有不动产或者动产的，权利人可以请求返还原物；妨害物权或者可能妨害物权的，权利人可以请求排除妨害或者消除危险；造成不动产或者动产毁损的，权利人可以请求修理、重作、更换或者恢复原状；侵害物权，造成权利人损害的，权利人可以请求损害赔偿，也可以请求承担其他民事责任。

以上物权保护方式，第三十八条规定，可以单独适用，也可以根据权利被侵害的情形合并适用。侵害物权，除承担民事责任外，违反行政管理规定的，依法承担行政责任；**构成犯罪的，依法追究刑事责任**。

第二节　物权法的核心制度——所有权

一、所有权的概念

所有权，是指所有权人对自己的不动产或者动产，依法享有占有、使用、收益和处分的权利。物权法中的所有权制度是物归其主的核心制度。

> **知识延伸**
>
> 需要注意的是所有权的特征是相对于他物权而言的，即所有权与他物权的区别：
>
> （1）所有权具有完整性。所有权是完整的物权。所有人对于标的物享有全面的及概括的占有、使用、收益、处分。这就与他物权，如地上权、地役权、典权、抵押权等仅于一定范围内进行支配不同。所以学理上将所有权称为完全物权；而将他物权称之为定限物权。所有权对标的物的支配虽然可以分为占有、使用、收益及处分各种具体权能，但所有权非此各种权能的简单相加，它可以将四项权能中的一项或两数项权能分离出去并由他人享有并行使，从而更好地实现其意志和利益。
>
> （2）所有权具有弹力性。所有权具有弹力性的意思是，所有权的任何一项权能都能够从所有权中分离出来而交给他人行使，但是他人一旦丧失了该权能，那么该权能将自动回归于所有人。
>
> （3）所有权具有永久性。
>
> 所有权随标的物之存在而永远存续，不得预定其存续期间，此即所谓所有权之"永久性"（恒久性）。但这并不意味着所有权永不消灭，而是说所有权不得如地上权、典权等预定一存续期限（期限届满时，当然归于消灭）。
>
> （4）所有权是一种绝对权。所有权的权利主体是特定的，作为特定权利主体的所有人，对权利的行使不需要任何其他人的协助，通过自己的行为，即可实现对其财产的占有、使用、收益和处分。所有权的义务主体是不确定的，所有人之外的任何不特定的民事主体都负有不作为的义务，都属于义务主体。
>
> （5）所有权具有排他性。所有权可以依法排斥他人的非法干涉，不允许其任何他人加以妨碍或侵害。而且，所有权实行一物一权，充分地体现了所有权的排他性。

二、所有权的权能

依据我国《物权法》的规定，所有权有四项积极权能分别为：占有、使用、收益、处分。兹分别说明如下：

（一）占有

所谓占有是民事主体对于标的物实际上的占领、控制。占有权能在一定条件下可以与所有权分离，因此，占有可分为所有人占有和非所有人占有。非所有人占有可分为合法占有与非法占有。合法占有，即依照法律规定或者所有人的意志而占有他人所有物。非法占有，即没有法律规定或者未经所有人同意而占有他人所有物。在非法占有中又可分为善意的和恶意的。当占有人不知或者无须知道其占有是非法的，叫善意占有。当占有人知道或者应当知道其占有是非法的，叫恶意占有。此区分所产生的法律后果不同。

（二）使用

所谓使用是指依照物的性质和用途，并不毁损其物或变更其性质而加以利用。使用权能一般由所有人自己行使，也可以由非所有人行使。

小贴士：

使用权能的行使以占有为前提，但享有物的占有权能却并不一定享有物的使用权能。如质权人只能占有标的物，而不能使用标的物。

（三）收益

所谓收益是指收取标的物的孳息。收益权能一般由所有人行使，他人使用所有物时，除法律或合同另有规定外，收益归所有人所有。

（四）处分

所谓处分是决定财产事实上和法律上命运的权能。处分分为事实上的处分和法律上的处分。前者是在生产或生活中使物的物质形态发生变更或消灭；后者指通过某种法律行为处置财产，也就是改变标的物的权利归属状态。

小贴士：

处分权能是所有权最基本的权能，是所有权的核心内容。

案例分析

儿子房屋卖与他人　　不知情父母拒搬迁

2001年5月，程先生和张女士夫妇通过拆迁安置方式，取得了一中一小的两套住房，由于补贴超面积，已经工作的儿子程辉（化名）支付了部分房款，在办理房屋产权时，一套中户型房屋的产权单独在儿子程辉名下。现年30余岁的程辉由于没有正常工作又游手好闲，近年来父母一直与儿子程辉居住在一起，照顾其生活。但不改赌博陋习的程辉不听父母的劝告，反而以高利贷借钱，因还不起高额债务，程辉于2006年5月将该房屋以40万元价格出售给周先生。同年8月，周先生通过房产交易部门，对该房屋取得登记权利人为其本人的房地产权证。程辉卖房后经与周先生商量租借一年，2007年9

月，周先生在收回房屋时发现有人在房屋内居住。而程辉卖房没有告诉父母，程先生和张女士感到很突然，不相信也不同意搬离该房屋，周先生经多次要求腾空并迁出该房屋未果。故周先生以排除妨害为由，请求法院判令程先生和张女士搬离该房屋。程先生和张女士认为，该房屋是他们通过拆迁安置方式取得的，并一直居住至今，周先生是以欺骗的方式取得该房屋的，故不同意迁出该房屋。

法院认为，所有权人对自己的不动产，依法享有占有、使用、收益和处分的权利。不动产的权属证书是权利人享有不动产物权的证明。妨害物权的，权利人可以请求排除妨害。周先生基于对不动产登记的信赖，以合法买卖的形式取得了该房屋的房地产权证。被告以其辩称事由拒绝迁出该房屋，显然侵犯了原告对该房屋享有的所有权，应当承担相应的民事责任。

（资料来源："儿子房屋卖与他人 不知情父母拒搬迁"，找法网）

三、所有权的类型

我国现行法律对于所有权的分类主要依据所有制形态而进行的，据此所有权的形式主要有国家所有权、集体组织所有权、私人所有权和法人所有权。

（一）国家所有权

1. 国家所有权的概念

国家所有权是指国家对国有财产的占有、使用、收益和处分的权利。《物权法》第四十五条规定，法律规定属于国家所有的财产，属于国家所有即全民所有。国有财产由国务院代表国家行使所有权，法律另有规定的，依照其规定。国家所有权本质上是社会主义全民所有制在法律上的表现。

小贴士：

国家在一定范围参与民事关系是不可缺少的，作为民事主体的国家，不同于作为主权国家的地位，也不同于国家的经济地位。

2. 国家所有权的范围

《物权法》第四十六条至第五十二条明确规定国家所有权的客体范围包括：（1）矿藏、水流、海域；（2）城市的土地及法律规定属于国家所有的农村和城市郊区的土地；（3）森林、山岭、草原、荒地、滩涂等自然资源，但法律规定属于集体所有的除外；（4）野生动植物资源；（5）无线电频谱资源；（6）法律规定属于国家所有的文物；（7）国防资产；（8）法律规定为国家所有的铁路、公路、电力设施、电信设施和油气管道等基础设施。

3. 国家所有权的保护

（1）《物权法》第四十一条规定，法律规定专属于国家所有的不动产和动产，任何单位和个人不能取得所有权。

（2）《物权法》第五十六条规定，国家所有的财产受法律保护，禁止任何单位和个人侵占、哄抢、私分、截留、破坏。

（3）《物权法》第五十七条规定，履行国有财产管理、监督职责的机构及其工作人员，应当依法加强对国有财产的管理、监督，促进国有财产保值增值，防止国有财产损失；滥用职权，玩忽职守，造成国有财产损失的，应当依法承担法律责任。违反国有财产管理规定，在企业改制、合并分立、关联交易等过程中，低价转让、合谋私分、擅自担保或者以其他方式造成国有财产损失的，应当依法承担法律责任。

（二）集体组织所有权

1. 集体组织所有权的概念

集体所有权，是指集体组织对其财产享有的占有、使用、收益、处分的权利。

小贴士：

集体所有权具有主体多元化、客体限定性和所有权取得方式特殊性的法律特征。集体组织所有的财产最初是由劳动群众在自愿互利的基础上，通过生产资料的集体化或者交纳股金等方式取得。

2. 集体财产的范围

根据《物权法》第五十八条规定，集体所有的不动产和动产包括：（1）法律规定属于集体所有的土地和森林、山岭、草原、荒地、滩涂；（2）集体所有的建筑物、生产设施、农田水利设施；（3）集体所有的教育、科学、文化、卫生、体育等设施；（4）集体所有的其他不动产和动产。

3. 集体财产的保护

根据《物权法》第六十三条规定，集体所有的财产受法律保护，禁止任何单位和个人侵占、哄抢、私分、破坏。集体经济组织、村民委员会或者其负责人作出的决定侵害集体成员合法权益的，受侵害的集体成员可以请求人民法院予以撤销。

（三）私人所有权

1. 私人所有权的概念

私人所有权，是指私人对其所有的财产依法进行占有、使用、收益和处分的权利。

小贴士：

私人所有权是人类历史上最古老的所有权形态。私人所有权的主体是"私人"。"私人"不仅包括本国公民，也包括外国人和无国籍人，不仅包括自然人，还包括个人独资企业、合伙企业等。

2. 私人财产的范围

根据《物权法》第六十四条规定，私人对其合法的收入、房屋、生活用品、生产工具、原材料等不动产和动产享有所有权。

3. 私人所有权的保护

根据《物权法》第六十五条规定，私人合法的储蓄、投资及其收益受法律保护。国家依照法律规定保护私人的继承权及其他合法权益。第六十六条规定，私人的合法财产受法律保护，禁止任何单位和个人侵占、哄抢、破坏。

（四）企业出资人权利、法人财产权、社会团体财产权

《物权法》第六十七条至第六十九条分别规定了出资设立企业的出资人权利、法人财产

权和社会团体财产权。

四、建筑物区分所有权

所谓建筑物区分所有权是指业主对建筑物内的住宅、经营性用房等专有部分享有所有权，对专有部分以外的共有部分享有共有和共同管理的权利。

小贴士：
将一座建筑物根据使用功能在结构上分为单独使用的专有部分和共同使用部分，该建筑物内的每个所有人既享有对专有部分的所有权又享有对共用部分的共有权。

（一）专有部分的所有权

专有部分的所有权，是指数人区分一建筑物而各有的那一部分，以此专有部分为客体的区分所有权，为各区分所有人单独所有。在性质上，《物权法》第七十一条规定，业主对其建筑物专有部分享有占有、使用、收益和处分的权利。可以看出，这与一般所有权并无不同。但是，《物权法》第七十一条、第七十七条也明确指出：业主行使其专有部分的单独所有权受到下列限制：①业主行使权利不得危及建筑物的安全，不得损害其他业主的合法权益。②业主不得违反法律、法规以及管理规约，将住宅改变为经营性用房。业主将住宅改变为经营性用房的，除遵守法律、法规以及管理规约外，应当经有利害关系的业主同意。

（二）共用部分的共有权

建筑物的共用部分为相关区分所有人所共有，均不得分割。各区分所有人对共有部分，应按其目的加以使用。共有部分的修缮费以及其他负担，由各区分所有人按其单独所有的部分的面积占总面积的比例来分担。

此种共有在性质上应当属于按份共有，但是不得请求分割。转让专有部分的所有权必须同时转让共用部分的共有权，专有部分和共有部分不得分开转让。

1. 业主共有财产部分

《物权法》第七十三、七十四条规定：①建筑区划内的道路，但属于城镇公共道路的除外；②建筑区划内的绿地，但法律规定为属于城镇公共绿地或者明示属于个人的除外；③建筑区划内的其他公共场所、公用设施和物业服务用房；④占用业主共有的道路或者其他场地用于停放汽车的车位。需要注意的是，《物权法》七十四条明确规定：建筑区划内，规划用于停放汽车的车位、车库应当首先满足业主的需要。然后才能对外出售、出租。

《物权法》第七十条规定了共有部分财产不能单独转让、抵押、出租；业主转让其专有部分所有权的，其对共有部分享有的共有和共同管理的权利一并转让。

> **案例分析**
>
> **顶楼业主霸占房顶引众怒**
>
> 青田县鹤城镇花园 9 号 4 栋的 21 户业主，基本是邮政电信系统的职工和家属，在邮政电信没有"分家"前，很多住户还都在同一个单位上班。但在 2007 年 6 月前后，住在

4栋的业主却因为屋顶晒台的使用问题发生纠纷。楼下的住户有一天突然发现,通往房顶的门被顶楼的3户业主锁住了,其中一户业主还在房顶的晒台上盖起来违章建筑。顶楼住户的做法让楼下业主很生气,4栋屋高8层,地势相对较低,周边被高楼阻挡,采光性不是很好,平日里楼下业主的衣服被子都晒在屋顶,现在晒台让顶楼的业主占去了,他们当然不答应。在与顶楼住户交涉无果后,楼下业主向主管部门投诉。当地建设局随后向顶楼住户下达整改通知书,责令3家住户恢复屋顶晒台原状,但一直没有得到回应。再向顶楼3家住户发出律师函,要求对方立刻将房顶大门打开供全体住户共同管理、使用的要求再次遭拒后,楼下16家住户集体向丽水青田县法院提起诉讼。楼下住户认为,根据我国《物权法》有关规定,楼下和顶楼的住户依法对其建筑物内的住宅及贮藏室等专有部分享有所有权,对专有部分以外的共有部分享有共有和共同管理的权利,顶楼住户擅自将房顶的门锁住,其行为构成了侵权。据此,楼下业主请求法院判决确认他们对房顶及房顶晒台有共有和共同管理的权利,同时责令顶楼3家住户立即将通向房顶的门钥匙交给楼下住户,以保证楼下住户的权利不受侵犯。根据《物权法》关于建筑物区分所有权的规定,顶楼平台属于共有部分,顶层住户无权占有。

(资料来源:"小区房顶的晒台你凭什么独占",新浪网。)

2. 业主对共有部分的权利和义务

《物权法》第七十二条、第八十条明确规定:①业主对建筑物专有部分以外的共有部分,享有权利,承担义务;不得以放弃权利不履行义务。②建筑物及其附属设施的费用分摊、收益分配等事项,有约定的,按照约定;没有约定或者约定不明确的,按照业主专有部分占建筑物总面积的比例确定。

3. 对共有部分的管理

我国《物权法》第七十条规定,业主对专有部分以外的共有部分享有共同管理的权利。第七十六条规定,下列事项由业主共同决定:①制定和修改业主大会议事规则;②制定和修改建筑物及其附属设施的管理规约;③选举业主委员会或者更换业主委员会成员;④选聘和解聘物业服务企业或者其他管理人;⑤筹集和使用建筑物及其附属设施的维修资金;⑥改建、重建建筑物及其附属设施;⑦有关共有和共同管理权利的其他重大事项。决定前款第⑤项和第⑥项规定的事项,应当经专有部分占建筑物总面积2/3以上的业主且占总人数2/3以上的业主同意。决定前款其他事项,应当经专有部分占建筑物总面积过半数的业主且占总人数过半数的业主同意。

(1) 业主大会与业委员会。业主大会是全体业主进行集体决策的自治性组织,全体业主均有权利参加并在业主大会上行使表决权。业主委员会是业主大会的常设机构,在业主大会闭会期间行使业主大会的部分职权和其他由业主大会授予的权利。

《物权法》第七十八条、第八十三条分别规定,业主应当遵守法律、法规以及管理规约。业主大会或者业主委员会的决定,对业主具有约束力。业主大会和业主委员会,对任意弃置垃圾、排放污染物或者噪声、违反规定饲养动物、违章搭建、侵占通道、拒付物业费等损害他人合法权益的行为,有权依照法律、法规以及管理规约,要求行为人停止侵害、消除危险、排除妨害、赔偿损失。业主对侵害自己合法权益的行为,可以依法向人民法院提起诉讼。

但当业主大会或者业主委员会作出的决定侵害业主合法权益的,受侵害的业主可以请求人民法院予以撤销。

(2)物业管理公司的选任。《物权法》第八十一条规定,业主可以自行管理建筑物及其附属设施,也可以委托物业服务企业或者其他管理人管理。对建设单位聘请的物业服务企业或者其他管理人,业主有权依法更换。

物业管理机构与业主之间是委托合同关系,因此委托合同关于委托人和受托人之间的权利义务关系适用于业主与物业管理机构之间。

《物权法》第八十三条规定,物业服务企业或者其他管理人根据业主的委托管理建筑区划内的建筑物及其附属设施,并接受业主的监督。

五、相邻关系

(一)相邻关系的概念

相邻关系是不动产的相邻各方在行使所有权或者其他物权时,而发生的权利义务关系。相邻的不动产权利人,不仅包括不动产所有人,而且还包括不动产用益物权人或者占有人。

> **案例分析**
>
> 2003年,原告潘先生在滁州市南谯北路一繁华地段商品楼购买了位于406室的住宅。此后不久,被告计女士开始在潘先生家楼下的106室、206室和306室内经营奥林彩扩社生意。为招揽顾客,计女士在2、3层之间立起了一个大型户外广告牌,顶部直抵潘先生家406室的窗户下方。2004年11月,小偷通过广告牌爬入潘先生家中,盗走价值3000余元的现金和首饰。潘先生提出抗议后,计女士向潘先生支付了1800元的防盗窗安装费。2007年2月,又有小偷再次通过广告牌爬到了四楼,折断潘先生家的防盗窗钢管后意欲行窃时被潘先生家人发现而未遂。为此,潘先生告到法院,要求计女士拆除奥林彩扩社广告牌。一审法院审理后,以计女士已经补偿潘先生1800元防盗窗安装费为由,驳回了潘先生的诉讼请求。潘先生不服,提起上诉。二审期间,经法院调解,潘先生和计女士达成和解协议:计女士为潘先生家紧邻广告牌上方的两个窗户制作、安装不锈钢材料的防盗窗,内穿钢管或钢筋由潘先生决定,防盗窗日后维修事宜由潘先生自理;计女士日后维修或更换招牌,顶端不得超过现有招牌高度。2008年2月28日,经安徽省滁州市中级人民法院调解,滁州市民潘先生与楼下彩扩社的计女士各退一步达成调解协议,了却了双方因彩扩社广告牌而引发的相邻关系纠纷。
>
> (资料来源:"窗下广告牌引来小偷 相邻纠纷法院和解",找法网。)

(二)相邻关系的处理原则

根据《物权法》第八十四条规定,不动产的相邻权利人应当按照有利生产、方便生活、团结互助、公平合理的原则,正确处理相邻关系。

第八十五条规定,法律、法规对处理相邻关系有规定的,依照其规定;法律、法规没有规定的,可以按照当地习惯。

第八十六条至第九十一条分别对用水、排水、通行、建造、修缮建筑物以及铺设管线、通风、采光、日照、排放污染物、维护相邻不动产安全等作了规定。

同时在第九十二条也规定了对相邻不动产权利人的权利的保护：不动产权利人因用水、排水、通行、铺设管线等利用相邻不动产的，应当尽量避免对相邻的不动产权利人造成损害；造成损害的，应当给予赔偿。

六、共有

（一）共有的概念

共有是指两个或两个以上的权利主体对同一标的物共同享有所有权。共有的形式包括按份共有和共同共有。

按份共有，是指数人按应有份额对共有物共同享有权利和分担义务。其基本特征是按份共有人对共有的不动产或者动产按照其份额享有所有权。按份共有人享有的份额，没有约定或者约定不明确的，按照出资额确定，不能确定出资额的，视为等额享有。

共同共有，是指两个以上的权利主体平等地对共有物共同享有权利和分担义务。其基本特征是共同共有人对共有的不动产或者动产共同享有所有权。一般情形下，共同共有财产不分份额。共同共有的形式有夫妻共有、家庭共有和遗产分割前共有。

想一想：

"亲密无间，实有差别"，一个物权只能作为一个特定的物，即"一物一权"——一个物上不能存在多个所有权，只能存在一个完整的所有权，然而一个所有权可以由多个民事主体共同所有吗？

> **案例分析**
>
> 一家三口买房　儿子不还贷父母要改户名
>
> 2007年2月下旬，顾宪夫妇经房产中间商居间介绍，与出售人曹庆（化名）就昌平路某房屋，签署了《房地产买卖居间合同》。同年3月初，顾宪夫妇及儿子晓征作为购房人与房屋出售人曹庆就该房屋签订了《上海市房地产买卖合同》，约定房屋转让价款共计318万元。合同签订后，顾宪夫妇支付了首期房款82万元、装潢补偿款50万元和中介费3.18万元等费用。同时，晓征作为借款人、顾宪夫妇作为抵押人，与银行签订了《个人住房（二手房）抵押借款合同》，借款金额为186万元，贷款期限为240个月，该186万元作为第二期房款支付给房屋出售人。之后，房屋产权办至晓征和顾宪夫妇名下。同年5月，晓征名下贷款由顾宪夫妇偿还，并在房地产交易中心办理了该房屋的他项权利注销。2008年5月初，顾宪夫妇起诉到法院称当初购买房屋，没有能力一次性支付房款，便经与儿子晓征商量借用他的名义共同购房，以办理银行贷款，解决购房资金问题。然而在2007年底，与儿子晓征因家庭内部产生矛盾经常发生口角，遂向法院提出起诉要求将房屋产权判令归夫妇俩所有。法庭上，儿子晓征称，该房屋是以三个人名义共同购买，属共同共有产权。称购房贷款是长时间的事，在公司经营状况好转后，自己也愿意还贷，表示不同意父母亲的诉讼申请。法院认为，顾宪夫妇与儿子晓征签订《上海市房

> 地产买卖合同》，向房屋出售人支付了全部房款，实际也取得了该房屋，并办理了房屋登记手续。该交易是真实意思的表示，且符合不动产交易的规则，又通过买卖取得了该房屋所有权。法院以为虽然顾宪夫妇支付了全部的前期费用，并偿还了贷款，取得了该房屋所有权。从房屋买卖的过程来看，以儿子晓征作为借款人向银行贷款186万元用于支付房款，是顾宪夫妇和儿子晓征三人共同作出的决定，该环节对合同的履行、房屋产权的取得具有必不可少的作用，三人均属该房屋的共同共有人。现顾宪夫妇要求将该房屋产权归其名下，缺乏足够证据予以佐证，上海市静安区人民法院依照我国《物权法》规定，判决对顾宪夫妇之诉不予支持。
>
> （资料来源："一家三口买房　儿子不还贷父母要改户名"，110网。）

（二）共有物的管理

《物权法》第九十六条规定，共有人按照约定管理共有的不动产或者动产；没有约定或者约定不明确的，各共有人都有管理的权利和义务。

（三）共有物的处分

根据《物权法》第九十七条规定，处分共有的不动产或者动产以及对共有的不动产或者动产作重大修缮的，应当经占份额2/3以上的按份共有人或者全体共同共有人同意，但共有人之间另有约定的除外。

（四）共有物的费用负担

《物权法》第九十八条规定，对共有物的管理费用以及其他负担，有约定的，按照约定；没有约定或者约定不明确的，按份共有人按照其份额负担，共同共有人共同负担。

（五）共有物的分割

《物权法》第九十九条规定了共有物分割的原则：一是按照约定分割原则，共有人约定不得分割共有的不动产或者动产，以维持共有关系的，应当按照约定，但共有人有重大理由需要分割的，可以请求分割。二是请求分割原则，没有约定或者约定不明确的，按份共有人可以随时请求分割，共同共有人在共有的基础丧失或者有重大理由需要分割时可以请求分割。三是损害赔偿原则，因分割对其他共有人造成损害的，应当给予赔偿。

《物权法》第一百条规定了共有物分割的方式：共有人可以协商确定分割方式。一是实物分割，共有的不动产或者动产可以分割并且不会因分割减损价值的，应当对实物予以分割。二是折价分割，难以分割或者因分割会减损价值的，应当对折价或者拍卖、变卖取得的价款予以分割。同时对于共有财产分割还明确规定了瑕疵担保责任：共有人分割所得的不动产或者动产有瑕疵的，其他共有人应当分担损失。

（六）共有人的优先购买权

根据《物权法》第一百零一条规定，按份共有人可以转让其享有的共有的不动产或者动产份额。其他共有人在同等条件下享有优先购买的权利。

小贴士：
　　同等条件即同等价格、相同给付方式和其他同等的实质交易条件。法律规定其他共有人优先购买权，是为了简化共有关系，防止因其外人的介入而使共有人内部关系趋于复杂。

（七）共有人的债权债务关系

（1）因共有财产产生的债权债务关系的对外效力。在对外关系上，《物权法》第一百零二条规定，共有人享有连带债权、承担连带债务，但法律另有规定或者第三人知道共有人不具有连带债权债务关系的除外。

（2）因共有财产产生的债权债务关系的对内效力。在共有人内部关系上，《物权法》第一百零二条规定，除共有人另有约定外，按份共有人按照份额享有债权、承担债务，共同共有人共同享有债权、承担债务。

（3）追偿权。《物权法》第一百零二条规定，偿还债务超过自己应当承担份额的按份共有人，有权向其他共有人追偿。

第三节　它山之石可以攻玉——用益物权

一、用益物权概述

（一）用益物权的概念

用益物权是指用益物权人对他人所有的不动产或者动产，依法享有占有、使用和收益的权利。

与所有权、担保物权相比，用益物权具有如下特征：

（1）用益物权是他物权、有期限物权；这是区别于所有权具有的完整性、永久性的特点。

（2）用益物权主要是不动产物权；结合《物权法》的相关规定，用益权包括：土地承包经营权、建设用地使用权、地役权、宅基地使用权和自然资源使用权。

（3）用益物权以对标的物的使用、收益为其主要内容；并以对物的占有为前提。这是区别于担保物权注重物的交换价值的特点。

小贴士：
　　用益物权的建立，对社会经济发展具有重要意义。归纳起来：一是可以促进资源的有效利用，二是可以维护资源的有序利用。用益物权制度，可以使得用益物权人在不能或者不必取得土地等资源以及他人之物的所有权的情况下，通过对土地等资源以及他人之物的占有、使用而获得收益，由此所有人也可以不使用其所有物获得收益。

（二）用益物权的种类

我国《物权法》规定了四种主要的土地用益物权，有土地承包经营权、建设用地使用权、宅基地使用权和地役权。同时，规定了海域使用权、探矿权、采矿权、取水权、养殖权、捕捞权等自然资源使用权。

二、土地承包经营权

土地承包经营权，是指土地承包经营权人依法对其承包经营的耕地、林地、草地等享有的占有、使用、收益的权利，有权从事种植业、林业、畜牧业等农业生产。土地承包经营者主体原则上为农村集体经济组织成员，但对荒山、荒沟、荒丘、荒滩等荒地通过招标、拍卖等公开竞价方式直接取得承包经营权的主体不限于农村集体经济组织成员，还包括农村集体经济组织以外的自然人、法人和其他组织。

《物权法》第一百二十六、一百二十七、一百三十、一百三十一条分别规定，土地承包经营权通过订立承包合同方式确立，并自土地承包经营权合同生效时设立。耕地的承包期为30年。草地的承包期为30年至50年。林地的承包期为30年至70年；特殊林木的林地承包期，经国务院林业行政主管部门批准可以延长。承包期内发包人不得调整、收回承包地。承包期届满，由土地承包经营权人按照国家有关规定继续承包。

在承包经营期限范围内，《物权法》第一百二十八、一百三十二条分别规定，土地承包经营权人依法有权将土地承包经营权采取转包、互换、转让等方式流转。流转的期限不得超过承包期的剩余期限。未经依法批准，不得将承包地用于非农建设。承包地被征收的，土地承包经营权人有权依照规定获得相应补偿。

案例分析

1993年3月19日，陈某与其所在的村民组签订了土地承包合同，约定村民组将12.5亩可耕地承包给陈某建苹果园，承包期为14年，从1992年9月30日至2006年9月30日止。合同期满后，陈某仍想继续承包该块土地，就与村民组协商续签合同，但村民组不同意陈某的要求。陈某为此向某法院起诉，认为我国《农村土地承包法》及最高人民法院的相关司法解释中规定，承包合同约定或者土地承包经营权证等证书记载的期限短于农村土地承包法规定的30年期限，承包方请求延长的，应予以支持。依上述法律规定，陈某作为承包方申请将原14年承包期限延长至30年，村民组应当同意。法院经审理认为，陈某和村民组签订土地承包合同的期限系1993年3月19日，但我国《农村土地承包法》自2003年3月1日起施行，最高人民法院《关于审理涉及农村土地承包纠纷案件适用法律问题的解释》自2005年9月1日起施行。依据法不溯及既往的原则，陈某与村民组签订的14年期承包合同不应当适用上述法律关于土地承包期限的规定内容。现14年承包期满，双方权利义务已经终止，且村民组不同意与陈某续签合同，故法院判决驳回原告陈某的诉讼请求。

（资料来源："申请承包延期遭拒　农民告村民组败诉"，找法网。）

三、建设用地使用权

（一）建设用地使用权的概念及范围

建设用地使用权，是指建设用地使用权人依法对国家所有的土地享有占有、使用和收益的权利，有权利用该土地建造建筑物、构筑物及其附属设施。

建设用地使用权可以在土地的地表、地上或者地下分别设立。新设立的建设用地使用权，不得损害已设立的用益物权。

（二）建设用地使用权的取得

《物权法》第一百三十七条规定，建设用地使用权的取得可以采取出让或者划拨等方式。其中，划拨方式是无偿取得使用权，因此，法律严格限制以划拨方式设立建设用地使用权。同时，第一百三十七条也规定了，工业、商业、旅游、娱乐和商品住宅等经营性用地以及同一土地有两个以上意向用地者的，应当采取招标、拍卖等公开竞价的方式出让。

《物权法》第一百三十九条规定，设立建设用地使用权的，应当向登记机构办理登记。建设用地使用权自登记时设立。登记机构应当向建设用地使用权人发放建设用地使用权证书。

（三）建设用地使用权的流转

权利人取得建设用地的使用权后，除法律另有规定的以外，使用权人有权以书面合同形式将建设用地使用权转让、互换、出资、赠与或者抵押。

《物权法》第一百四十五至一百四十七条分别规定，建设用地使用权转让、互换、出资或者赠与的，附着于该土地上的建筑物、构筑物及其附属设施一并处分；建筑物、构筑物及其附属设施转让、互换、出资或者赠与的，该建筑物、构筑物及其附属设施占用范围内的建设用地使用权一并处分。建设用地使用权转让、互换、出资或者赠与的，应当向登记机构申请变更登记。

小贴士：
这些规定实际上就是通常所称的"房随地走、地随房走、房地一体"的流转规则。

《物权法》第一百四十九条规定，住宅建设用地使用权期间届满的，自动续期。非住宅建设用地使用权期间届满后的续期，依照法律规定办理。该土地上的房屋及其他不动产的归属，有约定的，按照约定；没有约定或者约定不明确的，依照法律、行政法规的规定办理。

四、地役权

地役权是指地役权人按照合同约定，利用他人的不动产，以提高自己的不动产的效益的权利。地役权产生于两个不动产之间，提供便利的不动产称为供役地，利用便利的不动产称为需役地。地役权因设定行为而取得，《物权法》第一百五十七至一百六十一、一百六十四、一百六十五条分别规定，设立地役权，当事人应当采取书面形式订立地役权合同。地役权自地役权合同生效时设立。当事人要求登记的，可以向登记机构申请地役权登记；未经登记，不得对抗善意第三人。供役地权利人应当按照合同约定，允许地役权人利用其土地，不得妨害地役权人行使权利。地役权人应当按照合同约定的利用目的和方法利用供役地，尽量减少对供役地权利人物权的限制。地役权的期限由当事人约定，但不得超过土地承包经营权、建设用地使用权等用益物权的剩余期限。地役权不得单独转让、不得单独抵押。

> **案例分析**
>
> 　　某甲房地产开发公司拍得某市区河畔一块土地，准备以"观景"为理念设计并建造一所高层观景商品住宅楼。但该地前面有一制衣厂平房，为了该住宅业主能在房间里欣赏河畔风景，双方约定：制衣厂在10年内不得在该土地上兴建三层高以上建筑；作为补偿，甲每年向制衣厂支付20万元。三年后，制衣厂将该土地使用权转让乙公司，乙公司在该土地上动工修建高层电梯公寓。甲公司得知后，便要求乙公司立即停止兴建。但遭到拒绝，甲于是向法院提起诉讼，请求法院判决乙公司停止施工并同时要求制衣厂承担违约责任。
>
> 　　**【分析】** 本案争议焦点是甲公司和制衣厂之间地役权合同是否生效？该地役权合同能否约束乙公司？根据我国《物权法》第一百五十六条规定，地役权自合同生效时设立，是否登记不影响地役权的设立，未登记只是不能对抗善意第三人而已。本案中，甲公司与制衣厂之间的约定，符合我国《物权法》的规定，"地役权人有权按照合同约定，利用他人的不动产，以提高自己的不动产的效益。"所以甲与制衣厂之间设立了地役权，制衣厂违反合同的约定，理应承担违约责任。若乙公司不知有地役权的设定，则因甲与制衣厂之间的地役权合同没有到登记机构机关登记，甲的地役权不能对抗善意的第三人乙公司，作为受让供役地人的乙公司没有义务遵守地役权合同的约定，乙公司可以在不妨碍相邻权人的相邻权的情况下任意使用该土地，包括修建高层电梯公寓。所以，本案在我国《物权法》生效实施以后将会统一评判由制衣厂承担违约责任，驳回甲公司要求乙公司停止施工的诉讼请求。
>
> （资料来源："用案例看日常生活中的用益物权问题"，华律网。）

第四节　债权的保险箱——担保物权

一、担保物权的概念

　　担保物权，是指为了保证债权的实现，担保债权人在债务人不履行到期债务或者发生当事人约定的实现担保物权的情形，依法享有就担保财产优先受偿的权利。这里的债务人或第三人为担保人，债权人为担保权人，债务人或第三人的特定财产为担保物。

小贴士：

　　债权放入保险箱——它对于保证债权的实现，维护交易安全，促进社会融资具有重要作

用。其中，担保物是传统民法上典型的物权形式。

> **知识延伸**
>
> **与所有权、用益权相比，担保物权具有以下特征**
>
> （1）担保物权是以确保债务的履行为目的。
> （2）担保物权是在债务人或第三人的特定财产上设定的权利。
> （3）担保物权是以支配标的物的价值为其内容。
> （4）担保物权具有从属性。由于担保物权均是以确保债务的履行为其目的，所以所有的担保物权均从属于其所担保的债权。也就是说，担保物权所担保的债权为主权利，即主债权；而担保物权则作为主权利的从权利，无论其发生、转移还是消灭，都从属于主债权。
> （5）不可分性。所谓担保物权的不可分性是指担保物权的标的物分割、部分转让、部分消灭不影响担保物权的存续及整体性；反之，担保物权所担保的债权进行分割、部分转让或者消灭的也不影响担保物权的存续及其整体性。
> （6）物上代位性。担保物权均具有物上代位性。所谓物上代位性是指担保物权的标的物毁损灭失的，有其他替代物的担保物权并不消灭而是及于该替代物之上。例如，保险金、损害赔偿金等。
> 物上代位性是由担保物权的价值性导出的。由于担保物权支配的是标的物的价值而非其实体，所以不像所有权和用益物权那样标的物实体灭失的即归于消灭，而是只要其价值没有灭失就不会归于消灭。

二、担保物权的种类

1. 抵押权

抵押权，是指为担保债务的履行，债务人或者第三人不转移财产的占有，将该财产抵押给债权人的，债务人不履行到期债务或者发生当事人约定的实现抵押权的情形，债权人有权就该财产优先受偿。这里的债务人或者第三人为抵押人，债权人为抵押权人，提供担保的财产为抵押财产。

小贴士：
不转移财产的占有照样担保，与你与我都方便，真正做到了物尽其用，所以被作为担保之王。

《物权法》第一百八十条规定了可以抵押财产的范围包括：（1）建筑物和其他土地附着物；（2）建设用地使用权；（3）以招标、拍卖、公开协商等方式取得的荒地等土地承包经营权；（4）生产设备、原材料、半成品、产品；（5）正在建造的建筑物、船舶、航空器；（6）交通运输工具；（7）法律、行政法规未禁止抵押的其他财产。

《物权法》第一百八十四条也规定了下列财产不得抵押：（1）土地所有权；（2）耕地、宅基地、自留地、自留山等集体所有的土地使用权，但法律规定可以抵押的除外；（3）学校、幼儿园、医院等以公益为目的的事业单位、社会团体的教育设施、医疗卫生设施和其他社会公益设施；（4）所有权、使用权不明或者有争议的财产；（5）依法被查封、扣押、监管的财产；（6）法律、行政法规规定不得抵押的其他财产。

小贴士：
　　此种情形是为了公共利益而设。但是需要注意《担保法解释》的相关规定：学校、幼儿园、医院等以公益为目的的事业单位、社会团体，以其教育设施、医疗卫生设施和其他社会公益设施以外的财产为自身债务设定抵押的，人民法院可以认定抵押有效。

　　设立抵押权，当事人应当采取书面形式订立抵押合同。

2. 质权

　　质权，又称质押权，是指为担保债务的清偿，债务人或者第三人将其动产出质给债权人占有的，在债务人不履行到期债务或者发生当事人约定的情形时，债权人有权就该动产或者权利优先受偿的权利。这里的债务人或者第三人为出质人，债权人为质权人，交付的动产或者权利为质押财产。质权包括动产质权和权利质权。法律、行政法规禁止转让的动产不得出质。

知识延伸

　　质押，作为担保物的一种，具有以下的特征：
　　（1）质权具有一切担保物权具有的共同特性，从属性、不可分性和物上代位性。
　　（2）质权的标的是动产和可转让的权利，不动产不能设定质权。质权因此分为动产质权和权利质权。
　　（3）质权是移转质物的占有的担保物权，质权以占有标的物为成立要件。

　　下列权利可以出质：（1）汇票、支票、本票；（2）债券、存款单；（3）仓单、提单；（4）可以转让的基金份额、股权；（5）可以转让的注册商标专用权、专利权、著作权等知识产权中的财产权；（6）应收账款；（7）法律、行政法规规定可以出质的其他财产权利。

　　质权自出质人交付质押财产时设立。

3. 留置权

　　留置权，是指债务人不履行到期债务时，债权人可以留置已经合法占有的债务人的动产，并有权就该财产优先受偿的权利。其中，债权人为留置权人，占有的动产为留置财产。

知识延伸

留置权有以下法律特征

　　（1）留置权是法定担保物权。因此优先于抵押权、质权等意定担保物权而实现。
　　（2）留置权是动产担保物权，以债权人占有动产为要件。
　　（3）留置权是发生二次效力的担保物权。留置权人留置标的物后不得直接处分标的物，必须先定期催告，只有债务人逾期仍不履行债务时使得处分标的物而优先受偿。

　　留置权的标的物以动产为限，债权人留置的动产，应当与债权属于同一法律关系，但企业之间留置的除外。法律规定或者当事人约定不得留置的动产，不得留置。留置财产为可分物的，留置财产的价值应当相当于债务的金额。同时，留置权人负有妥善保管留置财产的义务；因保管不善致使留置财产毁损、灭失的，应当承担赔偿责任。留置权人对留置财产丧失占有或者留置权人接受债务人另行提供担保的，留置权消灭。

综合实训

一、应掌握的专业术语

物、物权、原始取得、继受取得、物权的消灭、所有权、建筑物区分所有权、相邻关系、共有、按份共有、共同共有、用益物权、担保物权、抵押权、质权、留置权。

二、单选题

1. 下列能够成为物权客体的为（　　）。
   A. 电子　　　　　　　　B. 电力
   C. 阳光　　　　　　　　D. 人身

2. 下列选项中取得所有权是基于物权变动的公示公信原则的有（　　）。
   A. 甲在垃圾堆拾取他人抛弃的旧物
   B. 甲从市场上以正常价格买到一件赃物
   C. 甲从乙处买得一台电脑
   D. 甲误将乙的房子登记为自己的房子，后甲将此房转让给丙，甲丙之间办理房屋过户手续，丙取得该房所有权

3. 土地承包经营权属于（　　）。
   A. 所有权　　　　　　　B. 用益物权
   C. 担保物权　　　　　　D. 准物权

4. 在所有权的四项权能中，最核心的内容是（　　）。
   A. 占有权　　　　　　　B. 使用权
   C. 收益权　　　　　　　D. 处分权

5. 下列各项属于财产所有权的原始取得的是（　　）。
   A. 爷爷送给今年刚满3岁的小宝一架钢琴作为生日礼物
   B. 王某继承父亲的一处房产
   C. 甲公司股份转让获得现款50万元
   D. 2017年乙公司获纯利润62万元

6. 相邻关系是不动产的相邻各方因不动产行使所有权或使用权而发生的权利义务关系，因此，相邻关系的客体是（　　）。
   A. 不动产
   B. 对不动产所有的权利
   C. 对不动产所负的义务
   D. 不动产权利人行使其所有权或者使用权过程中所体现的权益

7. 根据《物权法》的规定，下列各项有关共有关系的表述中，不符合法律规定的是

( )。

A. 按份共有人有权自由处分自己的共有份额，无需取得其他共有人的同意
B. 共同共有人对共有财产的处分，必须征得全体共有人的同意
C. 按份共有人将份额出让给共有人以外的第三人时，必须征得其他共有人的同意
D. 共同共有关系终止，才能确定份额，分割共有财产

8. 对于区分所有人的建筑物，下列说法中正确的是（ ）。
A. 区分所有人对整个建筑物享有共同所有权
B. 区分所有人得就共有部分请求分割
C. 区分所有人得就共有部分的权利可单独转让
D. 共有部分的修缮费用及其他分担，由各区分所有人按其专有部分所占比例分担

9. 根据《物权法》规定，下列财产中不可以作为抵押权的客体的是（ ）。
A. 在建房屋   B. 某大学的教学楼
C. 企业的生产设备、原材料   D. 法律、行政法规未禁止抵押的其他财产

10. 权利质权的标的可以是（ ）。
A. 债权、汇票、存款单、股票
B. 支票、存款单、名誉权、专利权
C. 商标权、仓单、债券、荣誉权
D. 汇票、提单、本票、继承权

11. 甲购买乙的一辆二手车，但双方没有办理过户手续。甲付款购车后，驾驶该车到某汽车空调配件经销部丙处，购买汽车空调配件并安装。安装好并付清款项后，甲驾车离开。途中，因空调泵线圈短路引起电源线起火造成火灾，该车被全部烧毁。经有关部门认定丙作为汽车空调提供者对火灾负有间接责任。下列说法中正确的是（ ）。
A. 甲和乙之间的买卖合同未生效，因为双方没有办理车辆过户手续
B. 甲取得该车的所有权，因为动产所有权转让自交付时发生效力
C. 甲不能向丙请求损害赔偿，因为其不是该车的所有权人
D. 甲不可以向丙请求损害赔偿，因为该车转让没有登记，不得对抗第三人

12. 以土地所有权为抵押物设立的抵押，其抵押合同（ ）。
A. 自合同订立时生效   B. 自办理抵押登记时生效
C. 自土地管理部门批准后生效   D. 无效

13. 甲将一部汽车作价3.5万元，抵押给乙，由甲继续使用，甲在开车时将汽车不慎撞坏，致严重损毁，应当（ ）。
A. 仍以已毁损的汽车作抵押物
B. 认定抵押关系中止
C. 认定抵押关系解除
D. 认定抵押关系仍存在，由甲以价值3.5万元的财产代替原汽车作抵押物

14. 甲在某服装店加工服装一套。取服装时，因带钱不够支付加工费，征得服装店同意将金戒指一枚留下，约定交清加工费后取回戒指，则服装店对戒指享有（ ）。
A. 处分权   B. 质押权
C. 抵押权   D. 留置权

三、多选题

1. 所有权的权能有（　　）。
   A. 占有 B. 使用
   C. 收益 D. 处分

2. 在一般情况下，物权可因下列原因而消灭（　　）。
   A. 标的物灭失 B. 抛弃
   C. 期限届满 D. 混同

3. 物权法定的含义包括（　　）。
   A. 物权种类法定 B. 物权内容法定
   C. 物权效力法定 D. 物权公示方式法定

4. 下列各选项中，属于民法上的孳息的有（　　）。
   A. 出租柜台所得租金 B. 果树上已成熟的果实
   C. 动物腹中的胎儿 D. 彩票中奖所得的奖金

5. 甲为一开发商，乙为一苗圃经营商，甲将已出卖的楼房的房顶租与乙进行苗圃种植。因乙在房顶种植花草浇水引起纠纷。以下表述正确的是（　　）。
   A. 甲对该房顶享有所有权，其与乙之间签订的合同为有效合同
   B. 甲对该房顶不享有所有权，其将房顶出租给乙侵犯了房屋各区分所有人的共有权
   C. 本案应按照相邻关系处理
   D. 本案应按照区分所有处理

6. 担保物权的担保范围包括（　　）。
   A. 主债及其利息 B. 违约金
   C. 损害赔偿金 D. 保管担保财产和实现担保物权的费用

7. 在下列民事纠纷中，（　　）应按相邻关系处理。
   A. 甲在乙的房屋后挖菜窖，造成乙的房屋基础下沉，墙体裂缝，引起纠纷
   B. 甲村为了取水浇地，在乙、丙、丁村的土地上修建引水渠，引起纠纷
   C. 甲新建的房屋滴水滴在乙的房屋上，引起纠纷
   D. 甲村在河流上游修建拦河坝，使乙村用水量骤减，引起纠纷

8. 私营企业主王某办公用的一台电脑损坏，嘱秘书张某扔到垃圾站。张某将电脑搬到垃圾站后想，与其扔了不如拿回家给儿子用，便将电脑搬回家，经修理后又能正常使用。王某得知电脑能够正常使用后，要求张某返还。下列（　　）说法是错误的。
   A. 张某违反委托合同，不能取得电脑的所有权
   B. 张某基于先占取得电脑的所有权
   C. 王某有权要回电脑，但应当向张某予以补偿
   D. 因抛弃行为尚未完成，王某可以撤回其意思表示，收回对电脑的所有权

9. 按份共有人的权利有（　　）。
   A. 要求分出自己份额的权利 B. 处分自己份额的权利
   C. 支付共有财产的权利 D. 对其他共有人出售之份额享有优先购买

10. 甲的一只羊走失，被乙拾得赶回家中，饲养半月后被甲发现，但乙拒绝返还，下列

说法中正确的是（　　）。

A. 甲有权请求乙返还走失的羊
B. 乙若返还该羊，有权要求甲给付其饲养牛实际支出的费用
C. 甲乙之间发生无因管理的法律关系
D. 甲若拒绝给付乙饲养羊实际支出的费用，乙可以留置该羊

四、案例分析

1. 甲到宠物市场上购买小鸟，乙正好要到宠物市场上出售刚出生7天的两条小狗，于是两人相伴而行。行至途中，乙突然有急事要处理，乙便请求甲帮忙先带着小狗到宠物市场，自己随后就到。甲到达宠物市场后不久，丙看上了这两条小狗。于是甲就与丙商议可以低价卖给丙，前提条件是丙要给甲相应的报酬；同时甲、丙两人还统一口径说，因两条小狗得病不得不低价出售。事隔几日，乙从朋友那里得知实情，遂要求甲、丙赔偿损失。

请问：
(1) 甲出售小狗的行为属于什么性质？
(2) 乙是否有权要求甲、丙赔偿损失？为什么？

2. 甲拥有一台价值2万元的摄像机。因经商进货急需用钱，甲便将摄影机以1万元的价格出卖给乙，乙当即将1万元现金交给了甲。甲因为第二天要为母亲录像，与乙商定三天后将摄影机交付。第二天，甲觉得卖1万元价格偏低，于是将摄像机以1.4万元的价格卖给丙。双方签订了书面合同，甲当场将摄像机交给了丙，因丙没带那么多现金，约定现金第二天交付。次日，此事被乙发现，乙主张摄像机应当归自己所有，要求丙返还。为此，各方发生纠纷。

请问：谁有权取得摄像机的所有权？为什么？

3. 乙公司以自己的一栋楼房为其抵押从建设银行借款100万元，并办理了抵押登记手续。在借款到期后，乙公司无力还款，宣告破产，正在进行破产清算。现乙公司的债权人都准备拍卖该楼房抵债。建设银行认为自己对该楼房享有抵押权，有权拍卖该楼房用来清偿自己债权。其他债权人表示反对，认为大家应该平均受偿。

请问：建设银行是否享有优先受偿权？

4. 甲父为了支持儿子甲经商，托朋友把在外地某市的三间房屋以15万元的现款卖给了即将回国定居的华侨乙。但还未来得及办理过户手续，甲父即去世。甲并不知其父卖房事宜，他从父亲那里继承了这笔钱，又将这三间房屋的产权以继承遗产的名义过户到自己的名下。随后，甲从朋友丙处借到15万元钱，为担保借款，用房子作了抵押，房产证交给了丙，但没有办理登记手续。甲用这两笔钱注册开办了一家贸易公司，但生意并不景气。这时，乙回国定居，住入该房并进行了装修。不久，乙又拿着买卖协议来找甲，要求过户。丙听说此事后，害怕甲到期不能还钱，便要乙承认自己对该房有抵押权，乙不同意。借款期满后，甲无力还款。丙要实现抵押权拍卖房屋，而乙要求确认自己对系争房屋的所有权并要求甲办理过户登记手续，同时主张乙的抵押权无效。

请问：
(1) 乙对房屋是否享有所有权？
(2) 丙是否可以行使抵押权？

第三章
让国民经济的细胞健康起来
——企业法律制度

企业是重要的经济法主体,是国民经济的细胞,它承担着保证国家微观经济运行质量、效益和秩序的重要使命,是联系作为经济管理主体的国家机关和作为消费主体的单位和个人的重要纽带。

——《中级会计资格经济法》

学习目标:
- ☐ 理解个人独资企业的概念、特征;掌握个人独资企业设立的条件,投资人及事务管理;了解个人独资企业的解散和清算。
- ☐ 了解合伙企业的概念、类型和特征;掌握合伙企业设立的条件、合伙企业的财产、合伙企业事务的执行、与第三人的关系、入伙和退伙及经营管理上的相关规定;了解合伙企业的解散和清算。
- ☐ 了解公司法、有限责任公司、股份有限公司的概念及一人有限责任公司、国有独资公司的特别规定;理解公司的分类、股东的权利及义务、有限责任公司股权转让、公司财务会计收益分配制度、增资、减资、公司解散和清算的相关规定;掌握有限责任公司和股份有限公司的设立机构、股份的发行和转让、各类主体违反公司法应承担的责任的相关规定。

技能目标:
- ☐ 能够运用个人独资企业法知识解决实际生活中出现的法律问题;能够区别个人独资企业与相关经济组织。
- ☐ 能够运用所学合伙企业法知识解决实际生活中出现的法律问题;能够防范合伙合同的漏洞、风险及陷阱。
- ☐ 能根据公司法的相关知识简单分析一些公司领域的相关实际案例;能根据公司法的

相关知识维护自己的合法权益。

【案例导入】

甲是某有限责任公司的总经理和法定代表人，在一次产品展销会上，甲获得了某公司以优惠价格出售一批零件的信息，而甲所在的公司刚好需要这批零件。甲遂将该信息告知其弟弟。甲的弟弟与该公司取得联系后，以每个15元的价格购买该批零件10000个，后又以每个25元的价格卖给了甲所在的公司。后来，股东乙获悉该事件，向公司董事会报告。公司董事会碍于情面，不想追究甲的责任，监事会也保持沉默。

请同学们根据《企业法律制度》的知识回答乙是否可以通过其他方式追究甲的责任？

（资料来源：何辛、梁敏，《新编经济法实用教程》，大连理工大学出版社2014年版）

第一节　当个小老板——个人独资企业法

一、个人独资企业法概述

（一）个人独资企业的概念和特征

1. 个人独资企业的概念

个人独资企业是指依照《个人独资企业法》在中国境内设立，由一个自然人投资，财产为投资人个人所有，投资人以其个人财产对企业债务承担无限责任的经营实体。

个人独资企业是最古老、最简单的一种企业组织形式，至今仍广泛运用于商业经营中，主要盛行于零售业、手工业、农业、林业、渔业、服务业和家庭作坊等。

小贴士：

由于一个自然人既可以投资设立外商投资企业，也可以投资设立个人独资企业，因此，设立个人独资企业的自然人必须是中国公民，只有一个中国公民设立的企业才是个人独资企业。否则，其设立的企业就是外商独资企业。

2. 个人独资企业的特征

与其他企业组织形态相比，个人独资企业具有以下法律特征：

（1）个人独资企业的投资主体。根据《个人独资企业法》的规定，设立个人独资企业的只能是一个自然人，这是个人独资企业在投资主体上与合伙企业和公司的区别所在。自然人既包括中国公民，也包括外国人及无国籍人，但是《个人独资企业法》所指的自然人只是指中国公民。因此，外商独资企业不适用《个人独资企业法》的规定。

（2）个人独资企业的财产。个人独资企业的财产为投资人个人所有。这是个人独资企业的一个基本法律特征，反映了个人独资企业的性质，决定了个人独资企业的法律地位。这里的财产不仅包括企业成立时投资人投入的初始财产，而且包括企业存续期间积累的财产。

投资人对个人独资企业的财产依法享有所有权,其有关权利可以依法进行转让或继承。基于此,投资人对企业的经营与管理享有绝对的控制与支配权,不受任何其他人的干涉。

(3) 个人独资企业的内部机构设置和经营管理方式。个人独资企业的投资人既是企业的所有者,又是企业的经营者。因此,法律对其内部机构设置和经营管理方式不像公司和其他企业那样严格规定。其内部机构设置简单,经营管理方式灵活。

(4) 个人独资企业的责任承担。投资人及其个人财产对企业债务承担无限责任,这是在责任承担方面个人独资企业与公司(包括一人有限责任公司)的本质区别,即企业的债务全部由投资人承担,投资人承担企业债务的责任范围不限于出资,还包括独资企业中的全部财产和其他个人财产。投资人对企业的债权人直接负责,这实际上将企业的责任与投资人的责任连为一体。

小贴士:
由于个人独资企业具有投资主体单一性、经营管理直接性的特点,所以《个人独资企业法》没有对企业的组织机构作出具体规定,而是集中在对投资人的条件、权利和投资人的责任、企业的事务管理等项规定上。

(5) 个人独资企业的主体资格。个人独资企业不具有法人资格。尽管个人独资企业有自己的名称或商号,但其本身既不是财产所有权的主体,不享有独立的财产权利,又不承担独立责任,而是由投资人承担无限责任。这一特点与合伙企业相同而区别于公司。因此个人独资企业不具有法人资格。但是,个人独资企业却是独立的法律主体,其性质属于非法人组织,享有相应的权利能力和行为能力,能够以自己的名义进行法律行为。

想一想:
小王认为,既然个人独资企业和个体工商户都是由自然人出资设立的,那么个人独资企业就是个体工商户。请问小王的观点是否正确?

【解析】二者适用的法律不同,个人独资企业必须有固定经营的场所和合法的企业名称;而个体工商户可以没有固定经营场所,可以不起字号名称;个体工商户的投资者和经营者是同一人,都必须是投资设立个体工商户的自然人,而个人独资企业的投资人和经营者可以不是同一人;个人独资企业可以设立分支机构,而个体工商户则不可以设立分支机构;二者适用的财务制度及税收政策不同。

(二) 个人独资企业法的概念

个人独资企业符合社会主义市场经济发展的需要,在中国数量众多,国家通过相关法律规范个人独资企业的行为,保护个人独资企业投资人和债权人的合法权益,维护社会经济秩序,促进社会主义市场经济的发展。

个人独资企业法有广义和狭义之分。广义的个人独资企业法是指调整个人独资企业在设立、生产经营、解散、清算活动中发生的各种社会的法律规范的总称。狭义的个人独资企业法是指1999年8月30日第九届全国人民代表大会常务委员会第十一次会议通过,自2000年1月1日起施行的《中华人民共和国个人独资企业法》(以下简称《个人独资企业法》)。

二、个人独资企业的设立

（一）投资人为一个自然人

根据个人独资企业法的规定，投资人的数量必须是一个且是自然人，但法律、行政法规规定、禁止从事营利性活动的人，不得作为投资人投资设立个人独资企业。

（二）有合法的企业名称

企业名称是一个企业区别于其他企业的标志，企业的名称权是企业人身权的一种，所以企业必须有自己的名称。个人独资企业的名称必须符合国家的有关规定，要与自身的性质、经营范围相一致，可以叫厂、店、部、中心、工作室等，但不得使用"有限""有限责任""公司"字样。

（三）有投资人申报的出资

法律对个人独资企业没有规定最低注册资本的数额，仅要求有投资人申报的出资。设立个人独资企业可以用货币出资、也可以是实物、土地使用权、知识产权或者其他财产权利，但不能用个人劳务作价出资，也不能用个人信誉或者名誉作价出资。投资人的资金来源可以是个人财产，也可以是家庭财产，但以家庭共有财产作为个人出资的，要在申请企业设立或变更登记说明书上予以注明。投资人以其家庭共有财产作为个人出资的，应当依法以家庭共有财产对企业债务承担无限责任。

（四）有固定的生产经营场所和必要的生产经营条件

这是企业开展经营活动的物质基础，其场所的大小和条件的多少视企业的具体情况而定。生产经营场所包括企业的住所和生产经营相适应的处所。住所是企业的主要办事机构所在地，是企业的法定地址。

（五）有必要的从业人员

企业是人和物两要素的有机结合，个人独资企业当然也不例外，所有生产经营活动都需要人去完成。所以成立个人独资企业要有必要的从业人员。

申请设立个人独资企业，应当由投资人或者其委托的代理人向个人独资企业所在地的登记机关提交设立申请书、投资人身份证明、生产经营场所使用证明等文件。委托代理人申请设立登记时，应当出具投资人的委托书和代理人的合法证明。

个人独资企业不得从事法律、行政法规禁止经营的业务；从事法律、行政法规规定须报经有关部门审批的业务，应当在申请设立登记时提交有关部门的批准文件。

三、设立程序

个人独资企业的设立申请可以由投资人自己提出，也可以由投资人委托代理人代为提出。设立申请书应当载明：（1）企业的名称和住所；（2）投资人的姓名和居所；（3）投资人的出资额和出资方式；（4）经营范围：个人独资企业投资人以个人财产出资或者以其家庭共有财产作为个人出资的，应当在设立申请书中予以明确。

登记机关应当在收到设立申请文件之日起 15 日内，对符合《个人独资企业法》规定条件的予以登记，发给营业执照。对不符合《个人独资企业法》规定条件的，不予登记，并应当给予书面答复，说明理由。个人独资企业营业执照的签发日期，为个人独资企业的成立日期。在领取个人独资企业营业执照前，投资人不得以个人独资企业的名义从事经营活动。

个人独资企业设立分支机构，应当由投资人或者委托的代理人向分支机构所在地的工商行政管理机关申请登记，领取营业执照。分支机构经核准登记后，应当将登记情况报该分支机构隶属的个人独资企业的登记机关备案。分支机构的民事责任由设立该分支机构的个人独资企业承担。

个人独资企业存续期间登记事项发生变更的，应当在作出变更决定之日起的十五日内依法向登记机关申请办理变更登记。

> **案例分析**
>
> 某加油站经营类型是个人独资企业，2016 年 5 月 5 日投资人甲方与实际经营者乙方签订了承包合同，甲乙双方约定：甲方将加油站的设备、厂房出租给乙方使用，并同时将营业执照、成品油零售许可证在内的相关资质交给乙方使用，乙方每年向甲方缴纳承包费 10 万元，甲方不负责经营，乙方独立经营，自负盈亏。2017 年 1 月份，在全市成品油抽检中，该加油站销售的柴油经法定检测机构检测硫含量超标，鉴定为不合格。那么本案的当事人是甲方还是乙方呢？
>
> 【解析】甲方的行为是出租营业执照的行为，乙方的行为是无照无证销售不符合质量标准的柴油的行为。根据《个人独资企业法》规定，涂改、出租、转让营业执照的，责令改正，没收非法所得，处以三千元以下的罚款，情节严重的，吊销营业执照。
>
> （资料来源："个人独资企业加油站承包经营案例的探究"，百度百科。）

四、个人独资企业的投资人及事务管理

个人独资企业的投资人为一人，而不能是多人。投资人只能是自然人，不能是法人或者其他社会组织。但法律、行政法规禁止从事营利性活动的人，不得作为投资人申请设立个人独资企业。根据我国有关法律、行政法规规定，国家公务员、党政机关领导干部、警官、法官、检察官、商业银行工作人员等，不得作为投资人申请设立个人独资企业。

个人独资企业投资人对本企业的财产依法享有所有权，其有关权利可以依法进行转让或继承。

> **问一问：**
>
> 根据《个人独资企业法》的规定，下列人员中，可以投资设立个人独资企业的是（　　）。
>
> A. 公安局民警　　B. 商业银行信贷员
> C. 人民法院法官　　D. 某大学在校生王某
>
> 【解析】根据我国有关法律、行政法规规定，国家公务员、党政机关领导干部、警官、法官、检察官、商业银行工作人员等，不得作为投资人申请设立个人独资企业。

个人独资企业投资人可以自行管理企业事务，也可以委托或者聘用其他具有民事行为能力的人负责企业的事务管理。投资人委托或者聘用他人管理个人独资企业事务，应当与受托人或者被聘用的人签订书面合同，明确委托的具体内容和授予的权利范围。受托人或者被聘用的人员应当履行诚信、勤勉义务，按照与投资人签订的合同负责个人独资企业的事务管理。

投资人对受托人或者被聘用的人员职权的限制，不得对抗善意第三人。所谓第三人是指除受托人或被聘用的人员以外与企业发生经济业务关系的人。所谓善意第三人是指第三人在就有关经济业务事项交往中，没有与受托人或者被聘用的人员串通故意损害投资人利益的人。个人独资企业的投资人与受托人或者被聘用的人员之间有关权利义务的限制只对受托人或者被聘用的人员有效，对第三人并无约束力，受托人或者被聘用人员超出投资人的限制与善意第三人的有关业务交往应当有效。

投资人委托或者聘用的管理个人独资企业事务的人员应当履行诚信、勤勉义务，以诚实信用的态度对待投资人，对待企业，尽其所能依法保障企业利益，按照与投资人签订的合同负责个人独资企业的事务管理。

为了防止受托人或者被聘用的人员利用投资人的信任从事损害投资人利益的活动，《个人独资企业法》第二十条规定，投资人委托或者聘用的管理个人独资企业事务的人员不得有下列行为：

（1）利用职务上的便利，索取或收受贿赂。
（2）利用职务或者工作上的便利侵占企业财产。
（3）挪用企业的资金归个人使用或者借贷给他人。
（4）擅自以企业财产提供担保。
（5）未经投资人同意，从事与本企业相竞争的业务。
（6）未经投资人同意，同本企业订立合同或者进行交易。
（7）未经投资人同意，擅自将企业商标或者其他知识产权转让给他人使用。
（8）泄露本企业的商业秘密。
（9）法律、行政法规禁止的其他行为。

五、个人独资企业的会计、劳动管理和社会保险

个人独资企业应当依法设置会计账簿，进行会计核算。根据我国会计法的规定，各单位应当按照国家统一会计制度的规定和会计业务的需要设置会计账簿。个人独资企业招用职工的，应当依法与职工签订劳动合同，保障职工的劳动安全，按时、足额发放职工工资。个人独资企业应当按照国家规定参加社会保险，为职工缴纳社会保险费。

六、个人独资企业的权利、义务

个人独资企业可以依法申请贷款、取得土地使用权，并享有法律、行政法规规定的其他权利。任何单位和个人不得违反法律、行政法规的规定，以任何方式强制个人独资企业提供财力、物力、人力；对于违法强制提供财力、物力、人力的行为，个人独资企业有权拒绝。

七、个人独资企业的解散和清算

《个人独资企业法》第二十六条规定，个人独资企业有下列情形之一时，应当解散：
（1）投资人决定解散。
（2）投资人死亡或者被宣告死亡，无继承人或者继承人决定放弃继承。
（3）被依法吊销营业执照。
（4）法律、行政法规规定的其他情形。

个人独资企业解散，由投资人自行清算或者由债权人申请人民法院指定清算人进行清算。

投资人自行清算的，应当在清算前十五日内书面通知债权人，无法通知的，应当予以公告。债权人应当在接到通知之日起三十日内，未接到通知的应当在公告之日起六十日内，向投资人申报其债权。

个人独资企业解散后，原投资人对个人独资企业存续期间的债务仍应承担偿还责任，但债权人在五年内未向债务人提出偿债请求的，该责任消灭。

八、个人独资企业的财产清偿顺序

《个人独资企业法》第二十九条规定，个人独资企业解散的，财产应当按照下列顺序清偿：
1. 所欠职工工资和社会保险费用。
2. 所欠税款。
3. 其他债务。

九、个人独资企业清算期间对投资人的要求

清算期间，个人独资企业不得开展与清算目的无关的经营活动。在按前条规定清偿债务前，投资人不得转移、隐匿财产。个人独资企业财产不足以清偿债务的，投资人应当以其个人的其他财产予以清偿。个人独资企业清算结束后，投资人或者人民法院指定的清算人应当编制清算报告，并于十五日内到登记机关办理注销登记。

第二节　合伙如异体同心——合伙企业法

一、合伙企业概念和类型

（一）合伙企业的概念

合伙企业是指依照《中华人民共和国合伙企业法》（以下简称《合伙企业法》）在中国境内设立的，由合伙人订立合伙协议，为经营共同事业，共同出资、共同经营、共享收益、

共担风险，并对合伙企业债务承担无限连带责任的营利性组织。

（二）合伙企业的类型

1. 普通合伙企业

普通合伙企业由普通合伙人组成，合伙人对合伙企业债务承担无限连带责任。本法对普通合伙人承担责任的形式有特别规定的，从其规定。

2. 有限合伙企业

有限合伙企业由普通合伙人和有限合伙人组成，普通合伙人对合伙企业债务承担无限连带责任，有限合伙人以其认缴的出资额为限对合伙企业债务承担责任。

二、合伙企业法的概念

合伙企业法有广义和狭义之分。狭义的合伙企业法是指国家最高立法机关依法制定的、规范合伙企业合伙关系的专门法律，即《中华人民共和国合伙企业法》（以下简称《合伙企业法》）。该法于1997年2月23日由第八届全国人民代表大会常务委员会第二十四次会议通过，经由2006年8月27日第十届全国人民代表大会常务委员会第二十三次会议修订，2007年6月1日起正式实施。广义的合伙企业法是指国家立法机关或者其他有关机关依法制定的、调整合伙企业合伙关系的各种法律规范的总称。由此，除了《合伙企业法》外，国家有关法律、行政法规和规章中关于合伙企业的法律规范，都属于合伙企业法的范畴。

三、普通合伙企业设立条件和设立程序

（一）设立条件

1. 有两个以上合伙人，自然人、法人和其他组织都可以成为合伙人

合伙人为自然人的，应当具有完全民事行为能力，无民事行为能力的人和限制民事行为能力人不得成为合伙企业设立时的合伙人（精神病人、未成年人不能成为合伙人）。国有独资公司、国有企业、上市公司以及公益性的事业单位、社会团体不得成为普通合伙人。

2. 有书面合伙协议

合伙协议是各合伙人就设立合伙企业及合伙企业生产经营、利润分配、亏损承担以及入伙退伙、合伙企业解散与清算等事项达成一致的书面文件。它是合伙企业成立的基本文件。合伙企业经全体合伙人签字、盖章后生效。合伙人按照合伙协议享有权利、履行义务。修改或者补充合伙协议，应当经全体合伙人一致同意。但是，合伙协议另有约定的除外。合伙协议未约定或者约定不明确的事项，由合伙人协商决定；协商不成的，依照《合伙企业法》和其他有关法律、行政法规的规定处理。《合伙企业法》第十八条规定：合伙协议应载明以下事项：（1）合伙企业的名称和主要经营场所的地点；（2）合伙目的和合伙企业的经营范围；（3）合伙人的姓名和住所；（4）合伙人出资的方式、数额和缴付出资的期限；（5）利润分配和亏损分担办法；（6）合伙人事务的执行；（7）入伙与退伙；（8）合伙企业的解散和清算；（9）违约责任。合伙协议也可以载明合伙企业的经营期限和合伙人争议的解决方式。

3. 有合伙人认缴和实际缴付的出资

作为合伙企业成立的前提条件之一，合伙人应当按照合伙协议约定的出资方式、数额和缴付期限，履行出资义务。出资形式可以是货币、实物、知识产权、土地使用权或者其他财

产权，也可以用劳务出资。合伙人以劳务出资的，其评估办法由全体合伙人协商确定，并在合伙协议中载明。合伙人以实物、知识产权、土地使用权或者其他财产权利出资，需要评估作价的，可以由全体合伙人协商确定，也可以委托法定评估机构评估。以非货币财产出资的，依照法律、行政法规的规定，需要办理财产权转移手续的，应当依法处理。合伙人对自己出资的财产、财产权应该有合法的处分权，不能将自己无权处分的财产用于缴付出资。

普通合伙人未履行出资义务的，经其他合伙人一致同意，可以决议将其除名。但有限合伙人应当按照合伙协议的约定按期足额缴纳出资；未按期足额缴纳的，应当承担补缴义务，并对其他合伙人承担违约责任。

4. 有合伙企业的名称和生产经营场所

合伙企业的名称应当符合企业名称登记管理规定的要求。在其名称中不得使用"有限"或者"有限责任"的字样。普通合伙企业应当在其名称中标明"普通合伙"字样；特殊的普通合伙企业名称中应当标明"特殊普通合伙"字样；有限合伙企业名称中应当标明"有限合伙"字样。合伙企业一般只有一个经营场所，即企业登记机关的营业地点，但它也可以在主要经营场所之外有多个经营场所。

除上述条件外，设立合伙企业还要具备法律、行政法规规定的其他条件。

（二）设立程序

设立合伙企业，应当向工商行政管理部门提交登记申请书、合伙协议书、合伙人身份证明等文件。法律、行政法规规定须报经有关部门审批的，应当在申请设立登记时提交批准文件。企业登记机关应当自收到申请登记文件之日起 20 日内，作出是否登记的决定。对符合规定条件的，予以登记，发放营业执照；对不符合规定要求的，不予登记，并应当给予书面答复，说明理由。合伙企业营业执照的签发日期，为合伙企业的成立日期。合伙企业领取营业执照前，合伙人不得以合伙企业名义从事经营活动。合伙企业设立分支机构，应当向分支机构所在地的企业登记机关申请登记，领取营业执照。合伙企业登记事项发生变更的，执行合伙事务的合伙人应当自作出变更决定或者发生变更事由之日起 15 日内，向企业登记机关申请办理变更登记。

四、普通合伙企业的财产

（一）财产范围

《合伙企业法》第二十条规定"合伙人的出资，以合伙企业的名义取得的收益和依法取得的其他财产，均为合伙企业的财产"。因此，合伙企业财产包括如下内容：

1. 合伙人的出资

合伙人的出资是指各合伙人按照合伙协议实际缴付的出资。合伙人可以用货币、实物、知识产权、土地使用权和其他财产权利出资。作为出资的劳务不能直接计算成合伙财产，但劳动成果和收益可以计入合伙财产。从财产来源上，合伙人的出资形成合伙企业的原始资产。

2. 以合伙企业名义取得的收益和依法取得的其他财产

凡是以合伙企业的名义为权利主体取得的合法权益，不论以何种方式取得，均视为合伙财产。如合伙企业财产的增值、孳息和转让所得；合伙企业营业收入和其他经营成果；合伙企业因其他法律行为或事件而获得的财产给付，如赠与、侵权赔偿，以及以合伙财产为对价而受让取得的财产（如购置的设备）。

（二）合伙企业财产的性质

合伙企业存续期间，合伙企业的财产为合伙企业独立享有，由全体合伙人依照《合伙企业法》共同管理和使用。合伙企业的财产权属于共同共有财产权，由全体合伙人共同共有。对合伙财产的占有、使用、收益和处分，均应当依据全体合伙人的共同意志进行。除非有合伙人退伙，在合伙企业清算前，合伙人不得请求分割合伙企业的财产；但是，法律另有规定的除外。合伙人在合伙企业清算前私自转移或者处分合伙企业财产的，合伙企业不得以此对抗善意第三人。

（三）合伙人财产份额的转让

除合伙协议另有约定外，合伙人向合伙人以外的人转让其在合伙企业中的全部或者部分财产份额时，须经其他合伙人一致同意。合伙人之间转让在合伙企业中的全部或者部分财产份额时，应当通知其他合伙人。合伙人向合伙人以外的人转让其在合伙企业中的财产份额的，在同等条件下，其他合伙人有优先购买权；但是，合伙协议另有约定的除外。合伙人以外的人依法受让合伙人在合伙企业中的财产份额的，经修改合伙协议即成为合伙企业的合伙人，依照本法和修改后的合伙协议享有权利，履行义务。

（四）合伙人财产份额的出质

合伙人以其在合伙企业中的财产份额出质的，须经其他合伙人一致同意；未经其他合伙人一致同意，其行为无效，由此给善意第三人造成损失的，由行为人依法承担赔偿责任。

五、普通合伙企业合伙事务的执行

"执行合伙事务"是指享有执行权的人有权代表合伙企业以合伙企业的名义对外进行活动。所以合伙事务的执行可采取下列灵活的方式：

（一）全体合伙人共同执行合伙事务

合伙人对执行合伙事务享有同等的权利。各个合伙人都有权直接参与经营、处理合伙事务，对外代表合伙企业。法人、其他组织的合伙人由其委派的代表执行合伙事务。

（二）合伙人分别执行合伙事务

合伙人分别执行合伙企业事务时，执行事务的合伙人可以对其他合伙人执行的事务提出异议，提出异议时应暂停该项事务的执行。受委托执行合伙事务的合伙人不按照合伙协议或者全体合伙人的决定执行事务的，其他合伙人可以决定撤销该委托。如果发生争议，按照合伙协议约定的表决办法办理。合伙协议未约定或者约定不明确的，实行合伙人一人一票并经全体合伙人过半数通过的表决办法。

（三）委托一个或者数个合伙人执行合伙事务

按照合伙协议的约定或者经全体合伙人决定，可以委托一个或者数个合伙人对外代表合伙企业，执行合伙事务。委托一个或者数个合伙人执行合伙事务的，其他合伙人不再执行合伙事务。不执行合伙事务的合伙人有权监督执行事务合伙人执行合伙事务的情况。由一个或者数个合伙人执行合伙事务的，执行事务合伙人应当定期向其他合伙人报告事务执行情况以及合伙企业的经营和财务状况，其执行合伙事务所产生的收益归合伙企业，所产生的费用和亏损由合伙企业承担。合伙人为了解合伙企业的经营状况和财务状况，有权查阅合伙企业会计账簿等财务资料。

六、普通合伙企业的入伙与退伙

（一）入伙的条件和程序

入伙是指合伙企业存续期间，不具有合伙人身份的第三人取得合伙人身份的法律行为。《合伙企业法》设立了入伙的条件和程序。

（1）全体合伙人一致同意。合伙企业接纳新的合伙人入伙，必然涉及合伙企业的出资比例、盈余分配的比例、债务分担比例等的变动，需要对原有的合伙协议进行重大的变更。因此，新合伙人入伙，除合伙协议另有约定外，必须经全体合伙人一致同意。

（2）订立书面入伙协议。入伙协议是新合伙人与原合伙人在平等自愿的基础上，就新合伙人的入伙问题以及入伙后的权利义务问题所达成的协议。

（3）订立入伙协议时，原合伙人应当履行告知义务，向新合伙人如实告知原合伙企业的经营状况和财务状况。

（4）合伙企业登记事项因入伙发生变更，应当于发生变更事由之日起15日内，向企业登记机关办理有关登记手续。

（二）入伙的法律后果

入伙的新合伙人与原合伙人享有同等权利，承担同等责任。入伙协议另有约定的，从其约定。入伙的新合伙人对入伙前合伙企业的债务承担连带责任。

（三）退伙

1. 退伙的种类

退伙是指合伙人在合伙企业存续期间退出合伙企业、失去合伙人资格的法律行为。根据退伙的原因，合伙人退伙可分为自愿退伙、法定退伙、除名退伙三种。

（1）自愿退伙。自愿退伙又称声明退伙，是指合伙人基于自愿的意思表示而退伙。自愿退伙可以分为协议退伙和通知退伙两种。协议退伙是指合伙协议约定合伙期限的，在合伙企业存续期间，有下列情形之一的，合伙人可以退伙：合伙协议约定的退伙事由出现；经全体合伙人同意退伙；发生合伙人难以继续参加合伙企业的事由；其他合伙人严重违反合伙协议约定的义务。通知退伙是合伙协议未约定合伙企业的经营期限的，合伙人在不给合伙企业事务执行造成不利影响的情况下，可以退伙，但应当提前30日通知其他合伙人。如果合伙人在不符合以上两种自愿退伙的法定条件时，擅自退伙的，应当赔偿由此给其他合伙人造成的损失。

（2）法定退伙。又称当然退伙，是指合伙人因出现法律明确规定的事由而退伙。《合伙企业法》四十八条规定，合伙人有下列情形之一的当然退伙：①作为合伙人的自然人死亡或依法被宣告死亡；②个人丧失偿债能力；③作为合伙人的法人或者其他组织依法被吊销营业执照、责令关闭、撤销、或者被宣告破产；④法律规定或者合伙协议约定合伙人必须具有相关资格而丧失该资格；⑤合伙人在合伙企业中的全部财产份额被人民法院强制执行。

此外，合伙人被依法认定为无民事能力人或者限制民事行为能力人的，经其他合伙人一致同意，可以依法转为有限合伙人，普通合伙企业依法转为有限合伙企业。其他合伙人未能一致同意的，该无民事行为能力或者限制民事行为能力的合伙人退伙。当然退伙以退伙事由实际发生之日为退伙生效日。

（3）除名退伙。《合伙企业法》第四十九条规定，合伙人有下列情形之一的，经其他合伙人一致同意，可以决议将其除名：①未履行出资义务；②因故意或者重大过失给合伙企业造成损失；③执行合伙事务时有不正当行为；④发生合伙协议约定的事由。

对合伙人的除名决议应当书面通知被除名人。被除名人接到除名通知之日，除名生效，被除名人退伙。被除名人对除名决议有异议的，可以自接到除名通知之日起30日内向人民法院起诉。

2. 退伙的效果

退伙的效果是指退伙时退伙人在合伙企业中的财产份额和民事责任的归属变动，分为两类情况：财产继承和退伙结算。

合伙人退伙的，其他合伙人应当与该退伙人按照退伙时的合伙企业的财产状况进行结算，退还退伙人的财产份额。退伙时有未了结的合伙企业事务的，待了结后进行结算。退伙人对其退伙前已发生的合伙企业债务，与其他合伙人承担连带责任。合伙人退伙时合伙企业财产少于合伙企业债务的，退伙人应当按照规定分担亏损。合伙人死亡或者被依法宣告死亡的，对该合伙人在合伙企业中的财产份额享有合法继承权的继承人，依照合伙协议的约定或者经全体合伙人同意，从继承开始之日起，即取得该合伙企业的合伙人资格。合法继承人不愿意成为合伙企业的合伙人的，合伙企业应归还其依法继承的财产份额。合法继承人为未成年人的，经其他合伙人一致同意，可以在其未成年时由监护人代行其权利。

七、有限合伙企业

（一）设立条件

有限合伙企业是指由一个以上的普通合伙人和一个以上的有限合伙人共同组成的合伙企业。设立有限合伙企业需满足以下条件：

1. 有限合伙企业的合伙人

有限合伙企业由2个以上50个以下合伙人设立，至少应当有1个普通合伙人。国有独资公司、国有企业、上市公司以及公益性的事业单位、社会团体不得成为普通合伙人，但可成为有限合伙人。普通合伙人对合伙企业债务承担无限连带责任，有限合伙人以其认缴的出资额为限对合伙企业债务承担责任。

2. 有限合伙企业名称和合伙协议

有限合伙企业名称中应当标明"有限合伙"字样。合伙协议除符合《合伙企业法》第十八条的规定的条件，还应当载明下列事项：

（1）普通合伙人和有限合伙人的姓名或者名称、住所。
（2）执行事务合伙人应具备的条件和选择程序。
（3）执行事务合伙人权限与违约处理办法。
（4）执行事务合伙人的除名条件和更换程序。
（5）有限合伙人入伙、退伙的条件、程序以及相关责任。
（6）有限合伙人和普通合伙人相互转变程序。

3. 有限合伙人出资

《合伙企业法》第六十四条规定，有限合伙人可以用货币、实物、知识产权、土地使用权或者其他财产权利作价出资。有限合伙人不得以劳务出资。

（二）有限合伙企业合伙事务的执行

有限合伙企业由普通合伙人执行合伙事务。执行事务合伙人可以要求在合伙协议中确定执行事务的报酬及报酬提取方式。

《合伙企业法》第六十八条规定，有限合伙人不执行合伙事务，不得对外代表有限合伙企业。有限合伙人的下列行为，不视为执行合伙事务：

（1）参与决定普通合伙人入伙、退伙。
（2）对企业的经营管理提出建议。
（3）参与选择承办有限合伙企业审计业务的会计师事务所。
（4）获取经审计的有限合伙企业财务会计报告。
（5）对涉及自身利益的情况，查阅有限合伙企业财务会计账簿等财务资料。
（6）在有限合伙企业中的利益受到侵害时，向有责任的合伙人主张权利或者提起诉讼。
（7）执行事务合伙人怠于行使权利时，督促其行使权利或者为了该企业的利益以自己的名义提起诉讼。
（8）依法为该企业提供担保。

> **案例分析**
>
> 　　甲、乙、丙、丁4人组成一个运输有限合伙企业，合伙协议规定甲、乙为普通合伙人，丙、丁为有限合伙人。某日，丁为合伙企业运输材料，路遇法院拍卖某人的房屋，丁想替合伙企业竞买这套房子，于是以合伙企业的名义将材料质押给王某，借了20万元，竞买了房子。如果王某的债权得不到实现，应当向谁主张权利？
>
> 　　【解析】由于甲、乙为普通合伙人，甲、乙应该对此债务承担无限连带责任。而丙、丁为有限合伙人，丙、丁只能以其出资额为限对合伙企业承担有限责任。在有限合伙企业中，有限合伙人不具有对外执行合伙事务的权利，如果有限合伙人以合伙企业的名义进行交易，该有限合伙人应对该笔交易承担连带责任，所以王某应该向甲、乙、丁主张权利。

(三) 对有限合伙人的特殊规定

1. 有限合伙企业的利润分配

有限合伙企业不得将全部利润分配给部分合伙人；但是，合伙协议另有约定的除外。

2. 有限合伙人的特殊权利

有限合伙人可以同本有限合伙企业进行交易；但是，合伙协议另有约定的除外。

3. 同业竞争

有限合伙人可以自营或者同他人合作经营与本有限合伙企业相竞争的业务；但是，合伙协议另有约定的除外。

4. 有限合伙份额的出质

有限合伙人可以将其在有限合伙企业中的财产份额出质；但是，合伙协议另有约定的除外。

5. 有限合伙份额的转让。

有限合伙人可以按照合伙协议的约定向合伙人以外的人转让其在有限合伙企业中的财产份额，但应当提前三十日通知其他合伙人。

6. 有限合伙人个人债务

有限合伙人的自有财产不足清偿其与合伙企业无关的债务的，该合伙人可以以其从有限合伙企业中分取的收益用于清偿；债权人也可以依法请求人民法院强制执行该合伙人在有限合伙企业中的财产份额用于清偿。人民法院强制执行有限合伙人的财产份额时，应当通知全体合伙人。在同等条件下，其他合伙人有优先购买权。

(四) 有限合伙的入伙与退伙

1. 入伙

与普通合伙企业中新入伙的合伙人对入伙前合伙企业的债务承担连带责任不同，有限合伙企业新入伙的有限合伙人对入伙前有限合伙企业的债务，以其认缴的出资额为限承担责任。

2. 退伙

《合伙企业法》第七十八条规定，有限合伙人当然退伙的情形：(1) 作为合伙人的自然人死亡或者被依法宣告死亡；(2) 作为合法人的法人或者其他组织依法被吊销营业执照、责令关闭、撤销，或者被宣告破产；(3) 法律规定或者合伙协议约定合伙人必须具有相关资料而丧失该资格；(4) 合伙人在合伙企业中的全部财产份额被人民法院强制执行；(5) 作为有限合伙人的自然人在有限合伙企业存续期间丧失民事行为能力的，其他合伙人不得因此要求退伙；(6) 作为有限合伙人的自然人死亡，被依法宣告死亡或者作为有限合伙人的法人及其他组织终止时，其继承人或者权利承受人可以依法取得该有限合伙人在有限合伙企业中的资格；(7) 有限合伙人退伙后，对基于其退伙前的原因发生的有限合伙企业债务，以其退伙时从有限合伙企业中取回的财产承担责任。

(五) 合伙人身份的变更

除合伙协议另有约定外，普通合伙人转变为有限合伙人，或者有限合伙人转变为普通合伙人，应当经全体合伙人一致同意。有限合伙人转变为普通合伙人的，对其作为有限合伙人期间有限合伙企业发生的债务承担无限连带责任。普通合伙人转变为有限合伙人的，对其作为普通合伙人期间合伙企业发生的债务承担无限连带责任。有限合伙企业仅剩有限合伙人的，应当解散；有限合伙企业仅剩普通合伙人的，转为普通合伙企业。

八、合伙企业的解散和清算

（一）合伙企业的解散

《合伙企业法》第八十五条规定，合伙企业有下列情形之一的应当解散：（1）合伙期限届满，合伙人决定不再经营；（2）合伙协议约定的解散事由出现；（3）全体合伙人决定解散；（4）合伙人已不具备法定人数满三十天；（5）合伙协议约定的合伙目的已经实现或者无法实现；（6）依法被吊销营业执照、责令关闭或者被撤销；（7）法律、行政法规规定的其他原因。

（二）合伙企业的清算

合伙企业的清算是指合伙企业宣告解散后，为了终结合伙企业现存的各种法律关系，依法清理合伙企业的债权债务的行为。合伙企业的清算主要包括以下程序：

1. 清算人的确定及其职责

清算人由全体合伙人担任；经全体合伙人过半数同意，可以自合伙企业解散事由出现后十五日内指定一个或者数个合伙人，或者委托第三人，担任清算人。

自合伙企业解散事由出现之日起十五日内未确定清算人的，合伙人或者其他利害关系人可以申请人民法院指定清算人。

《合伙企业法》第八十七条规定，清算人在清算期间执行下列事务：

（1）清理合伙企业财产，分别编制资产负债表和财产清单。
（2）处理与清算有关的合伙企业未了结事务。
（3）清缴所欠税款。
（4）清理债权、债务。
（5）处理合伙企业清偿债务后的剩余财产。
（6）代表合伙企业参加诉讼或者仲裁活动。

2. 债权通知与公告

清算人自被确定之日起十日内将合伙企业解散事项通知债权人，并于六十日内在报纸上公告。债权人应当自接到通知书之日起三十日内，未接到通知书的自公告之日起四十五日内，向清算人申报债权。债权人申报债权，应当说明债权的有关事项，并提供证明材料。清算人应当对债权进行登记。清算期间，合伙企业存续，但不得开展与清算无关的经营活动。

3. 清偿顺序

合伙企业财产在支付清算费用和职工工资、社会保险费用、法定补偿金以及缴纳所欠税款、清偿债务后的剩余财产，依照本法第三十三条第一款的规定进行分配。

4. 注销登记

清算结束，清算人应当编制清算报告，经全体合伙人签名、盖章后，在十五日内向企业登记机关报送清算报告，申请办理合伙企业注销登记。合伙企业注销后，原普通合伙人对合伙企业存续期间的债务仍应承担无限连带责任。合伙企业不能清偿到期债务的，债权人可以依法向人民法院提出破产清算申请，也可以要求普通合伙人清偿。合伙企业依法被宣告破产的，普通合伙人对合伙企业债务仍应承担无限连带责任。

第三节　现代企业制度——公司法

一、公司法概述

（一）公司的概念和特征

公司，起源于西方资本主义国家，是资本主义商品经济高度发展的产物。公司是依照公司法设立的以营利为目的的企业法人。由于各国的立法和习惯及法律体系的差异，公司的概念也不尽相同。我国《公司法》第三条规定，公司是企业法人，有独立的法人财产，享有法人财产权。公司以其全部财产对公司的债务承担责任。其特征为：

（1）法定性。公司必须依照法定条件，法定程序设立。

（2）营利性。公司是以营利为目的的经济组织。

小贴士：

以营利为目的，是指公司从事的是经营活动，而经营活动的目的是获取利润，并将其分配给公司的股东。

（3）法人性。公司是具有法人资格的经济组织。

（4）股东责任的有限性。股东对公司承担有限责任，公司以其全部资产对外承担责任。

（二）公司的种类

在长期的发展过程中形成了各种形态的公司，依照下面的标准，可以对公司做不同的分类：

1. 无限责任公司、有限责任公司、股份有限公司和两合公司

无限责任公司是指由股东出资组成，所有股东对公司的债务负无限连带责任的公司。无限责任公司的股东除负有一定的出资义务外，还对公司债权人负直接的无限责任，而且各股东之间是负连带责任的。

有限责任公司是指股东以其所认缴的出资额对公司债务承担责任，公司以其全部资产对其债务承担责任的企业法人。股份有限公司是指全部资本由等额股份构成并通过发行股票筹集，股东以其所认购的股份对公司承担责任，公司以其全部资产对公司债务承担责任的企业法人。

两合公司是指一部分股东对公司债务负无限责任，另一部分股东对公司债务仅以其出资

额为限承担责任的公司。我国公司法规定的公司形式为有限责任公司和股份有限公司。

2. 人合公司、资合公司和人合兼资合公司

根据公司信用基础的不同，公司可以分为人合公司、资合公司和人合兼资合公司。凡公司的信用基础在于股东个人而不取决于公司资本的，为人合公司，无限责任公司为典型的人合公司。凡公司的信用基础在于公司资本数额而不考虑股东个人信用的，则为资合公司，股份有限公司为资合公司。凡公司的信用基础兼具股东个人信用和公司资本数额两方面的，是人合兼资合公司。

3. 母公司和子公司

根据一个公司对另一个公司的控制与支配关系，可将公司分为母公司和子公司。通过掌握其他公司一定数量的股权或通过某些合同安排等能实际上控制经营管理决策的公司为母公司；被母公司控制的公司，为子公司。母公司与子公司尽管是一种控制和依附的关系，但在法律地位上，母子公司是各自独立的法人。

4. 总公司与分公司

总公司是管辖公司全部组织的具有法人资格的总机构，总公司具有法人资格。分公司是公司依法设立的以分公司名义进行经营活动，其法律后果由本公司承受的分支机构。分公司不具有法人资格，但可以领取营业执照，其民事责任由公司承担。

5. 封闭式公司和开放式公司

封闭式公司又称不上市公司，有限公司属于封闭式公司。开放式公司又称上市公司，是指可以按照法定程序公开招股，股东人数通常无法定限制，公司的股份可以在证券市场公开自由转让的公司。

（三）公司法概念

公司法是规定公司的设立、组织、活动、终止以及其他对内对外关系的法律规范的总称。1993年12月29日第八届全国人民代表大会常务委员会第五次会议通过《中华人民共和国公司法》（以下简称《公司法》）。随着经济的发展和时代的变迁多次修订，最新的《公司法》于2013年12月28日中华人民共和国主席令第八号公布，自2014年3月1日起正式施行。

知识延伸

如何理解法人财产权利？

《公司法》规定，公司作为企业法人享有法人财产权。公司的财产虽然源于股东的投资，但股东一旦将财产投入公司，便丧失对该财产直接分配的权利，只享有公司的股权，由公司享有对该财产的支配权利，即法人财产权。法人财产权是指公司拥有由股东投资形成的法人财产，并依法对该财产行使占有、使用、受益和处分的权利。因此，股东投资于公司的财产需要通过对资本的注册与股东的其他财产明确分开，在公司成立后股东不得抽回投资，或者占用、转移和支配公司的法人财产。

二、有限责任公司

(一) 有限责任公司的设立条件

根据《公司法》的规定，设立有限责任公司，应当具备下列条件：

1. 股东符合法定人数

《公司法》第二十四条规定，有限责任公司是由 50 个以下股东出资设立。允许一个法人或者一个自然人投资设立一人有限责任公司，或由国有资产管理机构代表国家设立国有独资公司。

2. 有符合规定的公司章程规定的全体股东认缴的出资额

《公司法》第二十六条明确规定，有限责任公司的注册资本为公司在登记机关登记的全体股东认缴的出资额之和。法律、行政法规以及国务院决定对有限责任公司注册资本实缴、注册资本最低限额另有规定的，从其规定。

《公司法》第二十七条规定，股东可以用货币出资，也可以用实物、知识产权、土地使用权等可以用货币估价并可以依法转让的非货币财产作价出资，但是法律、法规规定的不得作为出资的财产除外。对作为出资的非货币财产应当评估作价，核实财产，不得高估或者低估作价。法律、行政法规对评估作价有规定的，从其规定。

《公司法》第二十八条规定，股东应当按期足额缴纳公司章程中规定的各自所认缴的出资额。股东以货币出资的，应当将货币出资足额存入有限责任公司在银行开设的账户；以非货币财产出资的，应当依法办理其财产权的转移手续。股东不按照前款规定缴纳出资的，除应当向公司足额缴纳外，还应当向已按期足额缴纳出资的股东承担违约责任。

《公司法》第三十条规定，有限责任公司成立后，发现作为设立公司出资的非货币财产的实际价额显著低于公司章程所定价额的，应当由交付该出资的股东补足其差额；公司设立时的其他股东承担连带责任。

3. 股东共同制定公司章程

公司章程是指规范公司的组织与行为，规定公司与股东之间、股东与股东之间权利和义务关系的公司必备的法律文件。公司章程对公司、股东、董事、监事、高级管理人员具有约束力。

有限责任公司的章程由股东共同制定，所有股东应当在公司章程上签名、盖章。《公司法》第二十五条规定，公司章程应当载明法定事项。有限责任公司章程的法定记载事项包括：(1) 公司名称和住所；(2) 公司经营范围；(3) 公司注册资本；(4) 股东的姓名和住所；(5) 股东的出资方式、出资额和出资时间；(6) 公司的机构和产生办法、职权、议事规则；(7) 公司的法定代表人；(8) 股东会会议认为需要规定的其他事项。

公司法第三十条还规定，股东认足公司章程规定的出资后，由全体股东指定的代表或者共同委托的代理人向公司登记机关报送公司登记申请书、公司章程等文件，申请设立登记。

4. 有公司名称，建立有符合有限责任公司要求的组织机构

公司名称是公司的标志，公司名称必须符合法律、法规的规定。必须在公司名称中标明"有限责任公司"字样。

5. 有公司住所

公司住所是指法律上确认的公司的主要经营场所。《公司法》第十条规定："公司以其主要办事机构所在地为住所。"公司的住所与经营场所可以一致，也可以不一致，随着商品

经济的发展，公司规模不断扩大，一些公司可以拥有多处经营场所，因此，从法律上确定公司的住所具有重要意义。

（二）有限责任公司的设立程序

有限责任公司是一种非公众性的、封闭性的法人，有限责任公司设立主要经过以下程序：
（1）发起人发起并签订发起人协议。
（2）制定公司章程。
（3）申请名称预先核准。
（4）对于法律、行政法规规定设立公司或者是公司营业项目需要依法报经许可的，应当依法报经行政许可，但这一程序并非所有有限责任公司的设立都须经过。
（5）股东按公司章程的规定缴纳出资。按规定出资后，公司成立后会给股东一份出资证明书，以此证明该股东履行了出资义务。公司应编制股东花名册，记载各股东的出资事宜。
（6）根据公司法的要求成立股东会、董事会或者执行董事、监事会或者监事等组织机构，并确定董事长、董事、监事、经理的名单。
（7）由全体股东制定的代表或者共同委托的代理人向公司登记机关报送公司登记申请书、公司章程等文件，申请设立登记。
（8）登记发证。

（三）有限责任公司的组织机构

有限责任公司的组织机构主要包括股东会、董事会和经理、监事会或监事。

1. 股东会

（1）股东会的性质。根据《公司法》第三十六条规定，有限责任公司股东会由全体股东组成。股东会是公司的权力机构，依照本法行使职权。
（2）股东会的职权。根据《公司法》第三十七条规定，股东会行使下列职权：
①决定公司的经营方针和投资计划。
②选举和更换非由职工代表担任的董事、监事，决定有关董事、监事的报酬事项。
③审议批准董事会的报告。
④审议批准监事会或者监事的报告。
⑤审议批准公司的年度财务预算方案、决算方案。
⑥审议批准公司的利润分配方案和弥补亏损方案。
⑦对公司增加或者减少注册资本作出决议。
⑧对发行公司债券作出决议。
⑨对公司合并、分立、解散、清算或者变更公司形式作出决议。
⑩修改公司章程；公司章程规定的其他职权。

对于上述事项股东以书面形式一致表示同意的，可以不召开股东会会议，直接作出决定，并由全体股东在决定文件上签名、盖章。

（3）股东会的形式。《公司法》第三十九条规定，有限责任公司股东会会议分为定期会议和临时会议。定期会议应当依照公司章程的规定按时召开，临时会议是在公司章程规定的会议时间以外召开的会议。依据第三十九条的规定：代表 1/10 以上表决权的股东，1/3 以上的董事，监事会或者不设监事会的公司的监事提议召开临时会议的，应当召开临时会议。

（4）股东会的召开。《公司法》第三十八条和四十条分别规定，有限责任公司股东会的首次会议，由出资最多的股东召集和主持，以后的股东会会议，设立董事会的，由董事会召集，董事长主持；董事长不能履行职务或者不履行职务的，由副董事长主持；副董事长不能履行职务或者不履行职务的，由半数以上的董事共同推举一名董事主持。有限责任公司不设董事会的董事会会议由执行董事召集和主持。

董事会或者执行董事不能履行或者不履行召集股东会会议职责的，由监事会或者不设监事会的公司的监事召集和主持；监事会或者监事不召集和主持的，代表1/10以上表决权的股东可以自行召集和主持。

《公司法》第四十一条规定，召开股东会会议，应当于会议召开十五日前通知全体股东；但是，公司章程另有规定或者全体股东另有约定的除外。股东会应当对所议事项的决定作成会议记录，出席会议的股东应当在会议记录上签名。

（5）股东会的决议。有限责任公司股东会会议由股东按照出资比例行使表决权，公司章程可以对股东会议的做出方式另行予以规定，而不按出资比例行使表决权。股东会会议分为普通决议和特殊决议。对一些涉及股东根本利益事项的表决，《公司法》做了特别规定，股东会对公司增加或者减少注册资本、分立、合并、解散、变更公司形式，或者修改公司章程做出的决议为特别决议，必须经代表2/3以上表决权的股东通过。

2. 董事会和经理

（1）董事会的性质及组成。董事会是公司股东会的执行机构，享有业务执行权和日常经营决策权，向股东会负责。董事会由董事组成，成员为3～13人，董事任期由公司章程规定，但每届任期不得超过3年。董事任期届满，连选可以连任。

有限责任公司董事任期届满未及时改选，或者董事在任期内辞职导致董事会成员低于法定人数的，在改选出的董事就任前，原董事仍应当依照法律、行政法规和公司章程的规定，履行董事职务。股东人数较少或者规模较小的有限责任公司，可不设董事会，只设一名执行董事即可。执行董事的职权由公司章程规定。

我国《公司法》第四十四条规定，两个以上的国有企业或者两个以上的其他国有投资主体投资设立的有限责任公司，其董事会成员中应当有公司职工代表；其他有限责任公司董事会成员中可以有公司职工代表。董事会中的职工代表由公司职工通过职工代表大会、职工大会或者其他形式民主选举产生。

有限责任公司的董事会设董事长一人，可以设副董事长。董事长、副董事长的产生办法由公司章程规定。

（2）董事会的职权。根据《公司法》第四十六条规定，董事会对股东会负责，行使下列职权：

①召集股东会会议，并向股东会报告工作。
②执行股东会的决议。
③决定公司的经营计划和投资方案。
④制订公司的年度财务预算方案、决算方案。
⑤制订公司的利润分配方案和弥补亏损方案。
⑥制订公司增加或者减少注册资本以及发行公司债券的方案。

⑦制订公司合并、分立、解散或者变更公司形式的方案。
⑧决定公司内部管理机构的设置。
⑨决定聘任或者解聘公司经理及其报酬事项，并根据经理的提名决定聘任或者解聘公司副经理、财务负责人及其报酬事项。
⑩制定公司的基本管理制度；公司章程规定的其他职权。

（3）董事会的召开及决议。董事会会议由董事长召集和主持；董事长不能履行职务或者不履行职务的，由副董事长召集和主持；副董事长不能履行职务或者不履行职务的，由半数以上董事共同推举一名董事召集和主持。

董事会的议事方式和表决程序，除《公司法》有规定的外，由公司章程规定。

董事会应当对所议事项的决定作成会议记录，出席会议的董事应当在会议记录上签名。

董事会决议的表决，实行一人一票。

（4）经理的职权。根据《公司法》第四十九条规定，有限责任公司可以设经理，由董事会决定聘任或者解聘。经理对董事会负责，行使下列职权：
①主持公司的生产经营管理工作，组织实施董事会决议。
②组织实施公司年度经营计划和投资方案。
③拟订公司内部管理机构设置方案。
④拟订公司的基本管理制度。
⑤制定公司的具体规章。
⑥提请聘任或者解聘公司副经理、财务负责人。
⑦决定聘任或者解聘除应由董事会决定聘任或者解聘以外的负责管理人员。
⑧董事会授予的其他职权。

公司章程对经理职权另有规定的，从其规定。

经理列席董事会会议。

> **知识延伸**
>
> 具体规章是在基本管理制度基础上的细化，一般包括基本管理制度的实施细则、部门规章、业务流程管理、岗位管理、生产管理、物资管理、安全管理、采购管理、工程管理、销售管理等日常事务性管理。

3. 监事会或者监事

（1）监事会的性质及其组成。有限责任公司设监事会，其成员不得少于三人。股东人数较少或者规模较小的有限责任公司，可以设一至二名监事，不设监事会。监事会应当包括股东代表和适当比例的公司职工代表，其中职工代表的比例不得低于三分之一，具体比例由公司章程规定。监事会中的职工代表由公司职工通过职工代表大会、职工大会或者其他形式民主选举产生。

监事会设主席一人，由全体监事过半数选举产生。监事会主席召集和主持监事会会议；监事会主席不能履行职务或者不履行职务的，由半数以上监事共同推举一名监事召集和主持监事会会议。

《公司法》第五十二条规定：董事、高级管理人员不得兼任监事。监事的任期每届为三年。监事任期届满，连选可以连任。监事任期届满未及时改选，或者监事在任期内辞职导致监事会成员低于法定人数的，在改选出的监事就任前，原监事仍应当依照法律、行政法规和公司章程的规定，履行监事职务。

（2）监事会或者监事的职权。《公司法》第五十三条规定监事会、不设监事会的公司的监事行使下列职权：

①检查公司财务。

②对董事、高级管理人员执行公司职务的行为进行监督，对违反法律、行政法规、公司章程或者股东会决议的董事、高级管理人员提出罢免的建议。

③当董事、高级管理人员的行为损害公司的利益时，要求董事、高级管理人员予以纠正。

④提议召开临时股东会会议，在董事会不履行本法规定的召集和主持股东会会议职责时召集和主持股东会会议。

⑤向股东会会议提出提案。

⑥依照本法第一百五十一条的规定，对董事、高级管理人员提起诉讼。

⑦公司章程规定的其他职权。

我国《公司法》第五十四条规定：监事可以列席董事会会议，并对董事会决议事项提出质询或者建议。监事会、不设监事会的公司的监事发现公司经营情况异常，可以进行调查；必要时，可以聘请会计师事务所等协助其工作，费用由公司承担。

（3）监事会的召开及决议。监事会每年度至少召开一次会议，监事可以提议召开临时监事会会议。监事会的议事方式和表决程序，除本法有规定的外，由公司章程规定。监事会决议应当经半数以上监事通过。监事会应当对所议事项的决定作成会议记录，出席会议的监事应当在会议记录上签名。监事会、不设监事会的公司的监事行使职权所必需的费用，由公司承担。

> **案例分析**
>
> 甲、乙、丙三人出资10万元设立一有限责任公司，其中甲出资2万元，乙出资3万元，丙出资5万元，公司成立后，召开了第一次股东会，会议由甲召集和主持，会议决定：不设董事会，由乙任执行董事兼总经理；公司设监事一名，由丙担任，任期2年；该股东会的哪些决定不符合《公司法》的规定？
>
> 【解析】根据公司法规定，股东会有权利选举和更改董事和监事，人数比较少的和规模小的有限责任公司可以不设董事会，设一名执行董事，执行董事可以兼任经理，可以不设监事会，设1~2名监事，所以股东会决议不设董事会，由乙任执行董事兼总经理，公司设监事一名，由丙担任，是符合法律规定的。监事任期2年，违反法律规定，规定监事任期每届3年。
>
> （资料来源：何辛、梁敏，《新编经济法实用教程》，大连理工大学出版社2014年版。）

（四）一人有限责任公司和国有独资公司

我国《公司法》第五十七条规定：一人有限责任公司，是指只有一个自然人股东或者

一个法人股东的有限责任公司。其主要特征如下:

(1) 一个自然人只能投资设立一个一人有限责任公司。该一人有限责任公司不能投资设立新的一人有限责任公司。

(2) 一人有限责任公司应当在公司登记中注明自然人独资或者法人独资,并在公司营业执照中载明。一人有限责任公司章程由股东制定。

(3) 一人有限责任公司不设股东会。股东作出本法所列决定时,应当采用书面形式,并由股东签名后置备于公司。

(4) 一人有限责任公司应当在每一会计年度终了时编制财务会计报告,并经会计师事务所审计。

(5) 一人有限责任公司的股东不能证明公司财产独立于股东自己的财产的,应当对公司债务承担连带责任。

> **知识延伸**
>
> **一人有限责任公司和个人独资企业的区别**
>
> (1) 法律性质不同。一人有限责任公司需要满足《公司法》的制度,公司财务、会计、审计制度以及公司治理制度;而个人独资企业只适用《个人独资企业法》,并受该法的调整和约束。
>
> (2) 承担的民事责任能力不同
>
> 一人有限责任公司是独立的企业法人,是有限责任公司的特殊类型,而个人独资企业不是独立的企业法人,不能以其财产独立承担民事责任,由投资者以其个人财产对企业债务承担无限责任。
>
> (3) 承担的税收义务不同
>
> 一人有限责任公司及其股东需要分别就其公司所得和股东股利分别缴纳法人所得税和个人所得税;而个人独资企业自身不缴纳法人所得税,只待投资者取得投资回报时缴纳个人所得税。

> **试一试**
>
> 刘某准备设立一个一人有限责任公司,刘某的下列行为中,符合公司法律制度规定的是(   )。
>
> A. 决定由本人担任公司经理和法定代表人
> B. 决定用公司盈利再投资设立另一个一人有限责任公司
> C. 决定认缴5万元注册资本
> D. 决定不编制公司财务会计报告
>
> 【解析】A。选项B一个自然人只能投资设立一个一人有限责任公司。选项C一人有限责任公司的最低注册资本为10万元。选项D一人有限责任公司应当在每一个会计年度结束时编制财务会计报告,并经会计事务所审计。

(五) 国有独资公司

1. 国有独资公司的概念

国有独资公司，是指国家单独出资、由国务院或者地方人民政府授权本级人民政府国有资产监督管理机构履行出资人职责的有限责任公司。

2. 国有独资的公司的组织机构

国有独资公司章程由国有资产监督管理机构制定，或者由董事会制订报国有资产监督管理机构批准。

（1）国有独资公司的权力机构。《公司法》第六十六条规定，国有独资公司不设股东会，由国有资产监督管理机构以唯一股东的身份行使股东会的职权。国有资产监督管理机构可以授权公司董事会行使股东会的部分职权，决定公司的重大事项，但公司的合并、分立、解散、增加或者减少注册资本和发行公司债券，必须由国有资产监督管理机构决定；其中，重要的国有独资公司合并、分立、解散、申请破产的，应当由国有资产监督管理机构审核后，报本级人民政府批准。前款所称重要的国有独资公司，按照国务院的规定确定。

（2）国有独资公司的董事会。《公司法》第六十七条规定，国有独资公司设董事会，依照本法第四十六条、第六十六条的规定行使职权。董事每届任期不得超过三年。董事会成员中应当有公司职工代表。董事会成员由国有资产监督管理机构委派；但是，董事会成员中的职工代表由公司职工代表大会选举产生。董事会设董事长一人，可以设副董事长。董事长、副董事长由国有资产监督管理机构从董事会成员中指定。国有独资公司设经理，由董事会聘任或者解聘。经理依照本法第四十九条规定行使职权。国有独资公司的董事长、副董事长、董事、高级管理人员，未经国有资产监督管理机构同意，不得在其他有限责任公司、股份有限公司或者其他经济组织兼职。

（3）国有独资公司的监事会。国有独资公司监事会成员不得少于五人，其中职工代表的比例不得低于三分之一，具体比例由公司章程规定。监事会成员由国有资产监督管理机构委派；但是，监事会成员中的职工代表由公司职工代表大会选举产生。监事会主席由国有资产监督管理机构从监事会成员中指定。

> **知识延伸**
>
> 　　法人人格否认制度：公司法人人格独立和股东有限责任原则始终被作为公司法人制度的两大基石，发挥着积极的作用。然而，公司法人人格制度在具体运作中，出现了公司股东滥用公司独立人格和股东有限责任的现象，使得公司法人人格制度的公平、正义价值目标受到挑战。于是，美国率先创设了公司法人人格否认制度，也称揭开公司面纱或刺破公司面纱，以期达到规制公司人格滥用行为的目的。公司法人人格否认，是指为阻止公司独立人格的滥用，就具体法律关系中的特定事实，否认公司与其背后的股东各自独立的人格及其股东的有限责任，责令公司的股东对公司债权人或公共利益直接负责，以实现公平、正义目标之要求而设置的一种法律措施。该制度不是对公司法人人格制度的否定，而只是对这一制度必要的补充和完善，是对失衡的公司利益关系的一种事后规制。

(六）有限责任公司的股权转让

1. 股权的一般转让

根据《公司法》第七十一条规定，有限责任公司的股东之间可以相互转让其全部或者部分股权。股东向股东以外的人转让股权，应当经其他股东过半数同意。股东应就其股权转让事项书面通知其他股东征求同意，其他股东自接到书面通知之日起满三十日未答复的，视为同意转让。其他股东半数以上不同意转让的，不同意的股东应当购买该转让的股权；不购买的，视为同意转让。经股东同意转让的股权，在同等条件下，其他股东有优先购买权。两个以上股东主张行使优先购买权的，协商确定各自的购买比例；协商不成的，按照转让时各自的出资比例行使优先购买权。

公司章程对股权转让另有规定的，从其规定。

2. 股权的特殊转让

（1）通过股权的强制执行转让股权。根据《公司法》第七十二条规定，人民法院依照法律规定的强制执行程序转让股东的股权时，应当通知公司及全体股东，其他股东在同等条件下有优先购买权。其他股东自人民法院通知之日起满二十日不行使优先购买权的，视为放弃优先购买权。

依照本法第七十一条、第七十二条规定转让股权后，公司应当注销原股东的出资证明书，向新股东签发出资证明书，并相应修改公司章程和股东名册中有关股东及其出资额的记载。对公司章程的该项修改不需再由股东会表决。

（2）异议股东可请求公司回购其股权。根据《公司法》第七十四条规定，有下列情形之一的，对股东会该项决议投反对票的股东可以请求公司按照合理的价格收购其股权：

①公司连续五年不向股东分配利润，而公司该五年连续盈利，并且符合本法规定的分配利润条件的。

②公司合并、分立、转让主要财产的。

③公司章程规定的营业期限届满或者章程规定的其他解散事由出现，股东会会议通过决议修改章程使公司存续的。

自股东会会议决议通过之日起六十日内，股东与公司不能达成股权收购协议的，股东可以自股东会会议决议通过之日起九十日内向人民法院提起诉讼。

（3）通过股权继承转让股权

根据《公司法》第七十五条规定，自然人股东死亡后，其合法继承人可以继承股东资格；但是，公司章程另有规定的除外。

三、股份有限公司

（一）股份有限公司的设立方式

1. 发起设立

发起设立是指由发起人认购公司应发行的全部股份而设立公司的形式。

2. 募集设立

募集设立是指由发起人认购公司应发行股份的一部分，其余部分向社会公开募集而设立公司的形式。

(二) 股份有限公司的设立条件

1. 发起人符合法定人数

《公司法》第七十八条规定，设立股份有限公司，应当有 2 人以上 200 人以下为发起人，其中须有半数以上的发起人在中国境内有住所。

2. 有符合公司章程规定的全体发起人认购的股本总额或者募集的实收股本总额

股份有限公司采取发起方式设立的，注册资本为在公司登记机关登记的全体发起人认购的股本总额。在发起人认购的股份缴足前，不得向他人募集股份。发起人的出资方式适用《公司法》第二十七条对有限责任公司的规定。

股份有限公司采用财务募集方式设立的，注册资本为在公司登记机关登记的实收资本总额，发起人的出资方式适用《公司法》第二十七条对有限责任公司的规定，而其他认购人只能以货币出资。

法律、行政法规以及国务院决定对股份有限公司注册资本实缴、注册资本最低限额另有规定的，从其规定。

3. 股份发行、筹办事项符合法律规定

股份有限公司的发起人必须按照《公司法》的规定认购其应认购的股份。以发起设立方式设立公司的，发起人应认购公司应发行的全部股份；募集设立方式设立股份有限公司的，发起人认购的股份不得少于公司股份总数的 35%；但是，法律、行政法规另有规定的，从其规定。

4. 发起人制定公司章程，采用募集方式设立的经创立大会通过

《公司法》第八十一条规定，股份有限公司章程应当载明下列事项：

（1）公司名称和住所。
（2）公司经营范围。
（3）公司设立方式。
（4）公司股份总数、每股金额和注册资本。
（5）发起人的姓名或者名称、认购的股份数、出资方式和出资时间。
（6）董事会的组成、职权和议事规则。
（7）公司法定代表人。
（8）监事会的组成、职权和议事规则。
（9）公司利润分配办法。
（10）公司的解散事由与清算办法。
（11）公司的通知和公告办法。
（12）股东大会会议认为需要规定的其他事项。

《公司法》第八十九条规定，发行股份的股款缴足后，必须经依法设立的验资机构验资并出具证明。发起人应当自股款缴足之日起三十日内主持召开公司创立大会。创立大会由发起人、认股人组成。发行的股份超过招股说明书规定的截止期限尚未募足的，或者发行股份的股款缴足后，发起人在三十日内未召开创立大会的，认股人可以按照所缴股款并加算银行同期存款利息，要求发起人返还。

《公司法》第九十条规定：发起人应当在创立大会召开十五日前将会议日期通知各认股

人或者予以公告。创立大会应有代表股份总数过半数的发起人、认股人出席，方可举行。

《公司法》第九十条同时规定，创立大会行使下列职权：

（1）审议发起人关于公司筹办情况的报告。

（2）通过公司章程。

（3）选举董事会成员。

（4）选举监事会成员。

（5）对公司的设立费用进行审核。

（6）对发起人用于抵作股款的财产的作价进行审核。

（7）发生不可抗力或者经营条件发生重大变化直接影响公司设立的，可以作出不设立公司的决议。

创立大会对前款所列事项作出决议，必须经出席会议的认股人所持表决权过半数通过。发起人、认股人缴纳股款或者交付抵作股款的出资后，除未按期募足股份、发起人未按期召开创立大会或者创立大会决议不设立公司的情形外，不得抽回其股本。

5. 有公司名称，建立符合股份有限公司的组织机构

设立股份有限公司必须有合法的公司名称，其要求同有限责任公司。同时，应依法建立法定的组织机构。发起设立股份有限公司的，发起人首次交纳出资后选举董事会和监事会。募集设立股份有限公司的，通过召开创立大会选举董事会、监事会。

6. 有公司住所

同有限责任公司。

（三）发起人

1. 发起人的概念

发起人是指为设立公司而依照法定条件和程序进行筹办事务并享有法定权利和承担法定义务的人，包括企业法人和个人。发起人在进行公司设立行为过程中，应当签订发起人协议，明确各自在公司设立过程中的权利和义务。发起人在公司设立过程中的相互关系属于合伙性质的关系，其权利、义务、责任可以适用合伙人的有关规定。

2. 发起人的民事责任

（1）资本充实责任。资本充实责任是指公司发起人共同承担的保证公司成立时的实有资本与公司章程记载一致的责任。

（2）对公司的损害赔偿责任。

（3）出资违约责任。出资违约责任是指发起人没有按规定出资，从而应向其他按规定出资的发起人所承担的违约责任。《公司法》第八十三条第二款规定："发起人不依照前款规定缴纳出资的，应当按照发起人协议承担违约责任。"

（4）公司不能成立时发起人的民事责任。在设立公司的过程中，发起人应当承担下列责任：

①公司不能成立时，对设立行为所产生的债务和费用负连带责任。

②公司不能成立时，对认股人已缴纳的股款，负返还股款并加算银行同期存款利息的连带责任。

③在公司设立过程中，由于发起人的过失致使公司利益受到损害的，应当对公司承担赔

偿责任。

(四) 股份有限公司的组织机构

1. 股东大会

（1）股东大会的职权。股份有限公司股东大会由全体股东组成。股东大会是公司的权力机构，股份有限公司股东大会的职权同有限责任公司股东会的职权相同。

（2）股东大会会议。股份有限公司股东大会的形式分为定期会议和临时会议两种。定期会议每年召开一次，临时会议是在遇有特殊情况需依法召开的股东大会。《公司法》第一百条规定，有下列情形之一的，应当在两个月内召开临时股东大会。

①董事人数不足本法规定人数或者公司章程所定人数的三分之二时。

②公司未弥补的亏损达实收股本总额三分之一时。

③单独或者合计持有公司百分之十以上股份的股东请求时。

④董事会认为必要时。

⑤监事会提议召开时。

⑥公司章程规定的其他情形。

（3）股东大会会议的召集。股东大会会议由董事会召集，董事长主持；董事长不能履行职务或者不履行职务的，由副董事长主持；副董事长不能履行职务或者不履行职务的，由半数以上董事共同推举一名董事主持。董事会不能履行或者不履行召集股东大会会议职责的，监事会应当及时召集和主持；监事会不召集和主持的，连续九十日以上单独或者合计持有公司百分之十以上股份的股东可以自行召集和主持。召开股东大会会议，应当将会议召开的时间、地点和审议的事项于会议召开二十日前通知各股东；临时股东大会应当于会议召开十五日前通知各股东；发行无记名股票的，应当于会议召开三十日前公告会议召开的时间、地点和审议事项。

单独或者合计持有公司百分之三以上股份的股东，可以在股东大会召开十日前提出临时提案并书面提交董事会；董事会应当在收到提案后二日内通知其他股东，并将该临时提案提交股东大会审议。临时提案的内容应当属于股东大会职权范围，并有明确议题和具体决议事项。

（4）股东大会决议。股东大会作出决议，必须经出席会议的股东所持表决权过半数通过。但是，股东大会作出修改公司章程、增加或者减少注册资本的决议，以及公司合并、分立、解散或者变更公司形式的决议，必须经出席会议的股东所持表决权的三分之二以上通过。公司法和公司章程规定公司转让、受让重大资产或者对外提供担保等事项必须经股东大会作出决议的，董事会应当及时召集股东大会会议，由股东大会就上述事项进行表决。股东大会选举董事、监事，可以依照公司章程的规定或者股东大会的决议，实行累积投票制。累积投票制，是指股东大会选举董事或者监事时，每一股份拥有与应选董事或者监事人数相同的表决权，股东拥有的表决权可以集中使用。

股东可以委托代理人出席股东大会会议，代理人应当向公司提交股东授权委托书，并在授权范围内行使表决权。股东大会应当对所议事项的决定作成会议记录，主持人、出席会议的董事应当在会议记录上签名。会议记录应当与出席股东的签名册及代理出席的委托书一并保存。

股东出席股东大会会议,所持每一股份有一表决权。

2. 董事会和经理

(1) 董事会。董事会的组成及职权。股份有限公司的董事会是公司股东大会的执行机构,对公司股东大会负责。董事会由5~19人组成。董事会成员中可以有公司职工代表。董事会中的职工代表由公司职工通过职工代表大会、职工大会或者其他形式民主选举产生。董事会设董事长1人,设副董事长。董事长和副董事长由董事会以全体董事的过半数选举产生。

《公司法》第四十五条规定,有限责任公司董事任期的规定,适用于股份有限公司董事。

《公司法》第四十六条规定,有限责任公司董事会职权的规定,适用于股份有限公司董事会。

董事长召集和主持董事会会议,检查董事会决议的实施情况。副董事长协助董事长工作,董事长不能履行职务或者不履行职务的,由副董事长履行职务,副董事长不能履行职务或者不履行职务的,由半数以上董事共同推举一名董事履行职务。

董事会每年度至少召开两次会议,每次会议应当于会议召开十日前通知全体董事和监事。代表十分之一以上表决权的股东、三分之一以上董事或者监事会,可以提议召开董事会临时会议。董事长应当自接到提议后十日内,召集和主持董事会会议。

董事会召开临时会议,可以另定召集董事会的通知方式和通知时限。董事会会议应有过半数的董事出席方可举行。董事会作出决议,必须经全体董事的过半数通过。董事会决议的表决,实行一人一票。

董事会会议,应由董事本人出席;董事因故不能出席,可以书面委托其他董事代为出席,委托书中应载明授权范围。董事会应当对会议所议事项的决定作成会议记录,出席会议的董事应当在会议记录上签名。

董事应当对董事会的决议承担责任。董事会的决议违反法律、行政法规或者公司章程、股东大会决议,致使公司遭受严重损失的,参与决议的董事对公司负赔偿责任。但经证明在表决时曾表明异议并记载于会议记录的,该董事可以免除责任。

(2) 经理。股份有限公司设经理,由董事会决定聘任或者解聘。

《公司法》第四十九条规定,股份有限公司经理职权与有限责任公司经理职权规定相同。

公司董事会可以决定由董事会成员兼任经理。公司不得直接或者通过子公司向董事、监事、高级管理人员提供借款。公司应当定期向股东披露董事、监事、高级管理人员从公司获得报酬的情况。

3. 监事会

股份有限公司设监事会,其成员不得少于三人。监事会应当包括股东代表和适当比例的公司职工代表,其中职工代表的比例不得低于三分之一,具体比例由公司章程规定。监事会中的职工代表由公司职工通过职工代表大会、职工大会或者其他形式民主选举产生。

监事会设主席一人,可以设副主席。监事会主席和副主席由全体监事过半数选举产生。监事会主席召集和主持监事会会议;监事会主席不能履行职务或者不履行职务的,由监事会副主席召集和主持监事会会议;监事会副主席不能履行职务或者不履行职务的,由半数以上监事共同推举一名监事召集和主持监事会会议。董事、高级管理人员不得兼任监事。

股份有限公司监事任期、监事会职权的规定与有限责任公司监事任期、监事会职权规定相同。股份有限公司监事会行使职权所必需的费用，由公司承担。

监事会每六个月至少召开一次会议。监事可以提议召开临时监事会会议。监事会的议事方式和表决程序，除本法有规定的外，由公司章程规定。监事会决议应当经半数以上监事通过。监事会应当对所议事项的决定作成会议记录，出席会议的监事应当在会议记录上签名。

（五）上市公司组织机构的特别规定

上市公司，是指其股票在证券交易所上市交易的股份有限公司。上市公司在一年内购买、出售重大资产或者担保金额超过公司资产总额百分之三十的，应当由股东大会作出决议，并经出席会议的股东所持表决权的三分之二以上通过。上市公司设立独立董事，具体办法由国务院规定。

上市公司设董事会秘书，负责公司股东大会和董事会会议的筹备、文件保管以及公司股东资料的管理，办理信息披露事务等事宜。上市公司董事与董事会会议决议事项所涉及的企业有关联关系的，不得对该项决议行使表决权，也不得代理其他董事行使表决权。该董事会会议由过半数的无关联关系董事出席即可举行，董事会会议所作决议须经无关联关系董事过半数通过。出席董事会的无关联关系董事人数不足三人的，应将该事项提交上市公司股东大会审议。

（六）股份有限公司的股份发行和转让

1. 股份发行

股份有限公司的资本划分为股份，每一股的金额相等。公司的股份采取股票的形式。股票是公司签发的证明股东所持股份的凭证。股份的发行，实行公平、公正的原则，同种类的每一股份应当具有同等权利。

同次发行的同种类股票，每股的发行条件和价格应当相同；任何单位或者个人所认购的股份，每股应当支付相同价额。股票发行价格可以按票面金额，也可以超过票面金额，但不得低于票面金额。股票采用纸面形式或者国务院证券监督管理机构规定的其他形式。

股票采用纸面形式或者国务院证券监督管理机构规定的其他形式，《公司法》第一百二十八条规定，股票应当载明下列主要事项：

（1）公司名称。
（2）公司成立日期。
（3）股票种类、票面金额及代表的股份数。
（4）股票的编号。

股票由法定代表人签名，公司盖章。发起人的股票，应当标明发起人股票字样。

公司发行的股票，可以为记名股票，也可以为无记名股票。公司向发起人、法人发行的股票，应当为记名股票，并应当记载该发起人、法人的名称或者姓名，不得另立户名或者以代表人姓名记名。

公司发行记名股票的，应当置备股东名册，《公司法》第一百三十条规定记名股票应记载下列事项：

(1) 股东的姓名或者名称及住所。
(2) 各股东所持股份数。
(3) 各股东所持股票的编号。
(4) 各股东取得股份的日期。

发行无记名股票的，公司应当记载其股票数量、编号及发行日期。

国务院可以对公司发行本法规定以外的其他种类的股份，另行作出规定。股份有限公司成立后，即向股东正式交付股票。公司成立前不得向股东交付股票。

公司发行新股，《公司法》第一百三十条规定，股东大会应当对下列事项作出决议：

(1) 新股种类及数额。
(2) 新股发行价格。
(3) 新股发行的起止日期。
(4) 向原有股东发行新股的种类及数额。

公司经国务院证券监督管理机构核准公开发行新股时，必须公告新股招股说明书和财务会计报告，并制作认股书。公司发行新股，可以根据公司经营情况和财务状况，确定其作价方案。公司发行新股募足股款后，必须向公司登记机关办理变更登记，并公告。

2. 股份转让

股东持有的股份可以依法转让。股东转让其股份，应当在依法设立的证券交易场所进行或者按照国务院规定的其他方式进行。

记名股票，由股东以背书方式或者法律、行政法规规定的其他方式转让；转让后由公司将受让人的姓名或者名称及住所记载于股东名册。

股东大会召开前二十日内或者公司决定分配股利的基准日前五日内，不得进行前款规定的股东名册的变更登记。但是，法律对上市公司股东名册变更登记另有规定的，从其规定。

无记名股票的转让，由股东将该股票交付给受让人后即发生转让的效力。发起人持有的本公司股份，自公司成立之日起一年内不得转让。公司公开发行股份前已发行的股份，自公司股票在证券交易所上市交易之日起一年内不得转让。

公司董事、监事、高级管理人员应当向公司申报所持有的本公司的股份及其变动情况，在任职期间每年转让的股份不得超过其所持有本公司股份总数的百分之二十五；所持本公司股份自公司股票上市交易之日起一年内不得转让。上述人员离职后半年内，不得转让其所持有的本公司股份。公司章程可以对公司董事、监事、高级管理人员转让其所持有的本公司股份作出其他限制性规定。

公司不得收购本公司股份，但是，《公司法》第一百四十二条规定，有下列情形之一的除外：

(1) 减少公司注册资本。
(2) 与持有本公司股份的其他公司合并。
(3) 将股份奖励给本公司职工。
(4) 股东因对股东大会作出的公司合并、分立决议持异议，要求公司收购其股份的。

公司因前款第(1)项至第(3)项的原因收购本公司股份的，应当经股东大会决议。公司依照前款规定收购本公司股份后，属于第(1)项情形的，应当自收购之日起十日内注销；属于第（2）项、第（4）项情形的，应当在六个月内转让或者注销。

公司依照第一款第（3）项规定收购的本公司股份，不得超过本公司已发行股份总额的百分之五；用于收购的资金应当从公司的税后利润中支出；所收购的股份应当在一年内转让给职工。

公司不得接受本公司的股票作为质押权的标的。

记名股票被盗、遗失或者灭失，股东可以依照《中华人民共和国民事诉讼法》规定的公示催告程序，请求人民法院宣告该股票失效。人民法院宣告该股票失效后，股东可以向公司申请补发股票。

上市公司的股票，依照有关法律、行政法规及证券交易所交易规则上市交易。上市公司必须依照法律、行政法规的规定，公开其财务状况、经营情况及重大诉讼，在每个会计年度内半年公布一次财务会计报告。

四、公司董事、监事、高级管理人员的资格和义务

1. 公司董事、监事、高级管理人员的资格限制

《公司法》第一百四十六条规定：有下列情形之一的，不得担任公司的董事、监事、高级管理人员：

（1）无民事行为能力或者限制民事行为能力。

（2）因贪污、贿赂、侵占财产、挪用财产或者破坏社会主义市场经济秩序，被判处刑罚，执行期满未逾五年，或者因犯罪被剥夺政治权利，执行期满未逾五年。

（3）担任破产清算的公司、企业的董事或者厂长、经理，对该公司、企业的破产负有个人责任的，自该公司、企业破产清算完结之日起未逾三年。

（4）担任因违法被吊销营业执照、责令关闭的公司、企业的法定代表人，并负有个人责任的，自该公司、企业被吊销营业执照之日起未逾三年。

（5）个人所负数额较大的债务到期未清偿。

公司违反上述规定选举、委派董事、监事或者聘任高级管理人员的，该选举、委派或者聘任无效。董事、监事、高级管理人员在任职期间出现本条第一款所列情形的，公司应当解除其职务。董事、监事、高级管理人员应当遵守法律、行政法规和公司章程，对公司负有忠实义务和勤勉义务。董事、监事、高级管理人员不得利用职权收受贿赂或者其他非法收入，不得侵占公司的财产。

2. 董事、高级管理人员的禁止行为

《公司法》第一百四十八条规定，董事、高级管理人员不得有下列行为：

（1）挪用公司资金。

（2）将公司资金以其个人名义或者以其他个人名义开立账户存储。

（3）违反公司章程的规定，未经股东会、股东大会或者董事会同意，将公司资金借贷给他人或者以公司财产为他人提供担保。

（4）违反公司章程的规定或者未经股东会、股东大会同意，与本公司订立合同或者进行交易。

（5）未经股东会或者股东大会同意，利用职务便利为自己或者他人谋取属于公司的商业机会，自营或者为他人经营与所任职公司同类的业务。

(6) 接受他人与公司交易的佣金归为己有。
(7) 擅自披露公司秘密。
(8) 违反对公司忠实义务的其他行为。

《公司法》第一百四十九条规定：董事、高级管理人员违反前款规定所得的收入应当归公司所有。董事、监事、高级管理人员执行公司职务时违反法律、行政法规或者公司章程的规定，给公司造成损失的，应当承担赔偿责任。股东会或者股东大会要求董事、监事、高级管理人员列席会议的，董事、监事、高级管理人员应当列席并接受股东的质询。董事、高级管理人员应当如实向监事会或者不设监事会的有限责任公司的监事提供有关情况和资料，不得妨碍监事会或者监事行使职权。

董事、高级管理人员有《公司法》第一百四十九条规定的情形的，有限责任公司的股东、股份有限公司连续一百八十日以上单独或者合计持有公司百分之一以上股份的股东，可以书面请求监事会或者不设监事会的有限责任公司的监事向人民法院提起诉讼；监事有《公司法》第一百四十九条规定的情形的，股东可以书面请求董事会或者不设董事会的有限责任公司的执行董事向人民法院提起诉讼。

监事会、不设监事会的有限责任公司的监事，或者董事会、执行董事收到前款规定的股东书面请求后拒绝提起诉讼，或者自收到请求之日起三十日内未提起诉讼，或者情况紧急、不立即提起诉讼将会使公司利益受到难以弥补的损害的，前款规定的股东有权为了公司的利益以自己的名义直接向人民法院提起诉讼。他人侵犯公司合法权益，给公司造成损失的，本条第一款规定的股东可以依照前两款的规定向人民法院提起诉讼。董事、高级管理人员违反法律、行政法规或者公司章程的规定，损害股东利益的，股东可以向人民法院提起诉讼。

> **案例分析**
>
> 刘某是甲有限责任公司的董事兼总经理，该公司主要经营计算机销售业务。任职期间，刘某代理乙公司从国外进口的一批计算机并将其销售给丙公司，甲公司得知后提出异议，本案应如何认定和处理？
>
> 【解析】《公司法》规定，董事、监事、高级管理人员未经股东会或者股东大会同意，不得自营或者为他人经营与所任职公司同类的业务，其违反上述规定所得的收入应当归公司所有。
>
> （资料来源：杨红心，《新编经济法实用教程》，大连理工大学出版社2014年版。）

五、公司债券

公司债券，是指公司依照法定程序发行、约定在一定期限还本付息的有价证券。公司发行公司债券应当符合《中华人民共和国证券法》规定的发行条件。发行公司债券的申请经国务院授权的部门核准后，应当公告公司债券募集办法。

1. 公司债券募集办法中应当载明内容

《公司法》第一百五十四条规定，公司债券募集办法中应当载明下列主要事项：

（1）公司名称。

(2) 债券募集资金的用途。
(3) 债券总额和债券的票面金额。
(4) 债券利率的确定方式。
(5) 还本付息的期限和方式。
(6) 债券担保情况。
(7) 债券的发行价格、发行的起止日期。
(8) 公司净资产额。
(9) 已发行的尚未到期的公司债券总额。
(10) 公司债券的承销机构。

公司以实物券方式发行公司债券的，必须在债券上载明公司名称、债券票面金额、利率、偿还期限等事项，并由法定代表人签名，公司盖章。公司债券，可以为记名债券，也可以为无记名债券。公司发行公司债券应当置备公司债券存根簿。

2. 公司债券存根簿上应载明内容

《公司法》第一百五十七条规定，公司发行公司债券应当置备公司债券存根簿。发行记名公司债券的，应当在公司债券存根簿上载明下列事项：

(1) 债券持有人的姓名或者名称及住所。
(2) 债券持有人取得债券的日期及债券的编号。
(3) 债券总额，债券的票面金额、利率、还本付息的期限和方式。
(4) 债券的发行日期。

发行无记名公司债券的，应当在公司债券存根簿上载明债券总额、利率、偿还期限和方式、发行日期及债券的编号。

记名公司债券的登记结算机构应当建立债券登记、存管、付息、兑付等相关制度。公司债券可以转让，转让价格由转让人与受让人约定。公司债券在证券交易所上市交易的，按照证券交易所的交易规则转让。记名公司债券，由债券持有人以背书方式或者法律、行政法规规定的其他方式转让；转让后由公司将受让人的姓名或者名称及住所记载于公司债券存根簿。无记名公司债券的转让，由债券持有人将该债券交付给受让人后即发生转让的效力。

上市公司经股东大会决议可以发行可转换为股票的公司债券，并在公司债券募集办法中规定具体的转换办法。上市公司发行可转换为股票的公司债券，应当报国务院证券监督管理机构核准。

发行可转换为股票的公司债券，应当在债券上标明可转换公司债券字样，并在公司债券存根簿上载明可转换公司债券的数额。

小贴士：

可转换为股票的公司债券：是指债券持有人有权选择将其转换为股票的上市公司发行的公司债券。

发行可转换为股票的公司债券的，公司应当按照其转换办法向债券持有人换发股票，但债券持有人对转换股票或者不转换股票有选择权。

> **知识延伸**
>
> **公司债券和股票的区别**
>
> （1）法律性质不同。公司债券体现了发行公司与债券持有人之间的债权债务关系，而股票则反映了投资者与公司之间的投资关系。
>
> （2）本金是否返还。公司债券的本金到期后将全额返还给债券持有人，而股票所表现的股金则一般不予返还。风险大小不同。公司债券持有人的收益即利息是固定的，而股票的收益却不固定，可能高可能低，甚至亏损，股票的风险大大高于公司债券。受偿顺序不同。对于股票而言，公司债券具有优先受偿权，即公司债券持有人在公司解散或破产的情况下，有权优先于股票的持有人得到清偿。

六、公司财务、会计制度

公司应当依照法律、行政法规和国务院财政部门的规定建立本公司的财务、会计制度。公司应当在每一会计年度终了时编制财务会计报告，并依法经会计师事务所审计。财务会计报告应当依照法律、行政法规和国务院财政部门的规定制作。有限责任公司应当依照公司章程规定的期限将财务会计报告送交各股东。股份有限公司的财务会计报告应当在召开股东大会年会的二十日前置备于本公司，供股东查阅；公开发行股票的股份有限公司必须公告其财务会计报告。公司分配当年税后利润时，应当提取利润的百分之十列入公司法定公积金。

公司法定公积金累计额为公司注册资本的百分之五十以上的，可以不再提取。公司的法定公积金不足以弥补以前年度亏损的，在依照前款规定提取法定公积金之前，应当先用当年利润弥补亏损。公司从税后利润中提取法定公积金后，经股东会或者股东大会决议，还可以从税后利润中提取任意公积金。公司弥补亏损和提取公积金后所余税后利润，有限责任公司依照《公司法》第三十四条的规定分配；股份有限公司按照股东持有的股份比例分配，但股份有限公司章程规定不按持股比例分配的除外。股东会、股东大会或者董事会违反前款规定，在公司弥补亏损和提取法定公积金之前向股东分配利润的，股东必须将违反规定分配的利润退还公司。公司持有的本公司股份不得分配利润。股份有限公司以超过股票票面金额的发行价格发行股份所得的溢价款以及按国务院财政部门规定列入资本公积金的其他收入，应当列为公司资本公积金。公司的公积金用于弥补公司的亏损、扩大公司生产经营或者转为增加公司资本。但是，资本公积金不得用于弥补公司的亏损。法定公积金转为资本时，所留存的该项公积金不得少于转增前公司注册资本的百分之二十五。

> **知识延伸**
>
> 公积金是指公司在资本之外所保留的资金金额，公积金分为盈余公积金和资本公积金。盈余公积金是指从公司盈余中提取的公积金，如法定公积金；资本公积金是指直接由资本原因形成的公积金，如超过票面金额发行股票所得的溢价款等。

公司聘用、解聘承办公司审计业务的会计师事务所，依照公司章程的规定，由股东会、股东大会或者董事会决定。公司股东会、股东大会或者董事会就解聘会计师事务所进行表决时，应当允许会计师事务所陈述意见。公司应当向聘用的会计师事务所提供真实、完整的会计凭证、会计账簿、财务会计报告及其他会计资料，不得拒绝、隐匿、谎报。公司除法定的会计账簿外，不得另立会计账簿。对公司资产，不得以任何个人名义开立账户存储。

> **案例分析**
>
> 　　李某是一家有限责任公司的财务主管，根据公司董事长的授意，李某为本公司立了两本账，一个用来应付各种检查；一种备用内部，用于单位内结算。该公司财务管理混乱，在没有扣除税费、并且没有提留公积金的情况下分配了当年的利润。问：该公司的财务会计制度有哪些违法之处？
>
> 　　【解析】该公司的财务会计制度严重违反了公司法等相关规定。首先，财务会计制度应该属实，客观地反映公司的经营状况和资金使用情况。李某为公司设立两本账册的行为严重违反了公司法的相关规定。其次，公司法规定，公司分配当年税后利润，应当提取10%列入公司法定公积金，公积金累计达到50%的，可不再提取，而该公司的分配行为违反了规定。
>
> 　　（资料来源：李余华，《经济法案例分析》，北京出版集团公司北京出版社2016年版。）

七、公司合并、分立、增资、减资

1. 公司合并

　　公司合并可以采取吸收合并或者新设合并。一个公司吸收其他公司为吸收合并，被吸收的公司解散。两个以上公司合并设立一个新的公司为新设合并，合并各方解散。公司合并，应当由合并各方签订合并协议，并编制资产负债表及财产清单。公司应当自作出合并决议之日起十日内通知债权人，并于三十日内在报纸上公告。债权人自接到通知书之日起三十日内，未接到通知书的自公告之日起四十五日内，可以要求公司清偿债务或者提供相应的担保。公司合并时，合并各方的债权、债务，应当由合并后存续的公司或者新设的公司承继。

2. 公司分立

　　公司分立，其财产做相应的分割，并编制资产负债表及财产清单。公司应当自作出分立决议之日起十日内通知债权人，并于三十日内在报纸上公告。公司分立前的债务由分立后的公司承担连带责任。但是，公司在分立前与债权人就债务清偿达成的书面协议另有约定的除外。

3. 公司增资

　　有限责任公司增加注册资本时，股东认缴新增资本的出资，依照本法设立有限责任公司缴纳出资的有关规定执行。股份有限公司为增加注册资本发行新股时，股东认购新股，依照本法设立股份有限公司缴纳股款的有关规定执行。

4. 公司减资

　　公司需要减少注册资本时，必须编制资产负债表及财产清单。公司应当自作出减少注册资本决议之日起十日内通知债权人，并于三十日内在报纸上公告。债权人自接到通知书之日起三十日内，未接到通知书的自公告之日起四十五日内，有权要求公司清偿债务或者提供相应的担保。

八、公司解散和清算

1. 公司的解散

《公司法》第一百八十条规定，公司因下列原因可以解散：

（1）公司章程规定的营业期限届满或者公司章程规定的其他解散事由出现。

（2）股东会或者股东大会决议解散。

（3）因公司合并或者分立需要解散。

（4）依法被吊销营业执照、责令关闭或者被撤销。

（5）人民法院依照本法第一百八十三条的规定予以解散。

依照前款规定修改公司章程，有限责任公司须经持有三分之二以上表决权的股东通过，股份有限公司须经出席股东大会会议的股东所持表决权的三分之二以上通过。公司经营管理发生严重困难，继续存续会使股东利益受到重大损失，通过其他途径不能解决的，持有公司全部股东表决权百分之十以上的股东，可以请求人民法院解散公司。

2. 公司的清算

公司在解散事由出现之日起十五日内成立清算组，开始清算。有限责任公司的清算组由股东组成，股份有限公司的清算组由董事或者股东大会确定的人员组成。逾期不成立清算组进行清算的，债权人可以申请人民法院指定有关人员组成清算组进行清算。人民法院应当受理该申请，并及时组织清算组进行清算。

《公司法》第一百九十三条规定，清算组在清算期间行使下列职权：

（1）清理公司财产，分别编制资产负债表和财产清单。

（2）通知、公告债权人。

（3）处理与清算有关的公司未了结的业务。

（4）清缴所欠税款以及清算过程中产生的税款。

（5）清理债权、债务。

（6）处理公司清偿债务后的剩余财产。

（7）代表公司参与民事诉讼活动。

清算组应当自成立之日起十日内通知债权人，并于六十日内在报纸上公告。债权人应当自接到通知书之日起三十日内，未接到通知书的自公告之日起四十五日内，向清算组申报其债权。

债权人申报债权，应当说明债权的有关事项，并提供证明材料。清算组应当对债权进行登记。在申报债权期间，清算组不得对债权人进行清偿。

清算组在清理公司财产、编制资产负债表和财产清单后，应当制定清算方案，并报股东会、股东大会或者人民法院确认。

公司财产在分别支付清算费用、职工的工资、社会保险费用和法定补偿金，缴纳所欠税款，清偿公司债务后的剩余财产，有限责任公司按照股东的出资比例分配，股份有限公司按照股东持有的股份比例分配。

清算期间，公司存续，但不得开展与清算无关的经营活动。公司财产在未依照前款规定清偿前，不得分配给股东。

清算组在清理公司财产、编制资产负债表和财产清单后，发现公司财产不足清偿债务的，应当依法向人民法院申请宣告破产。

公司经人民法院裁定宣告破产后，清算组应当将清算事务移交给人民法院。

公司清算结束后，清算组应当制作清算报告，报股东会、股东大会或者人民法院确认，并报送公司登记机关，申请注销公司登记，公告公司终止。

清算组成员应当忠于职守，依法履行清算义务。

清算组成员不得利用职权收受贿赂或者其他非法收入，不得侵占公司财产。

清算组成员因故意或者重大过失给公司或者债权人造成损失的，应当承担赔偿责任。

公司被依法宣告破产的，依照有关企业破产的法律实施破产清算。

综合实训

一、应掌握的专业术语

个人独资企业、合伙企业、有限合伙人、普通合伙人、公司、有限责任公司、股份有限公司、高级管理人员、股东会、董事会、监事会

二、单选题

1. 甲某准备成立一家个人独资企业，下列律师给的咨询意见中，正确的是（   ）。

    A. 个人独资企业对被聘用人员的限制不得对抗善意第三人

    B. 个人独资企业成立时需缴足法定最低注册资本

    C. 个人独资企业应依法缴纳企业所得税

    D. 个人独资企业的投资人以其投资额为限对个人独资企业债务承担责任

2. 下列情形中不属于个人独资企业应当解散的原因的是（   ）。

    A. 达到了破产界限，具备了破产原因

    B. 投资人决定解散

    C. 投资人死亡或者被宣告死亡，无继承人或者继承人放弃继承

    D. 被依法吊销营业执照

3. 甲是一家个人独资企业的老板，雇有伙计乙管理企业的经营事务，由于经营状况不佳，甲决定解散该企业，则（   ）。

    A. 个人独资企业解散，应由甲乙共同清算

    B. 个人独资企业解散后，原投资人对个人独资企业存续期间的债务仍应承担偿还责任，但债权人在五年内未向债务人提出偿债请求的，该责任消灭

    C. 个人独资企业解散的，财产应优先清偿所欠税款，再清偿所欠职工工资和社会保险费用，最后才是其他债务

    D. 个人独资企业财产不足以清偿债务的，甲和乙应当以其个人的其他财产予以清偿

4. 下列关于个人独资企业的说法正确的是（   ）。

    A. 个人独资企业设立分支机构，应当由投资人或者其委托的代理人向个人独资企业所在地的登记机关申请登记，领取营业执照

B. 个人独资企业成立后无正当理由超过六个月未开业的，或者开业后自行停业连续六个月以上的，吊销营业执照

C. 个人独资企业可以不设置会计账簿，由投资人自行核算

D. 投资人死亡的，则个人独资企业应当解散

5. 个人独资企业违反法律规定，应当承担民事赔偿责任和缴纳罚款、罚金，其财产不足以支付的，或者被判处没收财产的，应当先（   ）。

A. 承担民事赔偿责任　　　　　B. 缴纳罚款

C. 缴纳罚金　　　　　　　　　D. 没收财产

6. 甲、乙、丙、丁打算设立一家普通合伙企业。对此，下列（   ）表述是正确的。

A. 各合伙人不得以劳务作为出资

B. 如乙仅以其房屋使用权作为出资，则不必办理房屋产权过户登记

C. 该合伙企业名称中不得以任何一个合伙人的名字作为商号或字号

D. 合伙协议经全体合伙人签名、盖章并经登记后生效

7. 关于合伙企业的利润分配，如合伙协议未作约定且合伙人协商不成，下列（   ）表述是正确的。

A. 应当由全体合伙人平均分配

B. 应当由全体合伙人按实缴出资比例分配

C. 应当由全体合伙人按合伙协议约定的出资比例分配

D. 应当按合伙人的贡献决定如何分配

8. 合伙人甲在合伙企业中有份额15万元，待分配利润3万元。现甲无力偿还其对第三人乙的负债20万元，乙要求强制执行甲在合伙企业中的财产。对此，下列（   ）表述是正确的。

A. 乙仅可就该15万元份额请求强制执行

B. 乙仅可就该3万元待分配利润请求强制执行

C. 乙仅可就该15万元份额和3万元待分配利润请求强制执行

D. 乙仅可就该15万元份额和3万元待分配利润请求强制执，但必须扣除甲在合伙企业中应当承担的债务份额

9. 张、王、李、赵各出资四分之一，设立通程酒吧（普通合伙企业）。合伙协议未约定合伙期限。酒吧开业半年后，张某在经营理念上与其他合伙人发生冲突，遂产生退出的想法。下列说法正确的是（   ）。

A. 可将其份额转让给王某，且不必事先告知赵某、李某

B. 可经王某、赵某同意后，将其份额转让给李某的朋友刘某

C. 可主张发生其难以继续参加合伙的事由，向其他人要求立即退伙

D. 可在不给合伙事务造成不利影响的前提下，提前30日通知其他合伙人要求退伙

10. 普通合伙企业合伙人李某因车祸遇难，生前遗嘱指定16岁的儿子李明为其全部财产继承人，下列（   ）表述是错误的。

A. 李明有权继承其父在合伙企业中的财产份额

B. 如其他合伙人均同意，李明可以取得有限合伙人资格

C. 如合伙协议约定合伙人必须是完全行为能力人，则李明不能成为合伙人

D. 应当待李明成年后由其本人作出其是否愿意成为合伙人的意思表示

11. 2007年1月，甲、乙、丙设立一普通合伙企业。2008年2月，甲与戊结婚。2008年7月，甲因车祸去世。甲除戊外没有其他亲人，合伙协议对合伙人资格取得或丧失未作约定。下列（　　）表述是正确的。

　　A. 合伙企业中甲的财产份额属于夫妻共同财产
　　B. 戊依法自动取得合伙人地位
　　C. 经乙、丙一致同意，戊取得合伙人资格
　　D. 只能由合伙企业向戊退还甲在合伙企业中的财产份额

12. 赵、钱、孙、李设立一家普通合伙企业。经全体合伙人会议决定，委托赵与钱执行合伙事务，对外代表合伙企业。对此，下列（　　）表述是错误的。

　　A. 孙、李仍享有执行合伙事务的权限
　　B. 孙、李有权监督赵、钱执行合伙事务的情况
　　C. 如赵单独执行某一合伙事务，钱可以对赵执行的事务提出异议
　　D. 如赵执行事务违反合伙协议，孙、李有权决定撤销对赵的委托

13. 甲有限责任公司注册资本是100万元，甲公司对乙企业负有200万元的合同债务。下列说法正确的是（　　）。

　　A. 甲公司仅以100万元注册资本为限对公司债务承担责任
　　B. 甲公司以其全部财产对公司的债务承担责任
　　C. 如果甲公司资产不足以清偿其债务，由全体股东清偿
　　D. 如果甲公司资产不足以清偿其债务，股东承担连带责任

14. 下列公司组织机构中关于公司职工代表的表述中，不符合《公司法》规定的是（　　）。

　　A. 股份有限公司董事会成员中应当包括公司职工代表
　　B. 股份有限公司监事会成员中应当包括公司职工代表
　　C. 国有独资公司董事会成员中应当包括公司职工代表
　　D. 国有独资公司监事会成员中应当包括公司职工代表

15. 下列选项中，属于有限责任公司股东会职权的是（　　）。

　　A. 决定公司的经营计划和投资方案
　　B. 审议批准董事会的报告
　　C. 要求董事和经理纠正损害公司利益的行为
　　D. 监督董事在执行职务时违法的行为

16. 根据公司法律制度的规定，下列有关有限责任公司监事会的表述中，不正确的是（　　）。

　　A. 监事会会议由监事会主席召集和主持
　　B. 监事会每年度至少召开2次会议
　　C. 监事会决议应当经半数以上监事通过
　　D. 监事任期为3年，连选可以连任

17. 公司以（　　）所在地为公司住所。

　　A. 主要经营　　　　　　　　B. 公司登记

C. 公司主要办事机构 D. 公司章程确定的

18. 国有独资公司不设（ ）。
   A. 股东会 B. 董事会
   C. 监事会 D. 职工大会

19. 召集股份有限公司股东大会会议的是（ ）。
   A. 董事长 B. 董事会
   C. 监事会 D. 总经理

三、多选题

1. 个人独资企业投资人申请设立独资企业，须向登记机关提交设立申请书。设立申请书包括的主要事项有（ ）。
   A. 企业的名称和住所 B. 投资人的姓名和居所
   C. 投资人的出资额和出资方式 D. 经营范围及方式

2. 个人独资企业有下列情形之一时，应当解散（ ）。
   A. 投资人决定解散 B. 投资人死亡或者被宣告死亡
   C. 被依法吊销营业执照 D. 营业执照上规定的经营期限到期的

3. 在下列各项中，有关个人独资企业特征的表述中不正确的有（ ）。
   A. 个人独资企业的投资人对企业债务承担无限连带责任
   B. 个人独资企业是非法人企业，无独立承担民事责任的能力
   C. 个人独资企业是非法人企业，无独立的民事主体资格
   D. 个人独资企业的投资人可以是中国公民，也可以是外国公民

4. 根据《合伙企业法》的规定，关于入伙与退伙，下列说法正确的有（ ）。
   A. 若入伙协议约定新合伙人对入伙前合伙企业的债务不承担责任，该约定无效
   B. 若合伙人在合伙企业中的全部财产份额被法院强制执行，其对此后合伙企业发生的债务不承担责任
   C. 若合伙人死亡或者被依法宣告死亡，其继承人自动取得合伙人资格
   D. 有限合伙中的有限合伙人有权参与决定普通合伙人入伙、退伙等事宜

5. 甲与乙、丙成立一合伙企业，并被推选为合伙事务执行人，乙、丙授权甲在3万元以内的开支及30万元内的业务可以自行决定。甲在任职期间内实施的下列行为（ ）是法律禁止或无效的行为。
   A. 自行决定一次支付广告费5万元
   B. 未经乙、丙同意，与某公司签订50万元的合同
   C. 未经乙、丙同意，将自有房屋以1万元租给合伙企业
   D. 与其妻一道经营与合伙企业相同的业务
   E. 决定利润平均分配但是甲不承担亏损

6. 甲、乙、丙、丁欲设立一有限合伙企业，合伙协议中约定了如下内容，其中（ ）符合法律规定。
   A. 甲仅以出资额为限对企业债务承担责任，同时被推举为合伙事务执行人
   B. 丙以其劳务出资，为普通合伙人，其出资份额经各合伙人商定为5万元

C. 合伙企业的利润由甲、乙、丁三人分配，丙仅按营业额提取一定比例的劳务报酬

D. 经全体合伙人同意，有限合伙人可以全部转为普通合伙人，普通合伙人也可以全部转为有限合伙人

7. 甲系某有限合伙企业的普通合伙人，乙系有限合伙人，现甲、乙二人均想转换身份，则下列说法中正确的是（   ）。

A. 甲转变为有限合伙人的，对其作为普通合伙人期间有限合伙企业债务承担无限连带责任

B. 甲转变为有限合伙人的，对其作为普通合伙人期间有限合伙企业债务承担有限责任

C. 乙转换为普通合伙人的，对其作为有限合伙人期间有限合伙企业债务承担无限连带责任

D. 乙转换为普通合伙人的，对其作为有限合伙人期间有限合伙企业债务承担有限责任

8. 根据我国《公司法》的规定，在我国能够成立的公司类型主要有（   ）。

A. 有限责任公司　　　　　　B. 无限责任公司
C. 两合公司　　　　　　　　D. 股份有限公司

9. 有限责任公司股东的出资方式有（   ）。

A. 货币　　　　　　　　　　B. 实物
C. 工业产权　　　　　　　　D. 土地使用权

10. 下列人员中，可以提议召开有限责任公司临时股东会议的有（   ）。

A. 董事长　　　　　　　　　B. 1/3 以上的董事
C. 1/3 以上的监事　　　　　D. 代表 1/10 以上表决权的股东

11. 关于国有独资公司，（   ）的表述是正确的。

A. 由国家单独出资设立　　　B. 由董事会制定或批准公司章程
C. 不设股东会　　　　　　　D. 监事会成员不得少于五人

12. 甲股份有限公司拟成立监事会，按照公司法规定，下列人员中不能担任监事的是（   ）。

A. 公司董事长李某　　　　　B. 公司聘任的副经理刘某
C. 公司聘任的财务负责人王某　D. 公司高级管理人陈某

四、案例分析

1. 王某决定出资设立小型食品加工厂，于是说服全家人，用其家庭财产的 10 万元出资向工商行政管理部门申请设立登记，在投资人栏内王某注明为个人财产，企业名称为华美食品公司，工商部门指出其中的错误，王某更正后，于 2016 年 1 月 15 日注册登记，企业成立后，王某聘请郑某管理企业，同时规定，郑某对外签订标的额超过 3 万元以上的合同，须经王某同意，2015 年 4 月 12 日，郑某未经王某同意，以华美企业的名义向甲企业购买一批价值 3.5 万元的劣质货物，另外，郑某受聘于华美企业后，一直背着王某从自己与他人合伙开办的一家糖厂购货，并从中得利，直到糖厂解散才被发现，2015 年 9 月，华美企业发生亏损，欠乙公司的债务无力偿还，王某决定解散企业。

问：

（1）华美企业为何种法律形态的企业？其设立过程中的错误之处有哪些？

(2) 郑某以华美企业的名义向甲企业买劣质货物的行为是否有效？为什么？

2. 甲、乙、丙拟设立一普通合伙企业，其合伙协议部门内容如下：(1) 甲的出资为现金1万元和劳务作价2万元；(2) 乙的出资为注册商标使用权，作价2万元，于合伙企业成立后半年内缴纳；(3) 丙的出资为作价5万元的房产一套，不办理产权转让手续；(4) 合伙企业的经营期限，于合伙企业成立满2年时再协商确定。

问：合伙协议上述内容是否符合法律规定？为什么？

3. 甲、乙、丙、丁等35人拟共同出资设立一个有限责任公司，股东共同制定了公司章程，在公司章程中，对董事任期、监事会组成、股权转让规则等事项作了如下规定：

(1) 公司设立董事会，董事会成员为10人。

(2) 公司设立监事会，监事会成员为5人，其中包括1名职工代表。

(3) 股东向股东以外的人转让股权，必须经其他股东2/3以上同意。

要求：根据上述情况与《公司法》有关规定，回答下列问题：

(1) 公司章程中关于董事人数的规定是否合法，简要说明理由。

(2) 公司章程中关于监事会职工代表人数的规定是否合法，简要说明理由。

(3) 公司章程中关于股权转让的规定是否合法，简要说明理由。

第四章
一诺千金
——合同法律制度

  合同法的基础目标是使人们能实现其私人目的。为了实现我们的目的，我们的行动必然有后果。合同法赋予我们的行动以合法的后果。承诺的强制履行由于使人们相互依赖并由此协调他们的行动，从而有助于人们达到其私人目标。

——罗伯特·考特（美国学者）

学习目标：
- [ ] 了解合同的概念和法律特征，通过合同分类更深入厘清合同的内涵。
- [ ] 了解合同的设立、变更、终止所产生的各类民事行为，对合同的法律效果进行正确评价。
- [ ] 掌握合同的主要条款、可撤销或无效合同的处理和应对，承担违约责任的不利后果。

技能目标：
- [ ] 确保能制定一份完整的合同，确保合同基本条款的合法性，任一条款对双方的约束效力如何，不当履行后果如何。
- [ ] 预防和减少合同纠纷，当合法利益受到侵害时，能够正确运用合同法保护自身合法利益。

【案例导入】

  中学生赵某，15周岁，身高175厘米，但面貌成熟，像成年人一样。赵某为了买一辆摩托车，欲将父母一块珍藏多年的玉石卖掉，以此来购买车辆。后托人认识了懂文物的经营者李某，李某认为这是千载难逢赚大钱的机会，在未核实赵某身份信息以及玉石的来源的情况下，遂与赵某签订了买卖合同，李某支付价款3万元，赵某趁父母不在家把玉石带出来，交于李某。后赵某父亲发现此事后，要求李某归还玉石，主张合同无效，李某不同意，于是赵某父亲起诉李某至人民法院,要求确认赵某与李某的买卖合同无效。

试分析:玉石买卖合同是否有效,请说明理由。

第一节　初识合同法——合同和合同法

一、合同的概念与特征

(一)合同的概念

合同是指平等主体的自然人、法人、其他组织之间设立、变更、终止民事权利义务关系的协议。

(二)合同具有以下法律特征

(1)合同是一种民事法律行为。《民法通则》第五十四条规定:"民事法律行为是公民或者法人设立、变更、终止民事权利和民事义务的合法行为。"

(2)合同以设立、变更、终止民事权利义务为目的。设立是指当事人订立合同以形成某种法律关系;变更指当事人经过协商达成一致意见,使得原有的合同关系在内容上发生变化;终止是指当事人协商一致以消灭原法律关系。

(3)合同是当事人协商一致的产物或者意思表示一致的协议。合同的此种民事法律行为,要求合同的主体是两个以上的当事人,当事人之间的意思表示是目标一致的,达成协议实现合同利益。

(4)合同的签订主体是两个或者两个以上当事人的法律行为,当事人如果是自然人,要求具备相对应的民事行为;如果是法人或其他组织,要求具备相对应的法律资格,如签订国际货物进出口买卖,企业需要具备进出口资格。

二、合同的分类

按照不同的标准可以将合同划分成不同的类型,合同主要有以下分类:

(1)有名合同和无名合同:以法律、法规是否对其名称作出明确规定为标准。有名合同是指法律设有规范,并赋予一定名称的合同,如建设工程合同。无名合同是指法律尚未特别规定,也未赋予一定名称的合同。

(2)诺成合同与实践合同:按照除双方意思表示一致外,是否尚需交付标的物才能成立为标准。诺成合同是指当事人的意思表示一致即成立的合同,如买卖合同。实践合同是指除当事人的意思表示一致以外,尚须交付标的物或完成其他给付才能成立的合同,如购房合同。

(3)要式合同和不要式合同:按照法律、法规是否要求具备特定形式和手续为标准。

要式合同是指法律或当事人要求必须具备一定形式的合同。不要式合同即法律或当事人不要求必须具备一定形式的合同。

（4）双务合同和单务合同：按照双方是否互负给付义务为标准，分为双务合同和单务合同。双务合同是双方当事人互负给付义务的合同，如买卖、租赁、承揽等合同。单务合同是只有一方当事人负给付义务的合同，如赠予合同。

（5）有偿合同与无偿合同：按照当事人权利的获得是否支付代价为标准。有偿合同是指当事人一方享有合同预期的利益，须向对方当事人偿付相应代价的合同，如买卖、租赁等合同。无偿合同是指当事人一方享有合同规定的权益，不必向对方当事人偿付相应代价的合同，如赠予合同。

（6）主合同与从合同：以合同相互间的主从关系为标准。凡不以他种合同的存在为前提即能独立存在的合同为主合同。而必须以他种合同的存在为前提，自身不能独立存在的合同为从合同。

三、合同法的概念与基本原则

（一）合同法的概念

合同法是指调整合同关系的所有法律关系的总和。

《中华人民共和国合同法》（以下简称《合同法》）于1999年3月15日第九届全国人民代表大会第二次会议通过，1999年3月15日中华人民共和国主席令第十五号公布，自1999年10月1日起施行。

想一想：

从制定《合同法》到2018年3月15日，过了19年，国家为什么没有制定新的《合同法》？这样做对社会经济会产生哪些影响？

【解析】法律对社会的政治、经济、文化有深刻的影响，具有相对稳定性和指导性。它会随着时代的变迁、社会的发展，不断地进行修改和调整，不是随意就可以推翻重新制定的，而是根据社会经济发展情况发布一些司法解释、案例指导等，这样来实现法律的稳定性，虽然我国《合同法》未能进行重新修订，但是根据社会经济新情况出台的司法解释，可实现经济发展过程中的公平和正义。

（二）合同法的基本原则

（1）平等自愿原则。合同法的平等原则指的是当事人的民事法律地位平等，包括订立和履行合同两个方面，一方不得将自己的意志强加给另一方。

（2）公平、诚实信用原则。在法律上，公平是法律所追求的基本价值之一。公是公共指大家，平是指平等，意指为大家平等存在。由于人之差异而没有绝对的公平，只有相对的公平。社会公平就是社会的政治利益、经济利益和其他利益在全体社会成员之间合理而平等的分配，它意味着权利的平等、分配的合理、机会的均等和司法的公正，既表现在订立合同时的公平，公平地调整当事人之间的利益。当事人应当恪守商业道德，履行相互协助、通知、保密等义务。

(3) 遵守法律、不得损害社会公共利益原则。《合同法》第七条规定，当事人订立、履行合同，应当遵守法律、行政法规，尊重社会公德，不得扰乱社会经济秩序，损害社会公共利益。该条规定，集中表明两层含义：一是遵守法律（包括行政法规），二是不得损害社会公共利益。

> **案例分析**
>
> ### 社会公德典型案例——电梯劝烟猝死案
>
> 2017年5月2日上午，杨先生在小区电梯内劝阻一位老人不要在电梯内抽烟，老人情绪激动，于是双方发生语言争执，杨先生离开后，老人心脏病发作不幸离世。老人家属认为杨先生的语言争执导致老人去世，起诉杨先生赔偿40余万元。法院一审判决杨先生补偿老人家属1.5万元。老人家属不服一审判决，上诉至××市中级人民法院。××市中级人民法院审理后判决杨先生不应承担侵权责任，驳回家属诉讼请求。请同学们思考××市中级人民法院对该案件判决的理由是什么？
>
> 【解析】根据相关规定，市区各类公共交通工具、电梯间等公共场所禁止吸烟，公民有权制止在禁止吸烟的公共场所的吸烟者吸烟。杨先生对在电梯内吸烟的老人予以劝阻合法正当，是自觉维护社会公共秩序和公共利益的行为，应当予以支持。作为老人，明知自己有心脏病的情况下，情绪激动，不能正确意识到自身错误。杨先生的劝阻行为未超过必要限度，并不必然导致老人的死亡，两者之间没有直接的因果关系，不应为老人猝死承担赔偿责任。

(4) 合同具有法律约束力的原则。《合同法》第八条规定，依法成立的合同，对当事人具有法律约束力。当事人应当按照约定履行自己的义务，不得擅自变更或者解除合同。

第二节　你情我愿——合同的订立

一、合同的形式

合同的形式，是指作为合同内容的合意的外观方法和手段，是合同当事人意思表示一致的外在表现形式。合同的形式要采用书面形式、口头形式、其他形式。

我国《合同法》第十条规定：当事人订立合同，有书面形式、口头形式和其他形式。法律、行政法规规定采用书面形式的，应该采用书面形式。当事人约定采用书面形式的，应当采用书面形式。

书面形式是指当事人以合同书或者电报、电传、电子邮件等数据电文形式等各种可以有形地表现所载内容的形式订立合同。书面形式有利于交易的安全，重要的合同应该采用书面形式。

> **知识链接**
>
> 书面形式可分为下列几种形式：
> 1. 由当事人双方依法就合同的主要条款协商一致并达成书面协议，并由双方当事人的法定代表人或其授权的人签字盖章。
> 2. 格式合同。
> 3. 双方当事人来往的信件、电报、电传等也是合同的组成部分。

合同的口头形式指当事人只有口头语言为意思表示订立合同，而不用文字表达协议内容的合同形式，一般适用于能当场了结的合同关系。口头形式优点在于方便快捷，节约时间；缺点在于发生合同纠纷时难以取证，无法明确判定责任。

 **想一想：**

请分析书面形式的合同和口头形式的合同相同点和不同点？

【解析】相同点：两者都是合同成立的因素之一，在法律上得到承认并予确认。不同点：两者表达方式是不同的，书面形式明确以文字来进行明确，合同具体内容具体，权利义务关系固定；口头形式易于变化，不易得到双方一致的表述，会产生较大分歧。

二、合同条款的分类和内容

（一）合同条款的分类

根据合同条款的地位和作用，合同条款主要有以下几条：

1. 必备条款和非必备条款

必备条款又称主要条款，是指根据合同的性质和当事人的特别约定所必须具备的条款，订立合同缺少这些条款将影响合同的成立。非必备条款又称普通条款，是指合同的性质在合同中不是必须具备的条款，即使合同不具备这些条款也不应当影响合同的成立，如有关履行期限、数量、质量等条款在缺少这些条款情况下，可依据《合同法》其他相关条款的规定弥补漏洞。

2. 格式条款和非格式条款

格式条款是指由一方为了反复使用而预先制定的，在订立合同时不能与对方协商的条款。非格式条款是指当事人在订立合同时可以与对方协商的条款。

> **案例分析**
>
> 某市工商分局执法人员检查"好帮手"籽种门市时发现，门市负责人黄某销售的某小麦在外包装上标注"农户购麦种后，应在15天内做好发芽率试验，逾期视为合格"。请问对此格式条款是否符合法律规定，其法律依据是什么？
>
> 【解析】此格式条款不符合法律规定。
>
> 根据《合同法》相关规定，经营者与消费者采用格式条款订立合同的，经营者不得

在格式条款中免除自己对提供的商品或者服务依法应当承担的保证责任。黄某在销售小麦的外包装上标注的格式条款免除了自身的责任,把责任转移到农户方,违背了公平原则,所以不符合《合同法》法律规定。

3. 实体条款和程序条款

凡是规定当事人在合同中所享有的实体权利义务内容的条款都是实体条款,如有关合同标的、数量、质量的规定等都是实体条款。而程序条款主要是指当事人在合同中规定的履行合同义务的程序及解决合同争议的条款。

4. 有责条款和免责条款

有责条款是指当事人在合同中约定的违反合同应承担的责任条款,即违约条款。免责条款指当事人在合同中约定的,免除、排除或限制未来责任的条款。

(二) 合同的内容

完备的合同条款,应当具备以下内容:

1. 当事人的名称或者姓名与住所

当事人是合同权利义务的承受者和受益者,没有当事人,合同权利义务不存在利益承载主体,交易对象无法确认,失去了交易目标指向。因此,订立合同,当事人这一条款是基本要求,当事人由其名称或者姓名及住所加以具体化、明确性。

知识延伸

姓名的获取通常是婴儿的父母或其他亲属代为取得,遵循公序良俗,不应当有特别的限制;名称是社会团体获得法人资格的必备条件之一,按照国家工商行政管理部门的有关规定取得。姓名可以有多个,比如曾用名;名称原则上只能有一个。例如,全国叫李伟的几百万人,所以在制定合同中,必须明确其他身份信息予以佐证,从而对此李伟非彼李伟进行分辨。

公民以他的户籍所在地的居住地为住所,经常居住地与户籍所在地不一致的,经常居住地视为住所。"经常居住地"应当理解为连续居住1年以上的居住地,并有长期居住目的的。

2. 标的

标的是合同权利义务执行的对象,是合同的主要条款。合同只有在具体条款内容上规定了标的,才可以确定合同的目的指向,从而实现当事人之间的具体利益。《合同法》第十二条所称"标的",主要指标的物,所以一般情况下都要明确规定标的物质量、标的物数量。

3. 质量与数量

标的物的质量和数量是确定合同标的物的具体条件,是这一标的物区别于同类另一标的物的具体特征。标的物的质量指标要详细具体,如标的物的技术指标、质量要求、规格、型号等要明确,是达到国家标准、省级标准还是行业标准。

小贴士:

如果在合同条款中标的物的质量未明确,而通过有关规则及方式能推定出来质量的标准，即使合同欠缺质量条款也不影响合同成立。

标的物的数量为主要条款，计算标准和表达方式要一致。通常情况下当事人应选择双方共同接受的计量单位，这个计量单位能通过双方认可的计量方法。

4. 价款或酬金

价款是取得标的物所应支付的代价，通常指标的物本身的价款。如果交易是需要异地运输，价款还应包括运输费、保险费等成本。酬金是获得服务所应支付的代价。

5. 履行的期限、地点、方式

履行期限关系到合同义务完成的时间，关系到当事人的期限利益，是确定违约与否的因素之一。履行期限可以约定及时履行，也可以约定为定时履行，还可以规定为在一个时间段内履行。

履行地点是确定验收地点的依据，是确定运输费用由谁负担、风险由谁承受的依据，是确定标的物所有权是否转移、何时转移的依据，是确定诉讼管辖的依据之一。

履行方式多种多样，可以一次交付也可以分期分批交付，可以交付实物也可以交付标的物的所有权凭证，可以采取陆运、水运、空运等。

6. 争议解决的方法

解决争议的方法，是指有关解决争议运用什么程序、适用何种法律、选择哪家检验或者鉴定的机构等内容。当事人双方在合同中约定的仲裁条款、选择诉讼法院的条款、选择检验或者鉴定机构的条款、涉外合同中的法律适用条款、协商解决争议的条款等，均属解决争议的方法的条款。

三、合同的订立程序

合同的订立又称缔约，是当事人为设立、变更、终止财产权利义务关系而进行协商、达成协议的过程。《合同法》第二条中规定："合同是平等主体的自然人、法人、其他组织之间设立、变更、终止民事权利义务关系的协议。"合同为一种协议，须由当事人各方的意思表示的一致即合同订立达成一致才能成立。当事人为达成协议，相互为意思表示进行协商到达成合意的过程也就是合同的订立过程。《合同法》第十三条规定："当事人订立合同，采取要约、承诺方式。"合同的订立包括要约和承诺两个阶段，当事人为要约和承诺的意思表示均为合同订立的程序。

（一）要约

要约是当事人一方向对方发出的希望与对方订立合同的意思表示。发出要约的一方称要约人，接受要约的一方称受要约人。

要约应具备的条件：

（1）内容具体确定。

（2）必须是特定人所为的意思表示。

（3）要约必须向相对人发出。

（4）表明经受要约人承诺，要约人即受该意思表示约束。

要约邀请是希望他人向自己发出要约的意思表示，希望第三人向自己发出要约的请求。

知识延伸

要约邀请的表现形式：（1）商品价目表，是商品生产者或者销售者推销商品的一种方式，仅指明什么商品、什么价格，并没有指明数量，不符合作为要约的构成要件，这种方式当然表达行为人希望订立合同的意思，但并不表明他人表示承诺就立即达成一个合同。（2）拍卖公告，拍卖人在拍卖的刊登或者以其他形式发出拍卖公告、对拍卖物的宣传介绍或者宣布拍卖物的价格。（3）招标投标是一种特殊的签订合同的方式，应用于货物买卖、建设工程、土地使用权出让与转让等领域，向不特定的人发出，以吸引投标人投标的意思表示。（4）招股说明书是股份有限公司在公司设立时由公司发起人向社会公开募集股份时或者公司经批准向社会公开发行新股时，向社会公众公开的说明文书。（5）商业广告是指商品经营者或者服务提供者承担费用、通过一定的媒介和形式直接或间接地介绍自己所推销的商品或者所提供的服务的广告。

要约生效时间：要约到达受要约人时生效。采用数据电文形式订立合同，收件人指定特定系统接收数据电文的，该数据电文进入该特定系统的时间，视为到达时间；未指定特定系统的，该数据电文进入收件人的任何系统的首次时间，视为到达时间。

（二）承诺

承诺是受要约人同意要约的意思表示。承诺应当具备的条件：

（1）承诺必须由受要约人做出。
（2）承诺必须向要约人做出。
（3）承诺的内容必须与要约的内容一致。
（4）承诺必须在有效期限内做出。

承诺的方式：承诺应当以通知的方式做出，通知的方式可以是口头的，也可以是书面的。为了减少纷争，一般在商务交往中承诺要以书面的方式做出，以免双方对承诺条款产生分歧。

承诺的生效：承诺通知到达要约人时生效。承诺可以撤回，撤回承诺的通知应当在承诺通知到达要约人之前或者与承诺通知同时到达要约人。

受要约人对要约的内容做出实质性变更的，为新要约。承诺对要约的内容做出非实质性变更的，除要约人及时表示反对或者要约表明承诺不得对要约的内容做出任何变更的以外，该承诺有效，合同的内容以承诺的内容为准。

四、合同成立的时间与地点

（一）合同成立的时间判定

（1）一般规定，承诺生效时合同成立。
（2）合同书形式的合同成立时间。当事人采用合同书形式订立合同的，自双方当事人签字或盖章时合同成立。当事人采用合同书形式订立合同，但并未签字盖章，当事人的意思表示未能最后达成一致，一般不能认为合同成立；相反，双方虽未签字盖章，但意思最后表示一致，一般认为合同成立。双方当事人签字或者盖章不在同一时间的，最后签字或者盖章时合同成立。

(3) 确认书形式的合同成立时间。当事人采用信件、数据电文形式订立合同的，可以在合同成立之前要求签订确认书。签订确认书的时间就是合同成立的时间。在此情况下，确认书具有最终承诺的意义。

(4) 合同的实际成立。法律、行政法规规定或者当事人约定采用书面形式订立合同，当事人未采用书面形式但一方已经履行主要义务，对方表示接受或者以实际行为表示接受的，该合同成立。

一方当事人以实际履行行为来实现合同的预期利益，推定当事人已经形成了合意和合同关系，虽然未采取书面形式或者未签字或盖章，但不能否认事实合同关系的存在和履行，这对市场参与主体合法利益保护十分重要，也是法律维护当事人意思自治的基本原则。

（二）合同成立的地点认定

(1) 一般规定。《合同法》第三十四条规定：承诺生效的地点为合同成立的地点。采用数据电文形式订立合同的，收件人的主营业地为合同成立的地点；没有主营业地的，其经常居住地为合同成立的地点。当事人另有约定的，按照其约定。

(2) 书面合同的成立地点。《合同法》第三十五条规定：当事人采用合同书形式订立合同的，双方当事人签字或盖章的地点为合同成立的地点。

当事人通过数据电文方式订立合同，如指出合同的内容以最后确定书为准，则在确认书签订前，当事人的协议仅为初步的、意向性的，并无约束力，确认书签订之时才是合同成立之时。

随着网上购物等电子商务的发展和繁盛，如何确定电子商务交易过程中的时间和地点。电子商务合同成立的地点，除当事人约定外，以收件人的主营业地或经常居住地为准。主营业地为工商行政管理机关登记注册地，经常居住地为收件人居住时间长（一般是1年以上）的处所。

当电子商务交易发生纠纷提起诉讼时，可将电子商务交易发生地或者与电子商务合同有密切联系的地点即合同签订地，这两地司法机关都可对案件行使管辖权。

五、缔约过失责任

缔约过失责任，是指在合同缔结过程中，当事人一方或者双方因自己的过失而致合同不成立、无效或者被撤销，应对信赖合同为有效成立的相对人赔偿基于此项信赖而发生的损害。

缔约过失责任是一种独立的民事责任，其成立必须具备以下四个要件：（1）缔约一方受有损失；（2）一方违反先合同义务；（3）违反先合同义务者有过错；（4）违反先合同义务的行为与该损失之间有因果关系。

我国《合同法》第四十二条规定了缔约过失责任的三种情形：（1）假借订立合同，恶意进行磋商；（2）故意隐瞒与订立合同有关的重要事实或者提供虚假情况；（3）有其他违背诚实信用原则的行为。

案例分析

2018年1月15日上午10点，李某到市中心一家超市准备购买物品。李某着急购买物品，没有注意地面湿滑，脚滑摔倒在地，不能站立。超市管理人员随即拨打120急救，将不能动弹的李某送至附近的医院，并通知了李某的家人。李某经医院诊断为胫腓骨骨折，住院治疗10日，出院后休息1个月，花去医疗费6000元。事后，李某向超市索赔，超市以李某进入超市营业厅购物但实际未消费，双方之间并未形成买卖合同关系，以其没有义务承担顾客的安全责任为由拒赔。李某遂向法院提起诉讼，要求超市赔偿医疗费、误工费、护理费、营养费等合计人民币8500元。

请问李某的请求能否得到法院支持，超市的辩解理由是否成立？

【解析】李某的请求可以得到法院支持。李某为购物而前往超市，其目的是与超市订立买卖合同。李某的行为属于要约行为，在此过程中受伤，超市应承担缔约过失责任。李某在超市里着急购物，未尽到注意义务，对发生骨折的后果也有一定责任。

超市的辩解理由不成立，尽管李某在超市没有进行购物消费之前就发生事故，然而李某前往超市的目的是为购物，其行为是一种欲与超市订立买卖合同的要约行为。因此，李某应认定为缔约一方的当事人，其为此而受伤应按照《合同法》有关缔约过失责任的规定处理。

第三节 "你情我愿"就受法律保护吗——合同的效力

合同效力，指依法成立受法律保护的合同，对合同当事人产生的必须履行其合同的义务，不得擅自变更或解除合同的法律拘束力，即法律效力。由于合同当事人的意志符合国家意志和社会利益，国家赋予当事人的意志以拘束力，要求合同当事人严格履行合同，否则即依靠国家强制力，要当事人履行合同并承担违约责任。

小贴士：

阴阳合同是指合同当事人就同一事项订立两份以上的内容不相同的合同，一份双方真实意思表示的对内，一份以逃避国家税收等为目的对外，它是一种违规行为，在给当事人带来所谓的利益的同时，潜在的风险十分巨大。

一、有效合同

有效合同是指依照法律的规定成立并在当事人之间产生法律约束力的合同。有效合同的成立具有以下条件：

（1）行为人具有相应的民事行为能力。
（2）意思表示真实。

（3）不违反法律或者社会公共利益。

合同成立后生效，会在合同当事人之间产生法律约束力。依法成立的合同对当事人具有法律约束力，当事人应当按照约定履行自己的义务，不得擅自变更或者解除合同。如果一方当事人不履行合同义务，另一方当事人可根据合同的具体规定要求对方履行或承担违约责任。

想一想：

请同学们想一想一个8岁学生自己单独买1台价值6000元的笔记本电脑与单独买1本价值6元的写字本的行为是否有区别？

【解析】民事行为能力是指民事主体以自己独立的行为去取得民事权利、承担民事义务的资格，分为三种：完全民事行为能力；限制行为能力；无行为能力；我国公民完全民事行为能力满足两个条件：18周岁以上和精神状况健康正常。8周岁以上的未成年人为限制民事行为能力人；不满8周岁的未成年人为无民事行为能力人。

限制行为能力和无民事行为能力人只能从事与其自身年龄、智力相适应的行为，8岁学生未经监护人同意擅自购买价值6000元笔记本，是无效或效力待定的购买行为；如8岁学生购买价值6元的写字本与其年龄、智力相适应，是有效的购买行为。

二、无效合同

无效合同，是指合同虽然已经成立，但由于其不符合法律、行政法规的规定或违反了法律、行政法规的强制性规定而被确认为无效的合同。

无效合同的特征有以下几个方面：

（1）合同已经成立。没有成立的合同不存在是否生效的问题。

（2）合同无效的原因在于其违法性，而且是违反了法律、行政法规的强制性规定，主要是指义务性规定和禁止性规定。

（3）合同无效的效力表现在合同自始无效，不涉及签订合同时的效力问题。

（4）无效合同自然无效，无须当事人主张而可由法院或仲裁机构主动审查。

根据《合同法》规定，无效合同主要表现在以下方面：

（1）一方以欺诈、胁迫的手段订立合同，损害国家利益。国家利益至高无上，不能受到任何欺诈或胁迫。一方以欺诈、胁迫的手段订立合同的行为分为两种情形来处理：如果是损害了国家利益，属当然无效；如果损害的是合同相对人的利益，则根据《合同法》第五十四条规定相对方可以要求变更或撤销，而不再一律认定无效。

小贴士：

上文这种区别规定，不仅尊重了合同当事人的意愿，保护了当事人的利益，鼓励了交易行为，而且还减少了因合同无效而给交易各方造成的损失。

（2）恶意串通，损害国家、集体或者第三人利益。首先要确认当事人出于恶意，主观上具有故意性；其次是双方互相串通获取不当利益。由于其行为具有明显的不法性，因此应当确认无效。

（3）以合法形式掩盖非法目的。这种合同尽管在形式上是合法的，但由于其合同在内容上是非法的，所以法律也应予以制裁，作无效合同处理。

（4）损害社会公共利益。由于公序良俗原则是各国民法规定的一项最基本的原则，我国《物权法》第七条做出规定，物权的取得和行使，应当遵守法律，尊重社会公德，不得损害公共利益和他人合法权益。

（5）违反法律、行政法规的强制性规定。这一规定是整个合同无效制度的精髓和本质体现，如购买精神药品，必须有医师出具医嘱才可以。

> **案例分析**
>
> 　　2017年11月15日，某市公安分局民警在网上发现这样一则帖子：本人有一名8个月大的女婴，身体健康，因经济困难无力抚养，求好心人收养。经民警调取证据查明，这是一名叫黄某的在网上发布的信息，在有人询问时，黄某希望买家能给2万元来补偿怀孕期间不能上班的经济损失。11月21日，黄某将女婴交于一直未能生育的梁某，梁某支付黄某1.5万元。11月22日，黄某被公安民警抓获。她对自己卖掉亲生女婴的事实供认不讳，辩称其确实生活困难才做出这种事情，实属无奈，不应构成犯罪。根据黄某供述，民警找到购买女婴的梁某，将女婴解救，梁某称黄某是自愿将女婴送给自己，况且支付的1.5万元是自愿给予的补偿，双方是自愿的，没有对任何人构成损害。
>
> 　　试分析"自愿"买卖女婴的合同是否有效，为什么？
>
> 　　【解析】是无效的。买卖女婴的合同虽然双方当事人是自愿交易，在形式上表现出合法的外衣，但由于其合同在内容上是法律所明令禁止、非法的，所以法律也应予以制裁，作无效合同处理。

三、效力待定的合同

效力待定合同是指合同虽然已经成立，但因其不完全符合法律有关生效要件的规定，因此其发生效力与否尚未确定，一般须经有权人表示承认或追认才能生效。主要包括三种情况：

一是无行为能力人订立的和限制行为能力人依法不能独立订立的合同，必须经其法定代理人的承认才能生效；《合同法》第四十七条规定限制民事行为能力人订立的合同，经法定代理人追认后，该合同有效，但纯获利益的合同或者与其年龄、智力、精神健康状况相适应而订立的合同，不必经法定代理人追认。相对人可以催告法定代理人在一个月内予以追认。法定代理人未作表示的，视为拒绝追认。合同被追认之前，善意相对人有撤销的权利。撤销应当以通知的方式做出。

二是无权代理人以本人名义订立的合同，必须经过本人追认，才能对本人产生法律拘束力；行为人没有代理权、超越代理权或者代理权终止后以被代理人名义订立的合同，未经被代理人追认，对被代理人不发生效力，由行为人承担责任。相对人可以催告被代理人在一个月内予以追认。

被代理人未作表示的，视为拒绝追认。合同被追认之前，善意相对人有撤销的权利。撤销应当以通知的方式做出。

三是无处分权人处分他人财产权利而订立的合同,未经权利人追认,合同无效。无处分权的人处分他人财产,经权利人追认或者无处分权的人订立合同后取得处分权的,该合同有效。

四、可撤销合同

可撤销合同是指当事人在订立合同的过程中,由于意思表示不真实,或者是出于重大误解从而做出错误的意思表示,依照法律的规定可予以撤销的合同。一般认为,可撤销合同的主要原因是:

(1) 缔约当事人意思表示不真实。这其中包括重大误解、显失公平、欺诈、胁迫或乘人之危等情形。

(2) 合同是否撤销必须由享有撤销权的一方当事人提出主张时,人民法院或仲裁机构才能予以撤销,人民法院或仲裁机构一般是不能依职权主动来予以撤销的。《合同法》第五十四条第三款规定:当事人请求变更的,人民法院或仲裁机构不得撤销。由此可见,撤销权是享有撤销权的一方当事人的权利,该当事人可以依法行使该主张,也可以依法予以放弃,这充分尊重了当事人的意愿。

(3) 合同在撤销前应为有效。当时人一方主张解除合同的,应当通知对方,合同自通知到达对方时解除。对方有异议的,可以请求人民法院或者仲裁机构确认解除合同的效力。法律、行政法规规定解除合同应当办理批准、登记等手续的,依照其规定。合同解除的意思表示只要到达了对方即表示解除,属于一种请求权,只有享有撤销请求权的当事人主张或行使这一权利时,人民法院或仲裁机构才可对此请求做出判断、认定和处理。

> **知识延伸**
>
> **撤销合同与无效合同之间的区别**
>
> (1) 从内容上来看,可撤销合同主要涉及意思表示不真实的问题。法律将是否主张撤销的权利留给撤销权人,由其决定是否撤销合同。而无效合同在内容上常常违反法律的禁止性规定和社会公共利益。此类行为具有明显的违法性,因此对无效合同的效力的确认不能由当事人选择。即使对无效合同不主张无效,司法机关和仲裁机构也应当主动干预,宣告其无效。合同无效的主张或请求应当作为合同一方当事人的权利,其有权决定是否行使这一权利。
>
> (2) 可撤销合同未被撤销以前仍然是有效的,而且根据我国《合同法》第五十四条、第五十六条的规定来看,撤销权人亦可要求不撤销合同而仅要求对合同予以变更,这就表明了可撤销合同并非都是当然无效,这可由享有撤销权的一方当事人进行选择。
>
> (3) 对可撤销合同来说,行使撤销权必须符合规定的期限,超过该期限,合同即为有效。无效合同是当然无效,不存在期限制问题。首先,请求认定合同无效的权利应为请求权,理所当然应受到正确行使其权利的期限限制。其次,对于一个业已存在甚至履行完毕但却又依法应属无效的合同,更不能让其长久处于无效合同的不确定状态。这样很不利于交易的安全。所以对于当事人请求宣告无效的权利也应规定行使的期限,以保证交易的稳定和安全。

五、法律后果

合同被确认无效或撤销后将导致合同自始无效，这也就是效力溯及既往的原则。

合同无效或者被撤销后当事人承担的责任类型主要有：

（1）返还财产。返还财产包含不能返还或者没有必要返还时的折价补偿这一特殊方式；《合同法》第五十八条规定，合同无效或者被撤销后，因该合同取得的财产，应当予以返还；不能返还或者没有必要返还的，应当折价补偿。

（2）赔偿损失。有过错的一方应当赔偿对方因此所受到的损失，双方都有过错的，应当各自承担相应的责任。合同被确认无效或者被撤销后的法律责任，过错方应当依法承担缔约过失责任。

（3）收归国有或返还集体、第三人。《合同法》第五十九条规定："当事人恶意串通，损害国家、集体或者第三人利益的，因此取得的财产收归国家所有或者返还集体、第三人。"恶意串通损害国家、集体利益时，如果造成损失巨大或者无法挽回损失的情况下，会超出民事责任的范畴，可能会由行为人承担行政责任；构成犯罪的，依法承担刑事责任。

第四节　按部就班——合同的履行

一、合同履行的概念及原则

（一）合同履行的概念

合同履行，是指合同债务人按照合同的约定或法律的规定，全面、适当地完成合同义务，使债权人的债权得以实现，表现为当事人执行合同义务的行为。当合同义务执行完毕时，合同也就履行完毕。首先，合同的履行是债务人完成合同义务的行为。这种特定行为既可表现为积极的作为，比如支付价款、提供劳务、交付产品等，也可以表现为消极的不作为，如保守商业秘密行为；其次，合同的履行要求达到实现债权的结果。正是因为合同关系的存在，使得债权实现物质利益或者相等的价值。

（二）合同履行的原则

合同履行的原则，是指法律规定的所有种类合同的当事人在履行合同的整个过程中所必须遵循的一般准则。合同的履行除应遵守平等、公平、诚实信用等民法基本原则外，还应遵循合同履行的特有原则：适当履行原则、协作履行原则、经济合理原则和情势变更原则。

1. 适当履行原则

适当履行原则是指当事人应依合同约定的标的、质量、数量，由适当主体在适当的期限、地点，以适当的方式，全面完成合同义务的原则。

这一原则要求：第一，履行主体适当。即当事人必须亲自履行合同义务或接受履行，不得擅自转让合同义务或合同权利让其他人代为履行或接受履行。

第二，履行标的物及其数量和质量适当。即当事人必须按合同约定的标的物履行义务，而且还应依合同约定的数量和质量来给付标的物。数量上要一致，不能多于或者少于约定的数量；质量是要按照合同约定的标准，如果达不到规定的标准，要承担违约责任，赔偿对方损失。

第三，履行期限适当。即当事人必须依照合同约定的时间来履行合同，债务人不得迟延履行，债权人不得迟延受领；如果合同未约定履行时间，则双方当事人可随时提出或要求履行，但必须给对方必要的准备时间。

第四，履行地点适当。即当事人必须严格依照合同约定的地点来履行合同。

第五，履行方式适当。履行方式包括标的物的履行方式以及价款或酬金的履行方式，当事人必须严格依照合同约定的方式履行合同。

2. 协作履行原则

协作履行原则是指在合同履行过程中，双方当事人应互助合作共同完成合同义务的原则。合同是双方民事法律行为，不仅是债务人一方的事情，债务人实施给付，需要债权人积极配合受领给付，才能达到合同目的。由于在合同履行的过程中，债务人比债权人更多地应受诚实信用、适当履行等原则的约束，协作履行往往是对债权人的要求。

小贴士：

协作履行原则具有以下几个方面的要求：第一，债务人履行合同债务时，债权人应适当受领给付。第二，债务人履行合同债务时，债权人应创造必要条件、提供方便。第三，债务人因故不能履行或不能完全履行合同义务时，债权人应积极采取措施防止损失扩大，否则，应就扩大的损失自负其责。

3. 经济合理原则

经济合理原则是指在合同履行过程中，应讲求经济效益，以最少的成本取得最佳的合同效益。在市场经济社会中，交易主体都是理性地追求自身利益最大化的主体，最少的履约成本完成交易过程，是合同当事人所追求的目标。由此，交易主体在合同履行的过程中应遵守经济合理原则是必然的要求。

4. 情势变更原则

合同有效成立以后，若非因双方当事人的原因而构成合同基础的情势发生重大变更，致使继续履行合同将导致显失公平，则当事人可以请求变更和解除合同。

情势是指合同成立后出现的不可预见的情况。变更是指合同赖以成立的环境或基础发生异常变动，构成合同基础的情势发生根本的变化。在合同有效成立之后、履行之前，如果出现某种不可归责于当事人原因的客观变化（如地震、海啸、飓风等）会直接影响合同履行结果时，若仍然要求当事人按原来合同的约定履行合同，往往会给一方当事人造成显失公平的结果，法律允许当事人变更或解除合同而免除违约责任的承担。这种处理合同履行过程中情势发生变化的法律规定，就是情势变更原则。

二、合同履行的规则

对于依法生效的合同而言，在其履行期限届满以后，债务人应当根据合同的具体内容和合同履行的基本原则实施履行行为。债务人在履行的过程中，应当遵守一些合同履行的基本规则。

（一）履行主体

合同履行主体不仅包括债务人，也包括债权人。合同全面适当地履行的实现，不仅主要依赖于债务人履行债务的行为，同时还要依赖于债权人受领履行的行为。因此，合同履行的主体是指债务人和债权人。除法律规定、当事人约定、性质上必须由债务人本人履行的债务以外，履行也可以由债务人的代理人进行，但是代理只有在履行行为是法律行为时可适用。

（二）履行标的

合同的标的是合同债务人必须实施的特定行为，是合同的核心内容，是合同当事人订立合同的目的所在。当事人只有按照合同的标的履行合同，合同利益才能实现，严格按照合同的标的履行合同就成为合同履行的一项基本规则。合同标的的质量和数量是衡量合同标的的基本指标，按照合同标的履行合同，在标的的质量和数量上必须严格按照合同的约定进行履行。

小贴士：

如果合同对标的的质量没有约定或者约定不明确的，当事人可以补充协议，协议不成的，按照合同的条款和交易习惯来确定。如果仍然无法确定的，按照国家标准、行业标准履行；没有国家标准、行业标准的，按照通常标准或者符合合同目的的特定标准履行。在标的数量上，全面履行原则的基本要求便是全部履行，而不应当部分履行，但是在不损害债权人利益的前提下，也允许部分履行。

（三）履行期限

合同履行期限是指债务人履行合同义务和债权人接受履行行为的时间。作为合同的主要条款，合同的履行期限一般应当在合同中予以约定，当事人应当在规定的履行期限内履行债务。如果当事人不在规定的履行期限内履行，则可能构成迟延履行而应当承担违约责任。

履行期限不明确的，根据《合同法》第六十一条的规定，双方当事人可以另行协议补充，如果协议补充不成的，应当根据合同的有关条款和交易习惯来确定。如果还无法确定的，债务人可以随时履行，债权人也可以随时要求履行，但应当给对方必要的准备时间。这也是合同履行原则中诚实信用原则的体现。

不按履行期限履行，有两种情形：迟延履行和提前履行。在履行期限届满后履行合同为迟延履行，当事人应当承担迟延履行责任，此为违约责任的一种形态；在履行期限届满之前所为之履行为提前履行，提前履行不一定构成不适当履行。

（四）履行地点

履行地点是债务人履行债务、债权人受领给付的地点，履行地点直接关系到履行的费用和时间。在经济交往中，履行地点确定是用来确定纠纷发生后适用法律的根据。如果合同中明确约定了履行地点的，债务人就应当在该地点向债权人履行债务，债权人应当在规定履行地点接受债务人的履行行为。

如果合同约定不明确的，双方当事人可以协议补充，如果不能达成补充协议的，则按照合同有关条款或者交易习惯确定。如果履行地点仍然无法确定的，则根据标的不同情况确定不同的履行地点。如果合同约定给付货币的，在接受货币一方所在地履行；如果交付不动产的，在不动产所在地履行；其他标的，在履行义务一方所在地履行。

（五）履行方式

履行方式是合同双方当事人约定以何种形式来履行义务。合同的履行方式主要包括运输方式、交货方式、结算方式等。履行方式由法律或者合同约定或者是合同性质来确定，不同性质、内容的合同有不同的履行方式。根据合同履行的基本要求，在履行方式上，履行义务人必须首先按照合同约定的方式进行履行。如果约定不明确的，当事人可以协议补充；协议不成的，可以根据合同的有关条款和交易习惯来确定；如果仍然无法确定的，按照有利于实现合同目的的方式履行。

（六）履行费用

履行费用是指债务人履行合同所支出的费用。如果合同中约定了履行费用，则当事人应当按照合同的约定负担费用。如果合同没有约定履行费用或者约定不明确的，则按照合同的有关条款或者交易习惯确定；如果仍然无法确定的，则由履行义务一方负担。因债权人变更住所或者其他行为而导致履行费用增加时，增加的费用由债权人承担。

三、合同履行中的抗辩权

在双方合同中，合同当事人都承担义务，往往一方的权利与另一方的义务之间具有相互依存、互为因果的关系。为了保证双务合同中当事人利益关系的公平，法律做出了规定：当事人一方在对方未履行或者不能保证履行时，一方可以行使不履行的保留性权利，这就是对抗对方当事人要求履行的抗辩权。合同履行中的抗辩权有下列几种：

（一）同时履行抗辩权

当事人互负债务没有先后履行顺序的，应当同时履行。一方在对方履行之前或对方履行债务不符合约定时，有权拒绝其履行的要求。

同时履行抗辩权的适用条件为：

（1）由同一双务合同产生的互负债务，且双方债务有对价关系。

（2）债务同时到期，可以同时履行；双方的对等给付是可能履行的义务。

（3）当事人一方的履行不符合约定，即瑕疵履行的另一方可对有瑕疵的履行部分行使抗辩权。

案例分析

甲某向乙公司购买一辆越野车，在签订的买卖合同中约定，甲某以25万元向乙公司购买一辆汽车，2018年2月10日双方交易。到2018年3月10日，甲、乙都未履行合同中的义务，即甲没有向乙公司支付汽车价款25万元，乙公司也没有向甲交付汽车。那么甲乙双方主张哪种抗辩权？

【解析】甲乙双方可主张同时履行抗辩权，要求对方履行相对应的义务。甲方可要求乙方交付汽车，乙方可要求甲方支付25万元的汽车货款。

（二）先履行抗辩权

当事人互负债务，有先后履行顺序，先履行一方未履行的，后履行一方有权拒绝其履行的要求；先履行一方不符合约定的，后履行一方有权拒绝其相应的履行要求。

先履行抗辩权的适用条件为：

（1）由同一双务合同产生的互负债务。

（2）债务有先后履行顺序，这种顺序一般由当事人在合同中约定，或按交易习惯能够确定。应先履行的债务有履行可能。

（3）应先履行一方未履行或履行不符合约定，即全部或部分瑕疵履行。

想一想：

甲、乙公司签订合同约定：甲公司于2018年1月1日向乙公司销售一批无线耳机。乙公司在验收货物完毕后30日内付款完毕。甲公司2018年1月1日未能向乙公司送货，却要求乙公司先付款再发货。请问乙公司可行使什么权利？

【解析】乙公司可行使先履行抗辩权，要求甲公司先将无线耳机及时送货，否则可拒绝支付货款。

（三）不安抗辩权

应当先履行债务的当事人，有确切证据证明对方有下列情形之一的，可以终止履行：

（1）经营状况严重恶化。

（2）转移财产、抽逃资金以逃避债务。

（3）丧失商业信誉。

（4）有丧失或者可能丧失履行债务能力的其他情形。

不安抗辩权行使不当，而当事人没有确切证据中止履行的，应当承担违约责任。

不安抗辩权的使用条件为：

（1）双务合同，且后履行债务的一方当事人的债务尚未到履行期限。

（2）后履行债务的当事人有丧失或者可能丧失履行债务能力的情形。

小贴士：

不安抗辩权是预防性的保护措施，当一方情况发生变化，另一方先履行会造成损失时，法律依据公平原则做出此规定。为防止不安抗辩权的滥用,法律规定当事人在行使此项权力时,一定要有确切的证据来证明对方丧失了履行能力。

四、合同保全制度

合同保全是指法律为防止因债务人财产的不当减少致使债权人债权的实现受到危害,对债务人责任财产保全的法律措施。合同保全制度分为代位权和撤销权。

(一)代位权

代位权,是指当债务人怠于行使其对第三人享有的权利而有害于债权人的权利行使时,债权人为使自己的权利得到实现,可用自己的名义代位行使债务人的权利。

代位权的行使应当具备的条件:

(1)合法性。债权人对债务人的债权合法,是行使代位权的前提条件。即债权人与债务人之间存在合法的债权债务关系,债权人对债务人享有合法的债权。如果赌博、买卖婚姻等违法行为形成债务,债权人就不能行使代位权。

(2)因果性。债务人不履行其对债权人的到期债务,又不以诉讼方式或者仲裁方式向第三人主张到期债权,致使债权人的债权未能实现,对债权人造成损害的。只要对债权人造成损害的事实是因为债务人怠于行使其到期债权而导致的,债权人就可以行使代位权。

(3)期限性。债权人行使代位权,应当是两个债权均已到期,一是债权人对债务人享有的债权到期;二是债务人对第三人享有的债权到期。

(4)货币性。债务人怠于行使的到期债权并非是指所有的任何性质的债权,而是限于具有金钱给付内容的到期债权。专属于债务人自身的债权不能代为行使,比如人格权、身份权相关的债权。

> **案例分析**
>
> 甲公司是一家共享单车运营企业,委托乙工厂生产5000辆共享单车,货款200万元,乙工厂交付其使用后,按照约定,甲公司应当在交付使用后10天内支付。过了支付货款期限,甲公司以运营需要周转资金等各种理由不予以支付。后来,乙工厂了解到,丙公司在甲公司共享单车APP上做广告,应当支付广告费150万元,这笔广告费在两个月前已经到了履行期限,由于甲公司和丙公司的法定代表人是大学同学,感情十分要好,所以甲公司一直没有向丙公司主张支付广告费。请同学们分析,乙工厂可以向丙公司要求偿还欠款吗?甲公司未向丙公司要求支付广告费的做法是否可取?
>
> 【解析】乙工厂可以向丙公司主张偿还欠款,行使的是代位权。甲公司未向丙公司要求支付广告费的做法不可取,商业经营要遵守诚实守信的基本原则,要学会市场法则,不能以两者之间是大学同学的关系为借口违反市场法则。

(二)撤销权

撤销权,是指当债务人放弃对第三人的债权、实施无偿或者低价处分财产的行为损害债权人的利益时,债权人可以依法请求人民法院撤销债务人所实施的行为。代位权表现为债务人行为上的消极不作为,撤销权表现为债务人行为上的积极作为。

(1) 债务人实施了一定的处分财产的行为,处分财产的行为主要有放弃到期债权、无偿转让财产、在财产上设立抵押、以明显不合理的低价出让财产等。

(2) 债务人实施处分财产行为时具有主观上的故意,而债务人交易的另一方当事人也具有主观故意性,不是善意的第三人。

(3) 当债务人采取不正当或非法方式转移财产,导致其资不抵债,明显损害债权人的合法权益,致使债权人行使撤销权。

我国《合同法》规定,撤销权自债权人知道或者应当知道撤销事由之日起 1 年内行使。自债务人的行为发生之日起 5 年内没有行使撤销权的,该撤销权消灭。

第五节　计划赶不上变化——合同的变更与转让

一、合同的变更

(一) 合同变更的概念

合同变更是指生效的合同在未履行或未履行完毕之前,由于主、客观情况的变化而使合同的内容发生变化。合同变更是合同关系的部分变化,如标的数量的增减、价款的变化、履行时间、地点、方式的变化。

(二) 合同变更的条件

(1) 发生了使合同基础发生变化的客观情况。

(2) 合同变更应经当事人各方协商同意,任何一方不得擅自变更合同,擅自变更的合同无法律效力。

(3) 变更合同应采取书面形式,口头协议变更应有相应的证据。

(4) 按我国法律、法规的规定,须由国家批准成立的合同,其内容的重大变更还应经原批准机关批准。

如果合同变更前或变更时,可能存在或发生了给当事人一方造成损失的事实,合同变更后,受损害的一方仍可要求对方赔偿损失。当事人如果对合同变更的内容约定不明确的,视为未变更。

(三) 合同变更的效力

合同变更后,当事人应按变更后的合同内容履行。合同变更原则上向将来发生效力,未变更的权利义务继续有效。当事人可以要求提出合同变更的一方当事人赔偿损失,提出变更的一方当事人应当对当事人因合同变更所受损失负赔偿责任。

小贴士：
赔偿责任的计算方式分为直接损害和间接损害，一般采取有多少损害、赔偿多少的标准，惩罚违法合同一方当事人承担金钱补救。

二、合同的转让

合同的转让，是指在不改变合同关系内容的前提下，当事人一方将其合同权利、合同义务或者合同权利义务，全部或者部分转让给第三人。根据转让内容的不同，合同转让包括了合同权利的转让、合同义务的转让以及合同权利和义务的概括转让三种类型。

（一）合同权利的转让

合同权利的转让，是指合同债权人通过协议将其债权全部或者部分转让给第三人的行为。具体包括三个方面的含义：

（1）合同权利转让是指不改变合同权利的内容，由债权人将权利转让给第三人。因此，权利转让的主体是债权人和第三人，债务人不能成为合同权利转让的当事人。

（2）合同权利转让的对象是合同债权，这种债权是合法有效，不能对无效合同债权进行转让。

（3）合同权利的转让可以是全部的转让，也可以是部分的转让。在权利部分转让的情况下，受让人作为第三人将加入到原合同关系中，与原债权人共同享有债权；当权利全部转让时，受让人则完全取代转让人的地位而成为合同当事人，原合同关系消亡，产生了一个新的合同关系。

从保护社会公共利益和维护交易秩序，兼顾转让双方的利益出发，《合同法》第八十七条对合同转让的范围作了限制，规定了在三种情况下禁止转让：

①根据合同性质不得转让，比如根据个人信誉关系而发生的债权；以特定债权人的行为为内容的权利；合同权利的设定是针对特定当事人的不作为义务；单独转让合同债权中的从权利。

②按照当事人约定不得转让。

③依照法律规定不得转让的。合同权利转让生效除遵守合同转让的一般条件和要求外，应当通知债务人。未经通知，该转让对债务人不发生效力。

（二）合同义务的转让

合同义务的转让包括合同义务的全部转让和部分转让两种形态。合同义务的全部转让是指债权人或者债务人与第三人之间达成转让债务的协议，由第三人取代原债务人承担全部债务。其特点在于：

（1）它并不消灭原债务而成立新债务，只是由新的债务人承担原债务人的全部债务。

（2）原债务人已经脱离了原来的合同关系，新的债务人代替了原债务人的地位。所以，合同义务的全部转让属于免责的债务承担。

合同义务的部分转让，是指原债务人并没有脱离原有合同关系，而是由第三人加入合同关系，并与原债务人一起共同向同一债权人承担合同义务。合同义务的转让除遵守合同转让的一般条件和要求外，必须经债权人同意，否则无效。

（三）合同权利义务的概括转让

合同权利义务的概括转让，是指合同当事人将合同中的权利和义务一并转让给第三人的行为。合同权利义务的概括转让是合同当事人的彻底变更，原来的合同当事人退出合同关系，新的第三人进入合同关系。合同权利义务的概括转让除遵守合同转让的一般条件和要求外，必须经对方当事人同意，否则无效。从发生的原因看，合同权利义务的概括转让可以分为三种情况：

（1）基于法律的直接规定。合同的转让，有的基于法律的直接规定而发生，此类转让称为法律上的转让，如依继承法规定，被继承人死亡，包括合同权利义务在内的遗产即移转于继承人。

（2）基于法院的裁决。此类转让称为裁判上的转让。

（3）基于法律行为。此类转让称为法律行为上的转让，如遗嘱人以遗嘱将其合同权利转让给继承人或受遗赠人，或转让人与受让人订立转让合同而将合同权利、义务转让。

第六节 好合好散——合同权利与义务的终止

一、合同终止的具体情形

《合同法》第九十一条规定，有下列情形之一的，合同的权利义务终止：

（1）债务已经按照约定履行。
（2）合同解除。
（3）债务相互抵销。
（4）债务人依法将标的物提存。
（5）债权人免除债务。
（6）债权债务同归于一人。
（7）法律规定或者当事人约定终止的其他情形。

债权人免除债务人部分或全部债务的，合同的权利义务部分或者全部终止；债权和债务同归于一人的，合同的权利义务终止，但涉及第三人利益的除外。合同的权利义务终止后，当事人应当遵循诚信原则，根据交易习惯履行通知、协助、保密等义务。

二、合同解除

解除合同可以通过以下两种途径：

（1）双方当事人协商一致。
（2）具备法定解除合同的条件。

具备以下条件，不需要经对方当事人同意，只需向对方做出解除合同的意思表示，就可以解除合同：
(1) 当事人约定的解除合同的条件成就。
(2) 因不可抗力不能实现合同目的的。
(3) 在履行期限届满之前，另一方当事人明确表示或者以其行为表明不履行主要义务的。
(4) 另一方当事人迟延履行主要债务，经催告后在合理期限内仍未履行的。
(5) 另一方当事人迟延履行债务或者有其他违约行为致使不能实现合同目的的。
(6) 法律规定的其他解除情形。不具备上述条件，一方当事人不能解除合同。

当事人一方行使解除合同的权利，必然引起合同的权利义务的终止，为了防止一方当事人因不知道对方已行使合同解除权而仍为履行的行为，从而遭受损害，当事人根据约定解除权和法定解除权来主张解除合同的，应当通知对方。通知可以是口头的，也可以是书面的，合同自通知到达对方时解除。

通知到达，因通知形式的不同而有所不同。口头通知的，口头告知签订合同的对方当事人时即为到达；书面通知的，通知送达对方当事人或其指定的人签收即为到达。对方当事人接到解除合同的通知后，认为不符合约定的或者法律规定的解除合同的条件，不同意解除合同的，可以请求人民法院或者仲裁机构确认能否解除合同。

法律、行政法规规定解除合同应当办理批准、登记手续的，未办理有关手续，合同不能解除。比如，根据中外合资经营企业法规定，合营如发生严重亏损，一方不履行合同和章程规定的义务，不可抗力等，经合营各方协商同意，报审查批准机关批准，并向国家工商行政管理部门登记，可终止合同。如果没有履行法律规定的批准登记手续，中外合资经营合同不能解除。

三、抵销

（一）抵销的概念

抵销是指二人互负债务且其给付种类相同的情形，各以其债权充当债务之清偿，而使其债务与相对人的债务在对等额内相互消灭。抵销的目的在于避免双方当事人分别请求以及分别履行所带来的不便及不公平，通过抵销，双方当事人就可以不必履行各自的债务，从而节省履行费用，降低交易成本。

（二）抵销的要件

(1) 必须是双方当事人互负债务、互享债权。
(2) 双方互付的债务，必须标的物的种类、品质相同。
(3) 必须是自动债权已届清偿期。
(4) 必须是非依债的性质不能抵销。

（三）抵销的效力的主要表现

(1) 双方当事人所负债务全部或者部分消灭。当双方当事人所负债务额相同时，互负债务消灭。当双方所负债务额不等时，债务数额小的一方的债务消灭，债务数额大的一方的债务部分消灭，债务人对未消灭的债务部分仍负清偿义务。在合意抵销中，双方当事人可以就抵销的效力做出约定。

(2) 抵销具有溯及效力。抵销的溯及力表现为：其一，自得为抵销时就消灭债务，不再发生利息债务；其二，自得为抵销时起，不再发生迟延责任；其三，得抵销的情形发生后，就一方当事人所发生的损害赔偿及违约金责任，因抵销的溯及力而归于消灭。

> **案例分析**
>
> 甲同学欠乙同学100元，在学习经济法课程的过程中了解到，合同终止产生的原因有抵销方式，因此甲同学和乙同学商量，帮助乙同学做五个章节的课后作业用来抵销所欠的100元。请问这种约定是否可以产生合同终止的效果，为什么？
>
> 【解析】甲乙双方的约定不能产生合同终止的效果。甲同学依然要支付乙同学100元。因为抵销的提前是双方互负的债务，必须标的物的种类、品质相同，甲乙双方的债务种类、品质都不同。最为关键的是，甲同学帮助别人写作业的行为违背了道德基本准则，得不到法律支持。

四、提存

提存，指由于债权人的原因而无法向其交付合同标的物时，债务人将该标的物交给提存机关而消灭债务的制度。交付合同标的物的债务人为提存人；债权人为提存领受人；交付的标的物为提存物；由国家设立并保管提存物的机关为提存机关。提存制度的建立，使债务人及时了结债务关系，避免产生延迟履行的新债务，有利于保护债务人的利益。

（一）提存具备的条件

《合同法》第一百零一条规定：有下列情形之一，难以履行债务的，债务人可以将标的物提存：

(1) 债权人无正当理由拒绝受领。
(2) 债权人下落不明。
(3) 债权人死亡未确定继承人或者丧失民事行为能力未确定监护人。
(4) 法律规定的其他情形。
(5) 数人就同一债权主张权利，债权人一时无法确定，致使债务人一时难以履行债务。

标的物不适于提存或者提存费用过高的，债务人依法可以拍卖或者变卖标的物，提存所得的价款。

（二）提存的方法

提存人应在交付提存标的物的同时，提交提存申请书。提存书上应载明提存人的姓名（名称），提存物的名称、种类、数量以及债权人的姓名、住址等基本内容。此外，提存人应提交债务证据，以证明其所提存之物确系所负债务的标的物；提存人还应提交债权人受领迟延或者下落不明的等致使债务人无法履行的证据。

提存部门应当在收到申请之日起3日内作出受理或者不予受理的决定。不予受理的，公证处应当告知申请人对不予受理不服的复议程序。提存部门通过审查确定提存人具有民事行为能力，意思表示真实，提存之债真实、合法。具备提存的原因，提存标的于合同标的物相符，符合管辖规则时，应当准予提存。提存部门应当验收提存标的物并登记存档。对不能提交提存部门的标的物，提存部门应当派人到现场实地验收。对易腐烂、易燃、易爆等物品，提存部门应在保全证据后，由债务人拍卖或者变卖，提存其价款。

（三）提存的效力

提存使债务人与债权人之间的债权债务关系归于消灭，在提存后，债权人与提存机关之间会形成一定的权利义务关系。自提存之日起，债权人即独立地享有提存所设定的权利并承担相应的义务。债权人在规定期间内，对提存机关享有交付提存物的请求权，同时须承担提存费用。

五、合同的免除和混同

（一）免除

免除是指在合同有效成立以后，当解除的条件具备时，因当事人一方或双方的意思表示，使合同自始或仅向将来消灭的行为。在适用情事变更原则时，合同免除是指履行合同存在客观情况，若履行即显失公平，法院裁决合同消灭的现象。

免除根据条件、所经程序和所生效力不同，划分为以下几种类型：

1. 单方解除和协议解除

单方解除，是指解除权人行使解除权将合同免除的行为。它不必经过对方当事人的同意，只要解除权人将解除合同的意思表示直接通知对方，或经过人民法院或仲裁机构向对方主张，即可发生合同免除的效果。

协议解除，是指当事人双方通过协商同意将合同免除的行为，它不以解除权的存在为必要，解除行为也不是解除权的行使。如解除的条件为双方当事人协商同意，并不因此损害国家利益和社会公共利益，解除行为是当事人的合意行为等。

2. 法定解除与约定解除

法定解除是指在合同成立后，在没有履行或没有完全履行前，当事人一方行使法定解除权消灭合同关系的行为。

约定解除是根据当事人的意思表示产生的，其本身具有较大的灵活性，在复杂的事物面前，它可以更确切地适应当事人的需要。当事人采取约定解除的目的虽然有所不同，但主要是考虑到当主客观上的各种障碍出现时，可以从合同的拘束下解脱出来，给废除合同留有余地，以维护自己的合法权益。作为一个市场主体，为了适应复杂多变的市场情况，当事人有必要把合同条款规定得更细致、更灵活、更有策略性，其中应包括保留解除权的条款，使自己处于主动而有利的地位。

（二）混同

1. 混同的概念

混同，是指债权和债务同归一人，原则上致使债的关系消灭的事实。债权人于债务人系处于对立状态，法律乃在于规范此类对立的主体之间的财产关系，债权因混同而消灭，并非逻辑的必然，仅仅是在通常情况下，处于这种状态下的债权继续存续，已经没有法律上的需要，法律规定它因混同而消灭，效果更佳。

2. 混同的原因

债权债务的混同，由债权或债务的承受而产生。其承受包括概括承受与特定承受两种。

概括承受是发生混同的主要原因，例如，债权人继承债务人的财产、债务人继承债权人的财产、企业合并、营业的概括承受等。在企业合并场合，合并前的两个企业之间有债权债务时，企业合并后，债权债务因同归一个企业而消灭。

特定承受，是指债务人自债权人受让债权，或者债权人承担债务人的债务时，因而发生的混同。

3. 效力

概括承受使合同关系及其他债之关系绝对地消灭。在特定承受的情况下，狭义债的关系消灭，未让与债权和与之相对应的债务继续存在，未转让的债务和与之相对应的债权亦然。债权的消灭，也使从权利如利息债权、违约金债权、担保权等归于消灭。

债权系他人权利的标的时，从保护第三人的合法权益出发，债权不消灭。例如，债权为他人质权的标的，为了保护质权人的利益，不使债权因混同而消灭。

第七节 合同的"紧箍咒"——违约责任

一、违约责任概述

违约责任，是指当事人不履行合同义务或者履行合同义务不符合合同约定而依法应当承担的民事责任。违约责任是合同责任中一种重要的形式，违约责任不同于无效合同的后果，违约责任的成立以有效的合同存在为前提的。

违约形态主要包括：

（1）不能履行。不能履行是指债务人在客观上已经没有履行能力，或者法律禁止债务的履行。不能履行可分为永久不能履行和一时不能履行。前者是指在合同履行期限或者可以为履行期限届满时不能履行，可为违约责任的构成要件；后者指在履行期限届满时因暂时的障碍而不能履行，因债务人在不能履行的暂时障碍消除后仍不履行，可以成为迟延履行，可以构成违约责任的要件。

（2）延迟履行。债务人能够履行，但在履行期限届满时却未履行债务的行为。合同明确规定有履行期限，期限已过，债务人构成履行迟延。合同中未规定具体的履行期限或者约定不明，而且无法根据法律规定、债的性质、交易习惯等情事中确定履行期限的，债务人可以随时向债权人履行义务，债权人也可以随时要求债务人履行义务，但应给予对方必要的准备时间。

> **知识延伸**
>
> 迟延履行构成要件：（1）存在有效的债务；（2）债务人有能力能够履行；（3）债务履行期限已过而债务人未履行；（4）债务人未履行不具有正当事由，不存在不可抗力等理由。

（3）不完全履行。是指债务人虽然履行了债务，但其履行不符合债务的要求，包括标的物的品种、规格、型号、数量、质量、运输的方法、包装方法等不符合合同约定等。

（4）拒绝履行。是债务人对债权人表示不履行合同，明确表示或者以自己的行为表明不履行合同义务的规定，这种表示一般为明示的，也可以是默示的。比如债务人将应付标的物处分给第三人，即可视为拒绝履行。

（5）债权人延迟。是债权人对于债务人履行的给付，没有受领或者没有为其他给付完成给予一定的协助，使得债权不能完整实现的事实。

债权人迟延的构成，需具备以下要件：①债务内容的实现以债权人的受领或者其他协助为必要；②债务人依债务本旨提供了履行；③债权人受领拒绝或者受领不能。

> **知识延伸**
>
> 拒绝受领，是指对于已提供的给付，债权人无理由地拒绝受领。受领不能，是指债权人不能为给付完成所必需的协助的事实，包括受领行为不能及受领行为以外的协助行为不能，系属债权人于给付提出时不在家或者出外旅行或者患病，无行为能力人因缺法定代理人不能受领，债权人于其他时刻或者在其他条件下得受领该给付，仍不失为不能受领。

二、承担违约责任的方式

违约责任的形式，即承担违约责任的具体方式，当事人一方不履行合同义务或者履行合同义务不符合约定的，应当承担继续履行、采取补救措施或者赔偿损失等违约责任。

违约责任有三种基本形式，即继续履行、采取补救措施和赔偿损失。

（一）继续履行

继续履行也称强制实际履行，是指违约方根据对方当事人的请求继续履行合同规定的义务的违约责任形式。其特征为：

（1）继续履行是一种独立的违约责任形式，不同于一般意义上的合同履行。具体表现在：继续履行以违约为前提；继续履行体现了法的强制；继续履行不依附于其他责任形式。

（2）继续履行的内容表现为按合同约定的标的履行义务，这一点与一般履行并无不同。

（3）继续履行以对方当事人请求为条件，法院不得进行判决。

（二）采取补救措施

采取补救措施作为一种独立的违约责任形式，是指矫正合同不适当履行、使履行缺陷得以消除的具体措施。这种责任形式，与继续履行和赔偿损失具有互补性。《合同法》第一百一十一条规定：采取补救措施包括修理、更换、重作、退货、减少价款或者报酬。

（三）赔偿损失

赔偿损失是指违约方以支付金钱的方式弥补受害方因违约行为所减少的财产或者所丧失的利益的责任形式。赔偿损失具有如下特点：

（1）赔偿损失是最重要的违约责任形式。赔偿损失具有根本救济功能，任何其他责任形式都可以转化为损害赔偿。

（2）赔偿损失是以支付金钱的方式弥补损失。金钱为一般等价物，任何损失一般都可以转化为金钱，因此，赔偿损失主要指金钱赔偿。但在特殊情况下，也可以以其他物代替金钱作为赔偿。

（3）赔偿损失是由违约方赔偿守约方因违约所遭受的损失。首先，赔偿损失是对违约行为所造成的损失的赔偿，与违约行为无关的损失不在赔偿之列。其次，赔偿损失是对守约方所遭受损失的一种补偿，而不是对违约行为的惩罚。

（4）赔偿损失责任具有一定的任意性。违约赔偿的范围和数额，可由当事人约定。当事人既可以约定违约金的数额，也可以约定损害赔偿的计算方法。

（四）违约金

（1）违约金是指当事人一方违反合同时应当向对方支付的一定数量的金钱或财物。根据《合同法》的相关规定，违约金具有以下特征：①是在合同中预先约定的；②是一方违约时向对方支付的一定数额损害赔偿金；③是对承担赔偿责任的一种约定。

依不同标准，违约金可分为：①法定违约金和约定违约金；②惩罚性违约金和补偿性违约金。

小贴士：

关于违约金的性质，一般认为，现行合同法所确立的违约金制度是不具有惩罚性的违约金制度，而属于赔偿性违约金制度。即使约定的违约金数额高于实际损失，也不能改变这种基本属性。

（2）违约金的增加或减少。违约金是对损害赔偿额的预先约定，既可能高于实际损失，也可能低于实际损失，过高或者过低均会导致不公平结果。过高或者过低都需要进行变更，这种享有变更的权利称之为变更权。

> **知识延伸**
>
> 变更权的构成要件：（1）以约定违约金低于造成的损失或过分高于造成的损失为条件；（2）经当事人请求；（3）由法院或仲裁机构裁量；（4）予以增加或予以适当减少。

（五）定金责任

定金是指合同当事人为了确保合同的履行，根据双方约定，由一方按合同标的额的一定比例预先给付对方的金钱或其他替代物。定金应当以书面形式约定，定金的数额由当事人约定，但不得超过主合同标的额的20%。《合同法》第一百一十五条规定：当事人可以依照担保法约定一方向对方给付定金作为债权的担保。债务人履行债务后，定金应当抵作价款或者收回。给付定金的一方不履行约定的债务的，无权要求返还定金；收受定金的一方不履行约定的债务的，应当双倍返还定金。据此，在当事人约定了定金担保的情况下，如一方违约，定金罚则即成为一种违约责任形式。

第八节 债务的"备胎"——合同的担保

一、合同的担保定义

合同的担保是指合同的当事人根据法律规定或者双方的约定，为保证合同的实际履行而设立的一种权利义务关系。它的目标是保障所担保的债务履行，保护交易安全和债权人利益。合同的担保可促使负有义务的一方当事人认真履行合同义务，为享有权利另一方当事人实现合同利益提供保障；负有履行义务的一方当事人不履行合同规定的义务时，要按照担保约定履行补救措施，保障另一方当事人实现权利。

合同的担保一般有保证、定金、抵押、质押和留置五种形式。为了切实能够对双方产生约束力，一般在合同中要对担保的哪种具体形式予以规定，确保合同当事人都能够秉持诚实守信原则进行市场交易。

二、合同的担保特点

（一）合同的担保具有从属性

担保合同的从属性是指担保合同的成立和存在必须以一定的合同关系的存在为前提。被担保的合同关系是一种主法律关系，为之而设立的担保关系是一种从法律关系。担保合同的成立应以相应的合同关系的发生和存在为前提，《担保法》第五条第一款规定：担保合同是主合同的从合同。担保合同的订立时间，可以是与主合同同时订立，也可以是主合同订立在先，担保合同随后订立。

（二）合同的担保具有补充性

担保合同的补充性是指合同债权人所享有的在权益担保方面的利益，是对主合同的有效补充，它的效力是受主合同制约。担保合同一经有效成立，就在主合同关系的基础上补充了某种权利义务关系，从而能保障债权实现的可能性。主合同关系因适当履行而正常终止时，担保合同中担保人的义务并不实际履行。只有在主债务不履行时，担保合同中担保人的义务才履行，使主债权得以实现。

（三）合同的担保具有相对独立性

当事人在订立合同时，可以约定设立担保，也可以约定不设立担保，由当事人自愿选择，尽管属于从合同，但也具有相对独立性，即担保合同能够相对独立于被担保的合同债权而存在。一方面担保合同的成立，须有当事人的意思表示一致；另一方面依照法律的规定或当事人约定，担保合同可不依附于被担保的合同债权而单独发生效力。

三、合同的担保形式

由于抵押、质押和留置在物权法章节中已经予以阐述，不再一一列举，以下就定金和保证进行介绍。

（一）定金

定金是指合同当事人为了保证债务的履行，约定由当事人一方先行支付给另一方一定的金额作为担保，定金的数额多少由当事人之间商议约定，但不得超过主合同标的额的20%。

定金合同要采用书面形式，并在合同中约定交付定金的期限，定金合同从实际交付定金之日生效。债务人履行债务后，定金应当折抵价款或者予以退还。给付定金的一方不履行约定债务的，无权要求另一方返还定金；收受定金的一方不履行约定的债务，应向另一方双倍返还定金。

小贴士：

订金和定金虽然一字之差，效果却大相径庭。合同中，如果是定金，那么一方违约，另一方有权要求双倍返还；如果写的是订金，一方违约，另一方无权要求其双倍返还，只能要求原额予以。有些商家会利用交易方法律知识的欠缺，在订立合同时，故意将定金写成订金，以逃避法律对其制约。

（二）保证

保证是除了合同双方当事人以外第三人向合同关系中的债权方保证合同关系中的债务方全部或部分履行合同债务的担保方式。保证人在被担保的当事人不履行合同时，承担赔偿的责任。《担保法》第十六条规定，保证的方式包括一般保证和连带责任保证。

一般保证是指保证人与债权人约定，当债务人不能履行债务时，由保证人承担补充保证责任的行为。

连带责任保证是指保证人与债权人约定，保证人与债务人对债务承担连带责任的行为。债务人到期不履行债务，债权人既可以要求债务人履行债务，也可以直接要求保证人承担连带保证责任，即在连带保证责任中，保证人不能等到债务人不能履行债务时再履行保证责任，而是根据债权人的选择对象而承担保证责任，所以保证人在连带责任保证中承担的责任更重一些。

相关链接

小周是某高校学生，平常乐于助人，是班集体的干部。小周喜欢踢球，一次偶然机会接触网上赌球后，一发不可收拾，手头拮据入不敷出，于是在网络平台上贷款，因为需要保证人签字才可借款，因此对周围同学谎称是例行形式上签字程序，不用他们代为还款，为其借款提供保证签字即可，同学们基于平常信任和碍于面子便直接在保证人栏签字。过了半年，小周陆续欠下60万元左右不能偿还，周围同学陆续接到贷款公司告知其签字承担的是连带责任保证，因此要求同学们还款，不然起诉到人民法院。这时同学们才意识到事情的严重性，因为当时签字的时候未考虑周详，为这种不利后果留下隐患。所以，一般情况下，涉及经济领域，不能轻信为他人签订任何保证责任。

综合实训

一、应掌握的专业术语

合同、合同形式、书面形式、合同的效力、违约责任、履行期限、合同内容、定金、订金

二、单选题

1. 甲对乙声称："我计划卖掉家中祖传的一个价值5000元的玉镯"，乙听后感觉十分划算，就立即向甲表示："我愿意以5000元价格购买此玉镯"。下列判断正确的是（　　）。
   A. 甲对乙的表示构成要约　　B. 乙对甲的表示构成承诺
   C. 甲对乙的表示构成承诺　　D. 乙对甲的表示构成要约

2. 当事人订立合同时，应具有相应的（　　）。
   A. 民事责任能力　　　　　　B. 民事行为能力
   C. 民事权利能力　　　　　　D. 民事权利能力和民事行为能力

3. 下列关于无权处分合同的表述，正确的是（　　）。
   A. 无权处分合同在未被追认之前，处于无效状态
   B. 无权处分合同在权利人追认后，买受人可以请求权利人履行义务
   C. 权利人事后向处分人出示书面授权，权利人对处分人不履行义务行为承担责任
   D. 无权处分合同自权利人追认时生效

4. 合同当事人对合同履行地点没有约定或者约定不明确的，事后也达不成协议的，则（　　）。
   A. 给付货币的，在接受货币一方所在地履行
   B. 交付不动产的，在交付不动产一方所在地履行
   C. 交付动产的，在动产所在地履行
   D. 不作为债务在债务人所在地履行

5. 甲向乙发函，表示有一批台式电脑要卖，售价为每台6000元。乙收到后复函愿以5000元/台的价格购买，甲收函后复函表示同意。下列错误的选项是（　　）。
   A. 甲第一次发函是要约　　　B. 甲第二次发函是反要约
   C. 乙的复函是反要约　　　　D. 甲第二次发函是承诺

6. 甲公司欠乙公司10万元货款，约定2018年1月1日之前偿付。现有丙公司欠甲公司20万元且已到期，但甲公司明示放弃对丙公司的债权。对甲公司的这一行为，乙公司采取的下列措施中，正确的是（　　）。
   A. 行使代位权，请求人民法院判令丙偿还20万元
   B. 行使撤销权，请求人民法院撤销甲方放弃债权的行为
   C. 乙公司应在知道或应当知道甲公司放弃债权的2年内行使权利
   D. 乙公司行使权利的必要费用应由丙公司承担

7. 甲商场欠乙工厂供货款20万元，后甲商场经营不善被乙工厂兼并。甲商场欠乙工厂的债务因此而消灭的原因是（　　）。
   A. 免除　　　　　　　　　B. 混同
   C. 抵销　　　　　　　　　D. 解除
8. 下列合同中属于无效合同的是（　　）。
   A. 甲没有获得乙的授权，但是仍以乙的名义与丙签订了合同，约定丙向乙供应500部平板电脑
   B. 甲公司的经营范围中没有销售办公文具业务，但是与乙签署了一份出售办公文具的合同
   C. 一家投资理财企业以隐瞒手段与客户签订了一份投资理财合同，本来理财项目是房地产却谎称投资用于农业造林
   D. 甲乙双方为了逃避我国税收政策，将一个垃圾废物进口合同签订为普通货物进口合同
9. 违约责任的承担方式不包括（　　）。
   A. 实际履行　　　　　　　B. 停止侵害
   C. 违约金　　　　　　　　D. 拘留
10. 下列合同中，不可撤销的情形是（　　）。
    A. 因重大误解订立的　　　B. 在订立合同时显失公平的
    C. 受欺诈的损害国家利益的行为　　D. 恶意串通损害第三人利益的

三、多选题

1. 合同解除权在下列（　　）情况下发生。
   A. 约定解除中约定解除的事由出现
   B. 因不可抗力致不能实现合同目的
   C. 附解除条件合同中条件成就
   D. 先履行义务一方有证据证明后履行义务一方有转移财产逃避债务的行为
2. 合同终止的原因中必然导致合同终止的情况有（　　）。
   A. 清偿　　　　　　　　　B. 提存
   C. 抵销　　　　　　　　　D. 免除
3. 无民事行为能力人能够独立订立与履行的合同是（　　）。
   A. 汽车买卖合同　　　　　B. 纯获利益的合同
   C. 房屋买卖合同　　　　　D. 图书受赠合同
4. 甲公司委托乙个人前往丙厂采购男装，乙觉得丙生产的女装市场看好，便自作主张以甲的名义向丙订购。丙未问乙的代理权限，便与之订立了买卖合同。对此，下列哪些说法是正确的（　　）。
   A. 甲有追认权　　　　　　B. 丙享有催告权
   C. 丙享有撤销权　　　　　D. 构成表见代理
5. 甲将自己的电脑交乙公司指定的丙售后修理，甲与丙双方就履行期无约定，丙修好之后，甲请求丙交付，此时丙可以主张（　　）。

A. 同时履行抗辩权　　　　　B. 不安抗辩权
C. 后履行抗辩权　　　　　　D. 留置权

6. 根据我国《合同法》的规定，下列合同中属于无效的有（　　）。
A. 一方以欺诈、胁迫的手段订立的合同
B. 恶意串通，为损害国家、集体或者第三人的利益而订立的合同
C. 以合法形式掩盖非法目的的合同
D. 损害社会公共利益的合同
E. 因重大误解订立的合同

7. 根据我国《合同法》的规定，双方当事人均可以主张的法定抵销应当符合的条件包括（　　）。
A. 债务均已到期　　　　　　B. 标的物种类相同
C. 标的物品质相同　　　　　D. 债务数额相同
E. 债务发生的时间相同

8. 合同的履行原则为（　　）。
A. 全面履行原则　　　　　　B. 实际履行原则
C. 协助履行原则　　　　　　D. 经济合理原则

9. 关于合同解除，下列表述中正确的有（　　）。
A. 房屋租赁合同的承租人未经出租人同意转租给第三方的，但是出租人默认
B. 甲作为定作人，与承揽人乙签订一承揽合同，甲可以随时解除合同
C. 因作为技术开发合同标的的技术已经由他人公开，致使技术开发合同的履行没有意义的，当事人可以解除合同
D. 在委托合同中，只有委托人可以随时解除合同

10. 要约可以撤回的条件是，撤回要约的通知应当在（　　）。
A. 要约到达受要约人之前到
B. 与要约同时到达受要约人处
C. 要约已到达受要约人处
D. 承诺已发出时

四、案例分析题

甲企业与乙企业达成口头协议，由乙企业在半年之内供应甲企业50吨钢材。三个月后，乙企业以原定钢材价格过低为由要求加价，并提出，如果甲企业表示同意，双方立即签订书面合同，否则，乙企业将不能按期供货，甲企业表示反对，并声称，如乙企业到期不履行协议，将向法院起诉。

试分析：此案双方当事人签订的合同有无法律效力？为什么？

第五章
给创新的火花加油
——知识产权法律制度

"知识产权是人类对发明创造从自发到自觉的认识升华。保护知识产权就是保护创新，用好知识产权就能激励创新，是给创新的火花加油。"

——李克强（中华人民共和国总理）

学习目标：
- 了解知识产权的概念、范围，理解其特征。
- 了解专利的概念、专利的保护期限和保护范围、侵犯专利权的法律责任等内容。
- 理解和掌握专利权的主体和客体、专利权的授予条件和申请原则、专利权人的权利和义务、专利侵权行为的表现形式及不视为侵权的行为方式等规定。
- 了解商标的概念、分类、商标注册的程序、注册商标的期限和续展，理解注册商标专用权保护的意义、对驰名商标的特殊保护规定、商标权的主要内容，掌握商标注册的条件、原则。

技能目标：
- 根据实际需要，制定专利权申请实施方案，并能够通过《专利法》及相关法律知识在规范自身行为的同时依法维护自身权益。
- 根据案例设定需要，分小组设计商标并制定商标注册申请方案。商标要有典型性，明确该商标的组成；根据《商标法》的规定分析该商标的类型、是否存在法律禁止的情形、是否存在侵权行为、如何维护商标权等。

【案例导入】

甲厂委托乙研究所研制一种包装机，研究经费由甲厂负担，双方未就技术成果权的归属作出约定。乙研究所按期完成研制任务，并交付甲厂使用，同时，以自己的名义就该技术申请并取得专利。甲厂为满足市场需要,许可丙厂使用该技术生产包装机。李某从丙厂处购进该专利产品,并转手销售。乙研究所发现后向甲厂、李某提出交涉,甲厂认为该技术属于自己所有,并认为乙研究所将自己出资委托其开发的技术申请专利侵犯了自己的权利。李某认为他是从丙厂处购进的产品,自己没有侵权。从而引起诉讼。

请同学们以小组为单位,学习与工业产权相关的法律知识,尝试解决以下问题:
1. 专利权属于甲厂还是乙研究所?为什么?
2. 乙研究所是否侵权?甲厂是否有权许可丙厂使用该技术?
3. 丙厂使用该技术生产是否侵权?李某销售该专利产品是否侵权?为什么?
4. 侵权者应承担哪些法律责任?

(资料来源:严苗、赵炬,《经济法项目教程》,北京出版集团公司、北京出版社 2017 年版。)

第一节 独享智力成果的保障——知识产权法概述

一、知识产权概述

(一)知识产权的概念

知识产权是权利主体对于智力活动创造的成果和经营活动中的标记、信誉依法享有的权利。智力成果是人们运用知识、经验、技能等智力资源,经过加工创作而形成的物质或者精神的劳动成果。知识产权是一个不断发展的概念,其内涵和外延都随着社会经济文化的发展在不断拓展和深化。知识产权制度在实质上是解决知识产品作为资源的权利归属和利益分享的问题。与知识产权的基本分类相适应,知识产品可以概括为两类:一是作品及其传播媒介;二是工业技术和工业标志。前者产生于文化领域,后者产生于工业领域。而后者所对应的专有权就是本章重点讲述的商标权和专利权。

小贴士:

对知识产权的保护,不仅是对私权的维护,也关涉到国家的竞争秩序,因为许多不正当竞争行为的表现形式是对权利人知识产权的侵害,知识产权人若滥用其专有权而排除、限制竞争的行为则构成垄断行为。

(二)知识产权的范围

知识产权有狭义广义之分。狭义的知识产权包括著作权(包括邻接权)和工业产权(主要是指专利权、商标权);广义的知识产权的范围主要由《建立世界知识产权组织公约》和《与贸易有关的知识产权协议》两个国际公约进行界定。

传统意义上的知识产权是指狭义的知识产权。本章只介绍知识产权中的工业产权:专利法律制度和商标法律制度。

二、知识产权的特征

一般认为，知识产权具有无形性、专有性、地域性和时间性的特点。

（一）无形性

知识产权的无形性，是指作为知识产权客体的知识产品具有无形性。智力活动成果，可以是作品，也可以是技术发明，还可以是商业标记及其所代表的商业信誉，它虽然产生于人的大脑与物质相互作用的过程中，但又不同于有形的物质或物品，总表现为某种信息或创意，这种信息或创意是无形的，完全不同于有形的物质或物品。知识产权的无形性决定了知识产权不发生对客体的实体占有控制、实体损耗的使用和实体形态的事实处分及实物交付的法律处分。因此，人们对智力活动成果的占有，是一种法律规定的占有，而非实际的占有；与此相应，知识产权的转让或许可，也有不同于有形财产权的特点。

小贴士：
知识产权的客体是智力成果，它需要借助于有形物体才能被人们所感知，或者需要通过有形物体的实际功能来体会其内涵的智力价值。从这个意义上说，将无形的智力活动成果与有形的物质载体区别开来很重要。

（二）专有性

专有性是指知识产权具有垄断性、独占性和排他性的特点，没有法律规定或者知识产权人的许可，任何人不得擅自使用他人享有知识产权的智力成果，否则便构成侵权。知识产权的专有性表现为：知识产权为权利人所独占，权利人垄断这种专有权利并受到严格保护，没有法律规定或权利人许可，任何人不得使用权利人的知识产品；对同一项知识产品，不允许有两个或两个以上同一属性的知识产权并存。

（三）地域性

知识产权作为一种专有权在空间上的效力是有限的，它只在授予或确认其权利的国家和地区发生法律效力，受到法律保护，而对其他国家和地区不发生法律效力。

小贴士：
与知识产权相比，其他民事财产权原则上没有地域性限制。

（四）时间性

时间性是指知识产权具有一定的保护期限，有关的权利仅仅在法定的保护期限内存在，一旦超过法律规定的有效期限，该权利就依法丧失，相关的知识产权就进入公共领域，成为全世界的公共财富。

小贴士：
知识产权在时间上的限制，是世界各国知识产权立法以及知识产权国际公约普遍采用的原则，目的是为了促进科学文化艺术的发展，平衡智力成果，完成人的利益与社会公众利益，既有利于调动人们创造智力成果的积极性，为社会公众合理利用人类智力成果提供保障，同时也考虑到发明技术价值的寿命。（有些知识产权在事实上可以永续使用，如注册商标专用权。）

第二节　天才之火加上利益之油——专利法

一、专利的概念

专利是专利权的简称，是指国家专利机关依照《专利法》的规定，授予发明人、设计人或其所在单位对某项发明创造在法定期限内的专有权。

小贴士：

专利权是一种法律上的权利，专利与专有技术的不同之处主要有三个方面：公开性、所有性以及稳定性。

二、专利法的概念

专利法属于工业产权法律制度。它是确认和保护发明创造所有权，调整在利用专有的发明创造过程中所产生的社会关系的法律规范的总称。专利法的核心问题是保护专利权。

专利法有广义和狭义之分。狭义的专利法仅指全国人大常委会1984年通过，并于1999年、2000年、2008年三次修订的《中华人民共和国专利法》（以下简称《专利法》）。《专利法》的颁布实施与修订，标志着我国保护发明创造的法律制度进入了一个新的历史时期。广义的专利法除《专利法》外，还包括国家有关法律、行政法规和规章中关于专利的法律规范以及我国参加缔结的经批准公布的有关专利权国家保护方面的条约、协定。未经特别说明，本章所提的专利法仅指狭义概念。

我国《专利法》立法的宗旨，就是为了保护专利权人的合法权益，鼓励发明创造，推动发明创造的应用，提高创新能力，促进科学技术进步和经济社会发展。它的任务是调整发明创造者、发明创造的所有者和发明创造使用者这三者的关系，保护三者的合法权益。

相关链接

关于专利的名言

专利制度是天才之火加上利益之油。——林肯

凡是太阳底下的新东西都可以申请专利。——美国专利界

三、专利权的主体和客体

（一）专利权的主体

专利权的主体，就是有权提出专利申请和获得专利，并承担相应义务的人，包括个人和单位。一项智力成果完成后，当事人可以选择通过申请专利获得专利权，或者将专利申请权转让给他人；对发明也可以选择将其作为商业秘密进行保护而不申请专利。若选择申请专利，申请被批准后，专利申请人就成为专利权人。

1. 专利申请人

专利申请人是指按照法律规定有权对发明创造或者设计提出专利申请的人。一般来说，专利申请人包括发明人或者设计人、共同完成发明创造或者设计的人、职务发明中的单位、完成发明创造的外国人、继受取得申请权的人等。因此，申请人与发明人、设计人不一定相同。

《专利法》中所称的发明人或者设计人，是指对已经完成的发明创造或者外观设计的实质性特点作出创造性贡献的人。在完成发明创造、设计过程中，只负责组织工作的人、为物质技术条件的利用提供方便的人或者从事其他辅助工作的人，不是发明人或者设计人。

发明创造是一种智力劳动的结果，是一种事实行为，不受民事行为能力的限制，因此，无论发明创造人是否具有完全民事行为能力，只要他完成了发明创造，就应认定为发明人或设计人。

（1）职务发明创造的申请人。我国《专利法》第六条规定：执行本单位的任务或者主要是利用本单位的物质技术条件所完成的发明创造为职务发明创造。

"执行本单位的任务所完成的职务发明创造"是指：①在从事本职工作中所作出的发明创造；②履行本单位交付的本职工作之外的任务所作出的发明创造；③退职、退休或调动工作1年以内作出的，与其在原单位承担的本职工作或者分配的任务有关的发明创造。

所称的本单位，包括临时工作单位；利用本单位的物质条件，是指利用本单位的资金、设备、零部件、原材料或不向外公开的技术资料等。

《专利法》第六条同时也规定：职务发明创造申请专利的权利属于该单位；申请被批准后，该单位为专利权人。利用本单位的物质技术条件所完成的发明创造，单位与发明人或者设计人订有合同，对申请专利的权利和专利权的归属作出约定的，从其约定。

《专利法》第十六条规定，被授予专利权的单位应当对职务发明创造的发明人或者设计人给予奖励；发明创造专利实施后，根据其推广应用的范围和取得的经济效益，对发明人或者设计人给予合理的报酬。

（2）非职务发明的申请人。非职务发明创造的发明人、设计人在发明或设计完成后，取得专利申请权，申请被批准后，该发明人或者设计人为专利权人。如果对于已经完成的发明创造的实质性特点做出创造性贡献的人有两个以上，可以作为共同申请人提出专利申请。《专利法》第七条规定，对发明人或者设计人的非职务发明创造专利申请，任何单位或者个人不得压制。

（3）共同完成或委托完成的申请人。《专利法》第八条规定，两个以上单位或者个人合作完成的发明创造、一个单位或者个人接受其他单位或者个人委托所完成的发明创造，除另有协议的以外，申请专利的权利属于完成或者共同完成的单位或者个人；申请被批准后，申请的单位或者个人为专利权人。

（4）继受取得申请权的专利申请人。继受取得申请权的专利申请人，主要包括通过合同取得申请权和通过继受取得申请权两种情况。

通过合同取得申请权是指对于已经完成的发明创造，双方当事人在合同中约定发明人将其已经完成的发明创造的专利申请权转让给对方。《专利法》第十条规定，中国单位或者个人向外国人、外国企业或者外国其他组织转让专利申请权的，应当依照有关法律、行政法规的规定办理手续。转让专利申请权或者专利权的，当事人应当订立书面合同，并向国务院专利行政部门登记，由国务院专利行政部门予以公告。专利申请权或者专利权的转让自登记之日起生效。

若拥有专利申请权的自然人死亡的，其专利申请权可以作为一项民事权利由其继承人继承。

（5）外国申请人。我国《专利法》第十八条规定，在中国没有经常居所或者营业所的外国人、外国企业或者外国其他组织在中国申请专利的，依照其所属国同中国签订的协议或者共同参加的国际条约，或者依照互惠原则，根据本法办理。

《专利法》第十九条规定，在中国没有经常居所或者营业所的外国人、外国企业或者外国其他组织在中国申请专利和办理其他专利事务的，应当委托依法设立的专利代理机构办理。

2. 专利权人

专利权人是指对于国务院专利行政部门授予的专利享有独占、使用、收益和处分的人。专利权人是专利申请人，但专利申请人可以是发明人、设计人个人，也可以是职务发明的单位，还可以是共同完成人或委托完成人，或者是外国申请人。

（二）专利权的客体

专利权的客体，又称专利法保护的对象，是指人们依法可以取得专利权的发明创造。我国《专利法》第二条规定，《专利法》所称的发明创造，是指发明、实用新型和外观设计。

1. 发明

我国《专利法》所称的发明，是指对产品、方法或者其改进所提出的新的技术方案。发明可分为产品发明和方法发明。

2. 实用新型

实用新型，是指对产品的形状、构造或者其结合所提出的适于实用的新的技术方案。

3. 外观设计

外观设计，是指对产品的形状、图案或者其结合以及色彩与形状、图案的结合所作出的富有美感并适于工业应用的新设计。

小贴士：

外观设计只涉及美化产品的外表和形状，而不涉及产品的制造和设计技术。

《专利法》第二十五条还规定，对下列各项，不授予专利权：（1）科学发现；（2）智力活动的规则和方法；（3）疾病的诊断和治疗方法；（4）动物和植物品种；（5）用原子核变换方法获得的物质；（6）对平面印刷品的图案、色彩或者二者的结合作出的主要起标识作用的设计。对前款第（4）项，动物和植物产品的生产方法，可以依照《专利法》规定授予专利权。

小贴士：

前四项不属于技术发明的范畴，第五项虽属技术发明，但因属于国家安全而不授予专利权，第六项是由于更多地体现为一种视觉上的艺术美，而非技术上的新的进步。

另外，《专利法》第五条规定，对违反国家法律、社会公德或者妨害公共利益的发明创造，不授予专利权；对违反法律、行政法规的规定获取或者利用遗传资源，并依赖该遗传资源完成的发明创造，不授予专利权。

试一试

根据《专利法》的规定，下列各项中，可成为专利权客体的是（　　）。
A. 外科大夫甲发明的手术新方法
B. 数学家乙发明的能够运用新技术方法的数学用具
C. 天文学家丙发现的一颗新的小行星
D. 植物学家丁通过杂交方法培育的新物种
答案：B。因为疾病的治疗方法、科学发现和植物新品种都是不授予专利权的对象，因此，选项 ACD 都不成为专利权的客体。

（资料来源：财政部会计资格评价中心，《中级会计资格经济法》，中国财经出版传媒集团、经济科学出版社第1版。）

四、专利权的授予

（一）授予专利权的条件

我国《专利法》第二十二条规定，授予专利权的发明和实用新型，应当具备新颖性、创造性和实用性。

（1）新颖性。新颖性，是指该发明或者实用新型不属于现有技术；也没有任何单位或者个人就同样的发明或者实用新型在申请日以前向国务院专利行政部门提出过申请，并记载在申请日以后公布的专利申请文件或者公告的专利文件中。

小贴士：

新颖性是确定一项发明创造是否可以授予专利权的第一衡量标准，而且该项发明创造是否公开是判断其是不是丧失了新颖性的标准。

我国《专利法》把提出专利申请的日期作为确定新颖性的时间界限，即要求在申请日前没有同样的发明创造公开过，这样，发明创造才具备新颖性。但是，我国《专利法》第二十四条同时规定，申请专利的发明创造在申请日以前六个月内，有下列情形之一的，不丧失新颖性：（1）在中国政府主办或者承认的国际展览会上首次展出的；（2）在规定的学术会议或者技术会议上首次发表的；（3）他人未经申请人同意而泄露其内容的。

（2）创造性。创造性，是指与现有技术相比，该发明具有突出的实质性特点和显著的进步，该实用新型具有实质性特点和进步。这里的"现有技术"是指专利申请日以前在国内外为公众所知的技术;"实质性的特点"是指申请专利保护的发明或者实用新型与原来技术相比有本质性的突破,不是原来技术中的类似的或者推导的东西,而是创造性构思的结果;"进步"是指与原有技术相比,该技术的应用能产生新的更好的效果,比如降低了成本或者提高了劳动生产率等。

(3) 实用性。实用性,是指该发明或者实用新型能够制造或者使用,并且能够产生积极效果。具体地讲,要申请专利的发明或者实用新型,不能是仅仅停留在抽象思维阶段上的理论、原理,而是应当能够在产业上实施应用的技术方案,即能够在产业上制造、生产或者使用的。

授予专利权的外观设计,《专利法》第二十三条规定,应当不属于现有设计;也没有任何单位或者个人就同样的外观设计在申请日以前向国务院专利行政部门提出过申请,并记载在申请日以后公告的专利文件中。并且与现有设计或者现有设计特征的组合相比,应当具有明显区别。而且不得与他人在申请日以前已经取得的合法权利相冲突。

(二) 专利申请的原则

申请专利应以书面形式按规定进行。根据我国《专利法》的规定,专利申请应当遵循下列原则:

(1) 书面申请原则。即一项发明创造要申请专利,必须以书面形式向国家专利局提出申请,而不能以口头说明或者以提交实物的办法代替书面申请。

(2) 一项发明一件专利申请原则。《专利法》第三十一条规定,一件发明或者实用新型专利申请应当限于一项发明或者实用新型;一件外观设计专利申请应当限于一种产品所使用的一项外观设计。

(3) 申请优先原则。《专利法》第九条规定,两个以上的申请人分别就同样的发明创造申请专利的,专利权授予最先申请的人。

> **相关链接**
>
> 电视的发明人是美国两个互不相识的人各自独立完成的,一位名叫菲罗,另一位叫弗拉第米尔。两个人都向美国专利局提出了专利申请。美国专利局为确定谁是先发明人,通知两人去华盛顿听证。菲罗指出其画的第一幅电视传真的原理图是在1922年、16岁时一天放学后,画在黑板上。被他的老师塔尔曼发现并进行询问。在听证会上,塔尔曼老师当庭作证,画出了菲罗在教室黑板上所画的草图,令人信服地证明了菲罗是第一个发明电视的人。

(4) 优先权原则。根据《专利法》第二十九条规定,申请人自发明或者实用新型在外国第一次提出专利申请之日起十二个月内,或者自外观设计在外国第一次提出专利申请之日起六个月内,又在中国就相同主题提出专利申请的,依照该外国同中国签订的协议或者共同参加的国际条约,或者依照相互承认优先权的原则,可以享有优先权。申请人自发明或者实用新型在中国第一次提出专利申请之日起十二个月内,又向国务院专利行政部门就相同主题提出专利申请的,可以享有优先权。

同时《专利法》第三十条规定,申请人要求优先权,应当在申请的时候提出书面声明,并且在三个月内提交第一次提出的专利申请文件的副本；未提出书面声明或者逾期未提交专利申请文件副本的，视为未要求优先权。

相关链接

有了专利无效益　申报专利不懂法

磁化杯曾一度风靡大江南北。武汉市民刘耀友是中国磁化杯专利第一人，如今非但未成为百万富翁，反倒生活清贫。刘耀友患有十二指肠炎，喝白开水觉得肚子被刮得生疼。1988年，他偶然看到资料，磁场可以镇痛，就找来一块磁铁贴在水杯旁，喝下磁化水肚子果然不疼了。于是，他向中国专利局提出申请，并于次年6月21日被授予磁化杯实用新型专利权。他的申请在中国申请磁化杯类排名第一。

刘耀友申请专利时未聘请专利代理人，当时他月薪100元，认为400元的代理费过于昂贵。后来仅武汉市就有几家工厂生产过磁化杯，为此他打过几次官司，均败诉。经过武汉市专利事务所指点，这位发明人恍然大悟。当初撰写专利文书时有重大疏漏，只强调杯底装磁铁块是自己发明的主要技术特征，没有完全覆盖本应得到的专利保护范围。而后来出现的磁化杯，磁块大都装在杯壁或杯盖上。

（三）专利的申请和专利申请的审查、批准

（1）专利的申请。《专利法》第二十六条规定，申请发明或者实用新型专利的，应当提交请求书、说明书及其摘要和权利要求书等文件。

请求书应当写明发明或者实用新型的名称，发明人或者设计人的姓名，申请人姓名或者名称、地址，以及其他事项。说明书应当对发明或者实用新型做出清楚、完整的说明，以所属技术领域的技术人员能够实现为准，必要的时候应当有附图。摘要应当简要说明发明或者实用新型的技术要点。权利要求书应当以说明书为依据，清楚、简要地限定要求专利保护的范围。

《专利法》第二十七条也同时规定了，申请外观设计专利的，应当提交请求书、该外观设计的图片或者照片以及对该外观设计的简要说明等文件。

另外，《专利法》第三十二、三十三条分别规定，申请人可以在被授予专利权之前随时撤回其专利申请。申请人可以对其专利申请文件进行修改，但是，对发明和实用新型专利申请文件的修改不得超出原说明书和权利要求书记载的范围，对外观设计专利申请文件的修改不得超出原图片或者照片表示的范围。

（2）专利申请的审查。一项发明要想得到《专利法》的保护，必须经国务院专利行政部门按照法定的程序，对申请人提交的申请文件进行审查。

根据《专利法》第三十四至三十六条的规定，国务院专利行政部门收到发明专利申请后，经初步审查认为符合要求的，自申请日起满十八个月，即行公布。国务院专利行政部门可以根据申请人的请求早日公布其申请。发明专利申请自申请日起三年内，国务院专利行政部门可以根据申请人随时提出的请求，对其申请进行实质审查；申请人无正当理由逾期不请求实质审查的，该申请即被视为撤回。国务院专利行政部门认为必要的时候，可以自行对发

明专利申请进行实质审查。

发明专利的申请人请求实质审查的时候，应当提交在申请日前与其发明有关的参考资料。发明专利已经在外国提出过申请的，国务院专利行政部门可以要求申请人在指定期限内提交该国为审查其申请进行检索的资料或者审查结果的资料；无正当理由逾期不提交的，该申请即被视为撤回。

（3）专利申请的批准。《专利法》第三十九条规定，发明专利申请经实质审查没有发现驳回理由的，由国务院专利行政部门作出授予发明专利权的决定，发给发明专利证书，同时予以登记和公告。发明专利权自公告之日起生效。

《专利法》第四十条规定，实用新型和外观设计专利申请经初步审查没有发现驳回理由的，由国务院专利行政部门作出授予实用新型专利权或者外观设计专利权的决定，发给相应的专利证书，同时予以登记和公告。实用新型专利权和外观设计专利权自公告之日起生效。

五、专利权人的权利和义务

（1）根据我国《专利法》的规定，专利权人依法享有下列权利：

①独占权。专利权人对其专利享有占有、使用、收益和处分的权利，他人未经专利权人同意，都不得实施其专利，即不得为生产经营目的制造、使用、许诺销售、销售、进口其专利产品，或者使用其专利方法以及使用、许诺销售、销售、进口依照该专利方法直接获得的产品。

②转让权。专利权人有将自己的专利权转让给他人的权利。转让专利申请权或者专利权的，当事人应当订立书面合同，并向国务院专利行政部门登记，由国务院专利行政部门予以公告。专利申请权或者专利权的转让自登记之日起生效。

③许可权。专利权人有许可他人实施其专利并收取使用费的权利。《专利法》第十二条规定，任何单位或者个人实施他人专利的，应当与专利权人订立实施许可合同，向专利权人支付专利使用费。被许可人无权允许合同规定以外的任何单位或者个人实施该专利。

④标记权。专利权人享有在其专利产品或者该产品的包装上标明专利标记和专利号的权利。另外，发明人或者设计人有在专利文件中写明自己是发明人或者设计人的权利。

⑤排除侵犯权。专利权人享有在其专利权受到侵犯时请求专利管理机关进行处理，或者直接向人民法院起诉的权利。

⑥放弃专利权的权利。专利权人有权以书面形式放弃其专利权。

（2）我国《专利法》规定，专利权人在依法享有权利的同时，还必须履行下列义务：

①实施专利的义务。专利权人负有自己在中国制造其专利产品、使用其专利方法或者许可他人在中国制造其专利产品、使用其专利方法的义务。

②缴纳专利年费的义务。《专利法》第四十三条规定，专利权人应当自被授予专利权的当年开始缴纳专利年费，不按规定缴纳年费的，专利权应予终止。

③职务发明创造取得专利后，《专利法》第十六条规定，被授予专利权的单位应当对职务发明创造的发明人或者设计人给予奖励；发明创造专利实施后，根据其推广应用的范围和取得的经济效益，对发明人或者设计人给予合理的报酬。

六、专利权的期限和终止

（一）专利权的期限

专利权只是在法定的期限内有效，并受到法律保护。超过法律规定的有效期限，专利权就自行终止。《专利法》第四十二条规定，发明专利权的期限为 20 年，实用新型专利权和外观设计专利权的期限为 10 年，均自申请日起计算。

（二）专利权的终止

专利权的终止，就是专利权的失效。专利权的终止有两种情况：一种是期限届满终止，这称为正常终止；另一种是期限届满前终止，这称为提前终止，在《专利法》第四十四条规定了提前终止的两种情形：没有按规定缴纳年费的，或者是专利权人以书面声明放弃其专利权的。

专利权在期限届满前终止的，由国务院专利行政部门登记和公告。

七、专利的实施

专利实施，是指专利权人或者他人在中国境内为了生产经营的目的制造、使用和销售专利产品或使用其专利方法的全部实践活动。专利的实施有以下几种情况：

（1）专利权人实施。专利权人取得专利后，依照专利的性能，制造其产品，使用其方法，以取得最大的经济效益。

（2）许可他人实施。专利权人通过订立许可合同的方式，许可他人实施其专利，并依法获得专利使用费。

（3）依国家需要指定实施。《专利法》第十四条规定，国有企业事业单位的发明专利，对国家利益或者公共利益具有重大意义的，国务院有关主管部门和省、自治区、直辖市人民政府报经国务院批准，可以决定在批准的范围内推广应用，允许指定的单位实施，由实施单位按照国家规定向专利权人支付使用费。

（4）强制许可实施。强制许可实施，是指国务院专利行政部门在一定条件下，不需要经过专利权人的同意，准许其他单位和个人实施专利权人的专利的一种强制性法律措施。

根据我国《专利法》第四十八至五十一条的规定，强制许可实施应当具备下列条件：

①专利权人自专利权被授予之日起满三年，且自提出专利申请之日起满四年，无正当理由未实施或者未充分实施其专利的；专利权人行使专利权的行为被依法认定为垄断行为，为消除或者减少该行为对竞争产生的不利影响的。

②在国家出现紧急状态或者非常情况时，或者为了公共利益的目的，国务院专利行政部门可以给予实施发明专利或者实用新型专利的强制许可。

③为了公共健康目的，对取得专利权的药品，国务院专利行政部门可以给予制造并将其出口到符合中华人民共和国参加的有关国际条约规定的国家或者地区的强制许可。

④一项取得专利权的发明或者实用新型比此前已经取得专利权的发明或者实用新型具有显著经济意义的重大技术进步，其实施又有赖于前一发明或者实用新型的实施的，国务院专利行政部门根据后一专利权人的申请，可以给予实施前一发明或者实用新型的强制许可。在依照上述规定给予实施强制许可的情形下，国务院专利行政部门根据前一专利权人的申请，

也可以给予实施后一发明或者实用新型的强制许可。

国务院专利行政部门作出的给予实施强制许可的决定，应当及时通知专利权人，并予以登记和公告。同时，《专利法》第五十六、五十七条也规定了：取得实施强制许可的单位或者个人不享有独占的实施权，并且无权允许他人实施。但是应当付给专利权人合理的使用费，或者依照我国参加的有关国际条约的规定处理使用费问题。付给使用费的，其数额由双方协商；双方不能达成协议的，由国务院专利行政部门裁决。

八、专利侵权行为的法律责任

（一）专利侵权

专利侵权，是指他人未经专利权人的许可，实施其专利的行为。

1. 专利侵权行为的表现形式

（1）未经专利权人许可，实施其专利的行为：

①未经专利权人许可，为生产经营目的制造、使用、许诺销售、销售、进口其专利产品，或者使用其专利方法以及使用、许诺销售、销售、进口依照该专利方法直接获得的产品。

②未经专利权人许可，为生产经营目的制造、许诺销售、销售、进口其外观设计专利产品。

（2）假冒他人专利的行为：

①未经许可，在其制造或者销售的产品、产品的包装上标注他人的专利号。

②未经许可，在广告或者其他宣传材料中使用他人的专利号，使人将所涉及的技术误认为是他人的专利技术。

③未经许可，在合同中使用他人的专利号，使人将合同涉及的技术误认为是他人的专利技术。

④伪造或者变造他人的专利证书、专利文件或者专利申请文件。

（3）以非专利产品冒充专利产品、以非专利方法冒充专利方法的行为：

①制造或者销售标有专利标志的非专利产品。

②专利权被宣告无效后，继续在制造或者销售的产品上标注专利标记。

③在广告或者其他宣传材料中将非专利技术称为专利技术。

④在合同中将非专利技术称为专利技术。

⑤伪造或者变造专利证书、专利文件或者专利申请文件。

（4）侵夺发明人或者设计人的非职务发明创造专利申请权以及其他权益的行为。

2. 不视为侵犯专利权的情形

（1）专利产品或者依照专利方法直接获得的产品，由专利权人或者经其许可的单位、个人售出后，使用、许诺销售、销售、进口该产品的。

（2）在专利申请日前已经制造相同产品、使用相同方法或者已经作好制造、使用的必要准备，并且仅在原有范围内继续制造、使用的。

（3）临时通过中国领陆、领水、领空的外国运输工具，依照其所属国同中国签订的协议或者共同参加的国际条约，或者依照互惠原则，为运输工具自身需要而在其装置和设备中使用有关专利的。

(4) 专为科学研究和实验而使用有关专利的。

(5) 为提供行政审批所需要的信息，制造、使用、进口专利药品或者专利医疗器械的，以及专门为其制造、进口专利药品或者专利医疗器械的。

3. 专利侵权行为的处理

《专利法》第六十条规定，未经专利权人许可，实施其专利，即侵犯其专利权，引起纠纷的，由当事人协商解决；不愿协商或者协商不成的，专利权人或者利害关系人可以向人民法院起诉，也可以请求管理专利工作的部门处理。

第六十八条规定，侵犯专利权的诉讼时效为2年，自专利权人或者利害关系人得知或者应当得知侵权行为之日起计算。

（二）专利侵权的法律责任

根据专利法的规定，专利侵权的法律责任包括民事责任、行政责任、刑事责任。

1. 民事责任

承担民事责任的形式主要有停止侵权、赔偿损失、消除影响。《专利法》第六十五条规定，侵犯专利权的赔偿数额按照权利人因被侵权所受到的实际损失确定；实际损失难以确定的，可以按照侵权人因侵权所获得的利益确定。权利人的损失或者侵权人获得的利益难以确定的，参照该专利许可使用费的倍数合理确定。赔偿数额还应当包括权利人为制止侵权行为所支付的合理开支。

2. 行政责任

我国法律对侵犯专利权的行为，要求侵权人承担的行政责任包括责令停止侵权行为、责令改正、没收违法所得或者侵权产品、罚款及给予有关责任人员行政处分等。

3. 刑事责任

《专利法》第六十三、七十一、七十四条分别规定：

(1) 假冒他人专利构成犯罪的，依法追究刑事责任。

(2) 违反本法规定，向外国申请专利，泄露国家秘密的，构成犯罪的，依法追究刑事责任。

(3) 从事专利管理工作的国家机关工作人员以及其他有关国家机关工作人员玩忽职守、滥用职权、徇私舞弊，构成犯罪的，依法追究刑事责任。

第三节　能认出我吗——商标法

一、商标法概述

（一）商标的概念及分类

商标是商品和商业服务的标记。商标除了具有将一个商品生产者或经营者用以标明自己所生产或销售的商品和商业服务者提供的服务与其他人生产或者销售的同类商品和提供的同类服务相区别的作用外，还能够起到广告宣传、质量保证等作用。另外，注册商标是商标专有权人的一项无形资产，权利人依法可以将其商标权投资入股、质押、转让或者许可他人使用。

商标可以从不同的角度进行分类。按商标结构，商标可以分为文字商标、图形商标和组合商标三种；根据商标用途，商标可分为商品商标和服务商标；按商标使用者的目的，可以分为联合商标、防御商标和证明商标；按商标信誉划分，可以分为普通商标和驰名商标。

小贴士：

商标不同于政党、国家、政府组织、事业组织、社会团体以及公民个人的徽记纹章，而是依附于商品而存在的。商标是商品经济的产物，它指明了商品的生产者、经营者或服务的提供者，标示着商品品质和服务特色，在企业形象传递过程中是应用最广泛、出现频率最高，同时也是最关键的元素。企业强大的整体实力、完善的管理机制、优质的产品和服务，都被涵盖于此标志中。

（二）商标法的概念

商标法是调整在商标注册、使用、管理和保护商标专用权过程中所发生的各种社会关系的法律规范的总称。其核心是确认和保护注册商标的专用权。

狭义的商标法是指全国人大常委员会1982年通过，并于1993年、2001年、2013年三次修正的《中华人民共和国商标法》（以下简称《商标法》）。广义的商标法还包括《中华人民共和国合同法商标法实施条例》、《保护工业产权巴黎公约》以及其他法律、法规和规章中有关商标的规定。

相关链接

我国"商标"的前世与今生

（1）"商标"的前世

商标是商品生产和商品交换发展到一定阶段的产物。考古学者根据出土的陶器发现，在中国古代，曾强制要求陶工将其姓名标示在陶器上，还有古代在铁器兵器上常常刻有朝代的标记，"折戟沉沙铁未销，自将磨洗认前朝"，商标早期的标志作用很早就已经显现。但很难考证这些陶器、铁器兵器是否已进入商品交换领域，这算不上真正意义的商标。

现代意义上的商标是从19世纪开始出现的。随着商品生产和商品交换的发展，生产者逐渐认识到，在自己的产品上使用标记的重要性，这样可以使消费者凭标记识别、购买自己的产品。到北宋时期，山东济南一家专门制造细针的刘家"功夫针"铺所使用的"白兔"商标，既有图形，又有"兔儿为记"的字样。这是我国至今发现的较早的比较完备的商标。

（2）"商标"的今生

2017年我国商标注册申请量突破500万大关，达到574.8万件，比上年增长55.7%，申请量和增速均创历史新高。截至2017年年底，我国商标累计申请量2784.2万件，累计注册量1730.1万件，有效注册商标量1492万件，连续17年位居世界第一。我国每万户市场主体的平均有效商标拥有量为1520件，与2011年的1074件相比显著增加。

> 我国商标品牌的世界影响力也同步增强。世界品牌实验室发布的2017年度《世界品牌500强》排行榜显示，中国入选品牌为37个，与2013年相比增长了1.5倍。中国商标品牌"走出去"步伐正不断加快。去年，我国申请人提交马德里商标国际注册申请4810件，比上年增长59.6%，在马德里联盟中排名第三。
>
> 商标知识产权保护力度进一步加大。2017年工商和市场监管部门以驰名商标、地理标志、涉外商标、老字号商标等为重点，强化商标专用权保护。全系统共查处商标违法案件3万件，比上年下降5.1%。其中，商标侵权假冒案件2.7万件，比上年下降4.3%。
>
> （资料来源："我国商标注册申请量突破500万大关"，中国政府网。）

二、商标注册

（一）商标注册的概念

商标注册是指商标使用人将其使用的商标按照法律规定的条件和程序，向商标管理机关提出注册申请，以取得商标专用权的行为。

《商标法》第三条规定：经商标局核准注册的商标为注册商标，包括商品商标、服务商标、集体商标和证明商标，商标注册人享有商标专有权，受法律保护。

（二）商标注册的条件

1. 商标注册申请人

商标注册申请人可以是在生产经营活动中，对其商品或者服务需要取得商标专用权的自然人、法人或者其他组织。外国人和外国企业也可以在我国申请商标注册，但必须按其所属国同我国签订的协议或者共同参加的国际条约办理，或按对等原则办理。多个主体也可共同申请，并共同享有和行使该商标权。

2. 注册商标构成的条件

（1）商标必须具备法律规定的构成要件。我国《商标法》第八条规定：任何能够将自然人、法人或者其他组织的商品与他人的商品区别开的标志，包括文字、图形、字母、数字、三维标志、颜色组合和声音等，以及上述要素的组合，均可以作为商标申请注册。

小贴士：

气味标志不能成为注册商标。

（2）申请注册的商标应当有显著特征，便于识别，并不得与他人在先取得的合法权利相冲突。商标注册人有权标明"注册商标"或者注册标记。

小贴士：

为了便于商标管理，法律规定使用注册商标的，应当在商标上加印"注册商标"字样或商标标记。国际上通行的注册标记是一个圆圈中印一个大写的R字母。我国注册标记采用的一个圆圈中印一个"注"字或英文字母"R"。未注册的商标不能加印"注册商标"或者用注册标记。

（3）商标不得使用下列标志：

①同中华人民共和国的国家名称、国旗、国徽、国歌、军旗、军徽、军歌、勋章等相同或者近似的,以及同中央国家机关的名称、标志、所在地特定地点的名称或者标志性建筑物的名称、图形相同的。

②同外国的国家名称、国旗、国徽、军旗相同或者近似的,但该国政府同意的除外。

③同政府间国际组织的名称、旗帜、徽记等相同或者近似的,但经该组织同意或者不易误导公众的除外。

④与表明实施控制、予以保证的官方标志、检验印记相同或者近似的,但经授权的除外。

⑤同"红十字"、"红新月"的名称、标志相同或者近似的。

⑥带有民族歧视性的。

⑦带有欺骗性,容易使公众对商品的质量等特点或者产地产生误认的。

⑧有害于社会主义道德风尚或者有其他不良影响的。

此外,县级以上行政区划的地名或者公众知晓的外国地名,不得作为商标。但是,地名具有其他含义或者作为集体商标、证明商标组成部分的除外;已经注册的使用地名的商标继续有效。

(4) 商标注册禁止使用的标志:

①仅有本商品的通用名称、图形、型号的。

②仅仅直接表示商品的质量、主要原料、功能、用途、重量、数量及其他特点的。

③缺乏显著特征的。

但是,上述所列标志经过使用取得显著特征,并便于识别的,可以作为商标注册。

《商标法》第十二、十三、十五、十六条也规定了不得商标注册的其他情形:以三维标志申请注册商标的,仅由商品自身的性质产生的形状、为获得技术效果而需有的商品形状或者使商品具有实质性价值的形状,不得注册。就相同或者类似商品申请注册的商标是复制、摹仿或者翻译他人未在中国注册的驰名商标,容易导致混淆的,不予注册并禁止使用。就不相同或者不相类似商品申请注册的商标是复制、摹仿或者翻译他人已经在中国注册的驰名商标,误导公众,致使该驰名商标注册人的利益可能受到损害的,不予注册并禁止使用。未经授权,代理人或者代表人以自己的名义将被代理人或者被代表人的商标进行注册,被代理人或者被代表人提出异议的,不予注册并禁止使用。

商标中有商品的地理标志,而该商品并非来源于该标志所标示的地区,误导公众的,不予注册并禁止使用;但是,已经善意取得注册的继续有效。这里所称地理标志,是指标示某商品来源于某地区,该商品的特定质量、信誉或者其他特征,主要由该地区的自然因素或者人文因素所决定的标志。

我国《商标法》第十四条规定了认定驰名商标应当考虑的因素,包括:①相关公众对该商标的知晓程度;②该商标使用的持续时间;③该商标的任何宣传工作的持续时间、程度和地理范围;④该商标作为驰名商标受保护的记录;⑤该商标驰名的其他因素。

> **相关链接**
>
> **詹姆斯为自己的名言注册商标　知识产权意识超前**
>
> 　　最近詹姆斯向美国专利商标局提交文件，为"Nothing is given. Everything is earned（一切靠争取，而非别人给予）"这句话注册商标保护。商标注册范围为教育机构相关的包括衣服、T恤、命名、长袖运动衫、帽子等第25类商标。
>
> 　　詹姆斯的这句话是在2014年决定重返克利夫兰时说的，当时他接受《体育画报》著名记者李·詹金斯专访时说了这句名言："在俄亥俄州东北部，不要想着靠别人的给予，一切全凭自己去努力争取。你要努力工作才能得到自己想要的。"
>
> 　　詹姆斯注册的这个商标将会使用到阿克伦的一个小学项目中，在校园内将看到NBA球员詹姆斯的名言：Nothing is given. Everything is earned。除此之外，这个商标还会印在T恤、帽子等其他物品上。
>
> 　　名人商标一直都是被抢注的重灾区，詹姆斯独具商业眼光，不仅把自身名字注册了商标，还对外拓展将经典语录、球衣号、别名等均注册了商标，这种知识产权保护意识杠杠的。
>
> 　　（资料来源："詹姆斯为自己的名言注册商标　知识产权意识超前"，麦知网。）

（三）商标注册的注册制度

1. 申请商标注册的原则

（1）自愿注册和强制注册相结合的原则。在我国，大部分商标采取自愿注册原则的同时，对涉及人们健康的极少数商品实行强制注册。我国《商标法》第六条规定：法律、行政法规规定必须使用注册商标的商品，必须申请商标注册，未经核准注册的，不得在市场销售。我国现行法律规定对人用药品和烟草制品等与人身健康有关的少数商品实行强制注册。

除必须使用注册商标的商品外，商标无论注册与否都可以使用，但只有注册的商标才受到商标法律制度的保护。

（2）申请在先和使用在先分别适用原则。申请在先原则又叫注册原则，是指按申请注册的先后顺序来确定商标专用权的归属，谁先申请注册，商标专用权就授予谁。使用在先原则又叫使用原则，是指按使用商标的先后顺序来确定商标专用权的归属，谁先使用，商标专用权就属于谁。我国《商标法》第三十一条规定：两个或者两个以上的商标注册申请人，在同一种商品或者类似商品上，以相同或者近似的商标申请注册的，初步审定并公告申请在先的商标；同一天申请的，初步审定并公告使用在先的商标，驳回其他人的申请，不予公告。

（3）诚实信用原则。申请注册商标，应遵循诚实信用原则。诚实信用原则要求商标申请人在申请注册商标的活动中，以善意为之，不得为谋取私利去损害他人的合法权益和社会公共利益。我国《商标法》第三十二条规定：申请商标注册不得损害他人现有的在先权利，也不得以不正当手段抢先注册他人已经使用并有一定影响的商标。这就是为了防止和制止恶意抢注事件的发生。

（4）一件商标一份申请的原则。我国商标注册实行分类申请原则。我国《商标法》第二十二条规定，商标注册申请人应当按规定的商品分类表填报使用商标的商品类别和商品名称，提出注册申请。商标注册申请人可以通过一份申请就多个类别的商品申请注册同一商标。注册商标的专用权，以核准注册的商标和核定使用的商品为限。注册商标需要在核定使用范围之外的商品上取得商标专用权的，应当另行提出注册申请。

（5）优先权原则。《商标法》第二十五条规定，商标注册申请人自其商标在外国第一次提出商标注册申请之日起六个月内，又在中国就相同商品以同一商标提出商标注册申请的，依照该外国同中国签订的协议或者共同参加的国际条约，或者按照相互承认优先权的原则，可以享有优先权。要求优先权的申请人，应当在提出商标注册申请的时候提出书面声明，并且在三个月内提交第一次提出的商标注册申请文件的副本；未提出书面声明或者逾期未提交商标注册申请文件副本的，视为未要求优先权。

《商标法》第二十六条规定，商标在中国政府主办的或者承认的国际展览会展出的商品上首次使用的，自该商品展出之日起六个月内，该商标的注册申请人可以享有优先权。要求优先权的，应当在提出商标注册申请的时候提出书面声明，并且在三个月内提交展出其商品的展览会名称、在展出商品上使用该商标的证据、展出日期等证明文件；未提出书面声明或者逾期未提交证明文件的，视为未要求优先权。

2. 商标注册的程序

（1）商标注册的申请。申请商标注册的，应当按规定的商品分类表填报使用商标的商品类别和商品名称。注册商标需要改变其标志的，应当重新提出注册申请；注册商标需要变更注册人的名义、地址或者其他注册事项的，应当提出变更申请。

（2）商标注册的审查和核准：

①初步审定予以公告。对申请注册的商标，商标局应当自收到商标注册申请文件之日起九个月内审查完毕，符合《商标法》有关规定的，予以初步审定公告。对初步审定公告的商标，自公告之日起三个月内，在先权利人、利害关系人认为违反相关《商标法》规定的可以向商标局提出异议。公告期满无异议的，予以核准注册，发给商标注册证，并予公告。

②驳回商标注册申请的复审。对驳回申请、不予公告的商标，商标局应当书面通知商标注册申请人。商标注册申请人不服的，可以自收到通知之日起十五日内向商标评审委员会申请复审。商标评审委员会应当自收到申请之日起九个月内做出决定，并书面通知申请人。有特殊情况需要延长的，经国务院工商行政管理部门批准，可以延长三个月。当事人对商标评审委员会的决定不服的，可以自收到通知之日起三十日内向人民法院起诉。

③商标异议及其复审。对初步审定公告的商标提出异议的，商标局应当听取异议人和被异议人陈述事实和理由，经调查核实后，自公告期满之日起十二个月内作出是否准予注册的决定，并书面通知异议人和被异议人。有特殊情况需要延长的，经国务院工商行政管理部门批准，可以延长六个月。

④核准注册。商标局作出准予注册决定的，发给商标注册证，并予以公告。

三、注册商标的期限、续展、转让和使用许可

（一）注册商标的期限和续展

注册商标的期限，是注册商标具有法律效力的持续期间。注册商标专用权具有时间性，根据《商标法》第三十九条的规定：注册商标的有效期为十年，自核准注册之日起计算。

我国《商标法》第四十条规定：注册商标有效期满，需要继续使用的，商标注册人应当在期满前十二个月内按照规定办理续展手续；在此期间未能办理的，可以给予六个月的宽展期。每次续展注册的有效期为十年，自该商标上一届有效期满次日起计算。期满未办理续展手续的，注销其注册商标。商标局应当对续展注册的商标予以公告。

> **知识延伸**
>
> 注册商标的续展，是指在注册商标有效期满时，需要继续使用该注册商标的，经过一定的法定手续延长商标专用权的有效期。

想一想：

甲公司于 2017 年 12 月 10 日申请注册 A 商标，2018 年 3 月 20 日该商标被核准注册。根据《商标法》的规定，甲公司申请商标续展注册的最迟日期是哪一天？

（二）注册商标专用权的转让

注册商标专用权的转让，是指商标专有权人将其所有的注册商标依照法定程序，按照一定的条件转移给他人所有的行为。《商标法》第四十二条规定，转让注册商标的，转让人和受让人应当签订转让协议，并共同向商标局提出申请。受让人应当保证使用该注册商标的商品质量。转让注册商标的，商标注册人对其在同一种商品上注册的近似的商标，或者在类似商品上注册的相同或者近似的商标，应当一并转让。转让注册商标经核准后，予以公告。受让人自公告之日起享有商标专用权。

（三）注册商标的使用许可

注册商标的使用许可，是指注册商标的所有人将其注册商标通过签订使用许可合同，许可其他企业或者个体工商业者使用，被许可人享有该注册商标的使用权。

《商标法》第四十三条规定，商标注册人可以通过签订商标使用许可合同，许可他人使用其注册商标。许可人应当监督被许可人使用其注册商标的商品质量。被许可人应当保证使用该注册商标的商品质量。经许可使用他人注册商标的，必须在使用该注册商标的商品上标明被许可人的名称和商品产地。许可他人使用其注册商标的，许可人应当将其商标使用许可报商标局备案，由商标局公告。商标使用许可未经备案不得对抗善意第三人。

四、注册商标争议的裁定

《商标法》第四十四条规定，已经注册的商标，违反本法有关商标和商标注册禁止使用的标志及有关三维标志申请注册商标的规定，或者是以欺骗手段或者其他不正当手段取得注册的，由商标局宣告该注册商标无效；其他单位或者个人可以请求商标评审委员会宣告该注册商标无效。

《商标法》第四十五条规定，已经注册的商标，违反有关商标注册审查和核准规定的，自商标注册之日起五年内，在先权利人或者利害关系人可以请求商标评审委员会宣告该注册商标无效。对恶意注册的，驰名商标所有人不受五年的时间限制。商标评审委员会收到宣告注册商标无效的申请后，应当书面通知有关当事人，并限期提出答辩。

商标评审委员会应当自收到申请之日起十二个月内做出维持注册商标或者宣告注册商标无效的裁定，并书面通知当事人。有特殊情况需要延长的，经国务院工商行政管理部门批准，可以延长六个月。当事人对商标评审委员会的裁定不服的，可以自收到通知之日起三十日内向人民法院起诉。人民法院应当通知商标裁定程序的对方当事人作为第三人参加诉讼。

五、商标的管理机关

国务院工商行政管理部门商标局负责全国商标注册和管理工作，国务院工商行政管理部门设立商标评审委员会，负责处理商标争议事宜。

六、注册商标专用权的保护

（一）注册商标专用权的概念

注册商标专用权，是指注册商标的所有人对其所有的注册商标享有独占的使用权，未经其许可，任何人都不准在同一种商品或者类似商品上使用与其注册商品相同或者近似的商标。当他人侵害了注册商标专用权时，注册商标专用权人有权采取保护措施，既可以请求工商行政管理部门予以行政保护，也可以请求人民法院给予司法保护。《商标法》第五十六条明确规定：注册商标的专用权，以核准注册的商标和核定使用的商品为限。

（二）商标侵权行为的法律责任

商标侵权行为，是指侵害他人注册商标专用权的行为。我国《商标法》第五十七条规定有下列行为之一的，均属侵犯注册商标专用权：

（1）未经商标注册人的许可，在同一种商品上使用与其注册商标相同的商标的。

（2）未经商标注册人的许可，在同一种商品上使用与其注册商标近似的商标，或者在类似商品上使用与其注册商标相同或者近似的商标，容易导致混淆的。

（3）销售侵犯注册商标专用权的商品的。

（4）伪造、擅自制造他人注册商标标识或者销售伪造、擅自制造的注册商标标识的。

（5）未经商标注册人同意，更换其注册商标并将该更换商标的商品又投入市场的。

（6）故意为侵犯他人商标专用权行为提供便利条件，帮助他人实施侵犯商标专用权行为的。

（7）给他人的注册商标专用权造成其他损害的。

有上述所列侵犯注册商标专用权行为之一，引起纠纷的，由当事人协商解决；不愿协商或者协商不成的，商标注册人或者利害关系人可以向人民法院起诉，也可以请求工商行政管理部门处理。工商行政管理部门处理时，认定侵权行为成立的，责令立即停止侵权行为，没收、销毁侵权商品和主要用于制造侵权商品、伪造注册商标标识的工具，违法经营额五万元以上的，可以处违法经营额五倍以下的罚款，没有违法经营额或者违法经营额不足五万元的，可以处二十五万元以下的罚款。对五年内实施两次以上商标侵权行为或者有其他严重情节的，应当从重处罚。销售不知道是侵犯注册商标专用权的商品，能证明该商品是自己合法取得并说明提供者的，由工商行政管理部门责令停止销售。

对侵犯商标专用权的赔偿数额的争议，当事人可以请求进行处理的工商行政管理部门调解，也可以依照《中华人民共和国民事诉讼法》向人民法院起诉。经工商行政管理部门调解，当事人未达成协议或者调解书生效后不履行的，当事人可以依照《中华人民共和国民事诉讼法》向人民法院起诉。

对侵犯注册商标专用权的行为，工商行政管理部门有权依法查处；涉嫌犯罪的，应当及时移送司法机关依法处理。

> **相关链接**
>
> **老干妈因商标侵权索赔1100万未果　最终获赔60万元**
>
> 作为广为大众熟知的品牌，"老干妈"商标被别的企业侵权能获得多少赔偿？最新的答案是60.15万元。2017年5月16日，北京市高院就贵阳南明老干妈公司起诉贵州永红食品"老干妈"商标侵权案作出终审判决，判令贵州永红公司立即停止使用"老干妈"字样。
>
> 加上2017年4月的一份判决，两场官司中，老干妈向法院主张的诉讼请求，为永红公司等侵权方向老干妈赔偿经济损失共计1100万元。最终法院判定，老干妈获赔金额合计为60.15万元。
>
> （资料来源："老干妈因商标侵权索赔1100万未果　最终获赔60万元"，财经腾讯网。）

综合实训

一、应掌握的专业术语

工业产权、商标、注册商标、专利、职务发明创造、发明

二、单选题

1. "广西金嗓子喉宝含片"中，属于商标的部分是（　　）。
   A. 广西　　　　　　　　　B. 金嗓子
   C. 喉宝　　　　　　　　　D. 含片
2. 下列商标中属于服务商标的有（　　）。
   A. 嘉陵摩托　　　　　　　B. 康洁洗染店
   C. 伊利牛奶　　　　　　　D. 可口可乐
3. 下列选项中属于商品特有名称的有（　　）。
   A. 手机　　　　　　　　　B. 呼机
   C. 商务通　　　　　　　　D. 手提电脑
4. 根据有关规定，下列商标中一般不得转让的有（　　）。
   A. 图形商标　　　　　　　B. 销售商标

C. 集体商标 D. 臆造商标

5. 商标专用权的取得是在（　　）。
A. 申请商标注册之后 B. 初步审定之后
C. 公告之后 D. 核准注册之后

6. 根据商标法的规定，如果有两个或两个以上的申请人在同种或类似商品上以相同或近似的商标申请注册，又是在同一天申请的，初步审定并公告（　　）。
A. 先申请的商标 B. 所有申请的商标
C. 先使用的商标 D. 都不能注册

7. 下列选项中可以申请注册为商标的有（　　）。
A. "美丽"牌假发 B. "雪白"牌漂白剂
C. "重庆"牌手机 D. "长寿"牌汤圆

8. 商标法规定必须使用注册商标的商品有（　　）。
A. 人用药和奢侈品 B. 麻醉药品和贵重金属制品
C. 烟草制品与酒类商品 D. 人用药品与烟草制品

9. 注册商标需要改变文字、图形的，（　　）提出注册申请。
A. 应当另行 B. 应当重新
C. 免于 D. 不必

10. 甲于2016年3月1日开始使用"前任"牌商标，乙于同年4月1日开始使用相同的商标。甲、乙均于2017年5月1日向商标局寄出注册"前任"商标的申请文件，但甲的申请文件于5月8日寄至，乙的文件于5月5日寄至。商标局应初步审定、公告（　　）的申请。
A. 同时公告，因甲、乙申请日期相同
B. 公告乙的申请，因乙申请在先
C. 公告甲的申请，虽然甲、乙同时申请，但甲使用在先
D. 由商标局自由裁定

11. 无锡人商人虞某于2011年7月30日向国家工商总局商标局递交了25和28两大门类的商标注册"林书豪"的两项商标申请，2011年8月7日，国家工商总局商标局正式批复，同意了"林书豪"两大门类商标的申请，每项申请2230元，一共花费4460元。根据《商标法》的规定，该公司第一次申请"林书豪"商标续展注册的最后期限应为（　　）。
A. 2021年1月1日 B. 2021年7月30日
C. 2021年8月7日 D. 2022年2月7日

12. 对侵害商标专用权的行为，受害人（　　）。
A. 可以直接向人民法院起诉 B. 必须先申请工商行政管理机关处理
C. 可以申请仲裁 D. 必须申请仲裁

13. 单位或个人接受其他单位或个人委托所完成的发明创造，若没有关于利权归属的协议，则申请专利权的权利属于（　　）。
A. 委托人 B. 受托人
C. 委托人和受托人 D. 双方均不能申请专利

14. 无确定形状的产品发明，如气态、液态、粉末状的物质或材料，可以申请（　　）。

A. 发明专利 B. 实用新型专利
C. 外观设计专利 D. 不能申请专利

15. 下列选项中仅属于对自然规律认识的是（　　）。
A. 科学发现 B. 产品发明
C. 方法发明 D. 实用新型

16. 有可能共同拥有一项专利权的情况有（　　）。
A. 甲在乙的组织领导下完成某项发明创造
B. 甲受乙的思想启发完成发明创造
C. 甲完成发明创造所用的资料是从乙单位的内部资料中购买的
D. 甲将乙未竟的一项创造继续完成

17. 下列选项中可能获得发明专利的是（　　）。
A. 永动机 B. 一种新型电脑芯片
C. 一幢造型别致的建筑物 D. 一种扑克牌的新玩法

18. 取得发明、实用新型专利的实质条件与取得外观设计专利的实质条件的主要区别之一是，后者不要求（　　）。
A. 新颖性 B. 创造性
C. 实用性 D. 美感

19. 下列（　　）是被专利法所允许的。
A. 为了供自己欣赏，未经专利权人许可制造了一件其外观设计专利产品
B. 为了招揽顾客，利用《专利公报》上公开的方法生产食品
C. 某商场未经专利权人许可制造了一件专利产品，摆在橱窗之中展示
D. 某企业从国外引进了一项在外国已是公知公用的技术，但该技术的相关专利在国内有效期尚未届满

20. 使用专利标记在我国是专利权人的一种（　　）。
A. 权利 B. 义务
C. 既是权利也是义务 D. 谈不上权利和义务

21. 甲公司独立开发出了一种新产品，并于2008年6月5日向专利局申请专利，后于2011年9月1日被授予专利。乙公司早于甲公司1年多就开发出了同一种产品，并积极准备投产，于2008年6月5日之前产品已在其所在县的市场上销售，至2011年9月1日，产品已在其所在省市场上广泛销售。下列各项表述中正确的是（　　）。
A. 乙公司不能再生产该甲公司的专利产品
B. 根据先用权原则，乙公司有权生产、销售该产品，且可以与甲公司展开充分竞争
C. 根据先用权原则，乙公司有权生产、销售该产品，但只能在其所在县的范围内生产销售
D. 根据先用权原则，乙公司有权生产、销售该产品，但只能在其所在省的范围内生产销售

三、多选题

1. "华为"手机属于（　　）。
A. 文字商标 B. 商品商标
C. 制造商标 D. 证明商标

2. 商品的通用名称（　　）。
   A. 能够注册为商标　　　　　　B. 不能注册为商标
   C. 能够作为商标使用　　　　　D. 不能作为商标使用
3. 商标与原产地名称的区别在于（　　）。
   A. 标识作用不同，前者区别生产者，后者区别产地
   B. 构成要素不同，前者可由文字、图形等构成，后者只能由文字构成
   C. 前者可以转让，后者不能转让
   D. 前者专属于特定企业，后者不专属于特定企业
4. 根据商标使用者的目的不同，可以将商标分为（　　）。
   A. 联合商标　　　　　　　　　B. 服务商标
   C. 防御商标　　　　　　　　　D. 证明商标
5. 下列选项中（　　）不能作为商标注册。
   A. 任何县级以上行政区划的地名或者公众知晓的外国地名
   B. "红十字"、"红新月"
   C. 我国少先队员队旗
   D. 我国的国歌
6. 我国商标法规定，商标注册申请人可以是（　　）。
   A. 企业、事业单位　　　　　　B. 个体工商户
   C. 社会团体　　　　　　　　　D. 自然人
7. （　　）不能作为商标申请注册。
   A. "保暖"牌大衣　　　　　　　B. "888"茶叶
   C. "书写流利"牌钢笔　　　　　D. "+"牌椅子
8. （　　）必须使用注册商标。
   A. 抗生素　　　　　　　　　　B. 血液制品
   C. 雪茄烟　　　　　　　　　　D. 葡萄酒
9. （　　）申请人可以要求优先权。
   A. 在外国第一次提出注册申请之日起6个月内，又在我国就同一商标提出注册申请的
   B. 在外国第一次提出注册申请之日起12个月内，又在我国就同一商标提出注册申请的
   C. 在我国政府主办的广交会上首先使用，在该商品展出之日起6个月内在我国提出商标注册的
   D. 在我国政府主办的广交会上首先使用，在该商品展出之日起12个月内在我国提出商标注册的
10. 甲公司有一注册商标，其有效期将于2018年6月1日届满，该公司需要继续使用此商标，便向乙律师提出咨询，乙律师的下列意见（　　）是正确的。
   A. "你公司应当在2018年1月1日至6月1日期间向商标局申请续展注册"
   B. "如果你们公司在上述期间没有提出续展申请，超过6月1日就不能提出申请了，这样，你们的注册商标就会被注销"
   C. "只要你们在此期间提出续展申请，商标局就有义务办理续展注册，不存在被拒绝或驳回的问题"

D. "每次续展注册的有效期是 10 年，下次期满，可以再续展，续展的次数没有限制"

11. （　　）属于商标侵犯商标权的行为。
A. 未经商标权人许可，在类似商品上使用近似商标的行为
B. 商家在不知情的情况下销售仿冒产品的行为
C. 擅自制造他人注册商标标识的行为
D. 明知他人的商品是仿冒产品而提供仓储的

12. 下列选项中关于商标与外观设计专利的关系中论述正确的有（　　）。
A. 两者都位于商品的标明或包装上
B. 它们都可以由某种形象图案构成，对产品起一定的美化作用
C. 商标具有标识作用，外观设计也具有一定的识别作用
D. 商标只能依附于商品上，不能成为商品本身的组成部分；而外观设计则是产品的有机组成部分。

13. 专利权的保护对象是（　　）。
A. 发明　　　　　　　　　　B. 实用新型
C. 外观设计　　　　　　　　D. 集成电路布图设计

14. 在我国，可以成为专利权主体的人包括（　　）。
A. 外国人　　　　　　　　　B. 单位
C. 发明人、设计人　　　　　D. 发明人、设计人的继承人

15. "发明"与"实用新型"的区别有（　　）。
A. 对创造性的要求不同　　　B. 保护对象不同
C. 授权审批程序不同　　　　D. 保护期限不同

16. 下列选项中可以申请专利的有（　　）。
A. 一种药品　　　　　　　　B. 该药品的生产方法
C. 该药品治疗疾病的用法、用量　　D. 该药品的一种改进品，但疗效降低

17. 甲完成了一项发明创造，并申请了专利，（　　）可以成为该发明创造的专利权人。
A. 购买该发明创造技术的乙
B. 通过技术使用合同，取得该发明创造使用权的丙
C. 通过合同购买该专利技术生产产品的丁
D. 甲死亡后其唯一继承人戊

18. 下列各选项中正确的行为是（　　）。
A. 2011 年甲公司与乙公司约定，乙公司有权实施甲公司于 2010 年获得的一项发明专利，合同期限为 25 年
B. 2011 年甲公司与乙公司约定，乙公司有权实施甲公司于 2011 年获得的一项发明专利，合同期限为 10 年，专利使用费为每年 1000 万元，且若乙公司在实施期间对该专利技术有改进，则由此产生的专利申请权以及可能取得的专利权均归甲公司所有
C. 2011 年，甲公司与乙公司约定，乙公司有权实施甲公司于 2010 年获得的一项发明专利，合同期限为 5 年，并不支付使用费。但作为对价，若乙公司在实施期间对该发明专利技术有改进，则甲公司有权免费实施乙公司的改进技术
D. 2011 年，甲公司与乙公司约定，乙公司有权实施甲公司于 2010 年获得的一项发明

专利权，合同期限为 5 年，但乙公司不支付任何费用

19. 依据现行专利法的规定，专利局可以颁发专利实施的强制许可的情形有（　　）。

A. 专利权人在获得专利权后，长期不实施其专利

B. 具备实施条件的单位以合理的条件请求专利权人许可实施其专利，而未能在合理长的时间内获得这种许可，同时专利权人自己也不实施其专利

C. 一项取得专利权的发明或者实用新型比此前已经取得专利权的发明或者实用型具有显著经济意义的重大技术进步，其实施又有赖于前一发明或者实用新型专利的实施的

D. 在国家出现紧急状态或者非常情况时或为了公共利益的目的而使用

20. 下列行为中，不属于对专利权的合理使用的行为的有（　　）。

A. 某学校在进行一项教学实验时未经许可使用他人的一项相关专利

B. 某学校受某公司委托开发一种新产品时未经许可使用他人的一项相关专利技术

C. 某公司在生产其产品时未经允许使用了他人的一项相关专利

D. 某公司在广告宣传活动中未经许可使用了他人的一项专利方法

21. 专利权人甲在其制造、销售的专利产品上未标注专利标记和专利号，乙某仿制甲上述专利产品并在市场上销售。甲发现乙的行为后（　　）。

A. 无权请求专利机关处理，因为甲在其专利产品上未作专利标记

B. 可以请求专利机关处理，因为甲在其专利产品上未作专利标记不影响其权利行使

C. 无论如何，可以请求乙所在地的基层人民法院审理

D. 无论如何，可以请求甲所在地的基层人民法院审理

22. 下列行为中，属于侵犯专利权的行为的有（　　）。

A. 甲某在其经营的商店中销售了侵犯他人专利权的商品，但并不知道他所购来的这种商品侵犯了他人的专利权

B. 甲某在其经营的商店中销售了侵犯他人专利权的商品，开始时并不知道他所购来的这种商品侵犯了他人的专利权，在被告知这一情况后，为了避免损失而继续销售

C. 甲某在其经营的商店中销售一种电饭锅，为了扩大销路，就在所购来的电饭锅上贴上伪造的专利标记

D. 甲某是一个发明爱好者，一次，他为了某项发明的研制工作而使用了他人的一项专利方法

四、案例分析

甲厂自 2004 年起在其生产的衬衫上使用"雅客"商标；2006 年，乙服装厂也开始使用"雅客"商标。2008 年 3 月，乙厂的"雅客"商标经国家商标局核准注册，其核定使用的商品为服装等。2009 年 1 月，乙厂发现甲厂在衬衫上使用"雅客"商标，很容易引起消费者的误认，因此甲、乙双方发生侵权纠纷。根据案情请分析：

(1) 甲、乙两个厂谁构成侵权？为什么？

(2) 侵权行为始于何时？请说明理由。

(3) 侵权方能否继续使用"雅客"商标？请你提出可行性建议。

第六章
维护公平竞争的市场秩序
——反不正当竞争法

打造良好的营商环境 更有效维护公平竞争的市场秩序。

——李克强（中华人民共和国总理）

（资料来源：新华社北京12月29日电 深入学习贯彻党的十九大精神做好新时代工商和市场监管工作座谈会12月29日在京召开。中共中央政治局常委、国务院总理李克强作出重要批示。）

学习目标：
- ☐ 理解不正当竞争行为的概念和特征。
- ☐ 理解和掌握《中华人民共和国反不正当竞争法》中规定的具体的不正当竞争行为。
- ☐ 了解不正当竞争行为的监督检查、法律责任的相关规定。

技能目标：
- ☐ 通过对《反不正当竞争法》的学习与领悟，能对经济生活中遇到的相关问题进行思考，解决。
- ☐ 通过列举实例讨论，能够运用所学的法律知识分析实际案例。

【案例导入】

伊利和蒙牛是我国两大乳业巨头，它们之间肯定存在着很多的竞争，比如市场份额、产品、价格等。伊利在2012年推出"QQ星营养果汁酸奶饮品"，包括香蕉和草莓口味，采用迪士尼卡通形象3D立体包装，并通过在《爸爸去哪儿》中进行广告冠名，获得了很高的知名度。蒙牛也不甘示弱，在2015年推出了一款名为"未来星营养果汁酸奶饮品"的产品，口味也包括香蕉、草莓两种。同样以卡通形象为蓝本，进行3D立体包装。伊利认为，蒙牛的行为构成了不正当竞争，要求其停止使用涉案产品的装潢、产品名称等不正当竞争行为并赔偿经济损失300万元，还要刊登声明，消除影响。

请同学们根据本章的基本法律知识展开讨论，蒙牛的未来星是否对伊利的QQ星构成不正当竞争行为？找出相关的法律依据。

（资料来源："法律案例"，百律网。）

第一节 规范竞争秩序——反不正当竞争法概述

一、反不正当竞争法的概念和立法目的

（一）反不正当竞争法的概念

反不正当竞争法是指调整在维护公平竞争，制止不正当竞争行为过程中发生的社会关系的法律规范的总称。

现代意义的竞争法产生于19世纪末20世纪初的西方发达资本主义国家。为了反垄断和制止不正当竞争，美国和德国开创了现代竞争立法之先河。1890年，美国国会通过了《保护贸易和商业不受非法限制与垄断之害法案》。由于该法案是由参议员约翰·谢尔曼提出的，因此，后来都称该法为《谢尔曼法》。该法奠定了现代竞争法的主要制度和理论基础，并对西方其他国家的竞争立法产生了重要影响。因此，后世公认《谢尔曼法》是现代竞争法产生的主要标志。德国于1896年通过了一部专门的《反不正当竞争法》，这是世界上第一部反不正当竞争法，是现代竞争法产生的另一个重要标志。

我国现行的《中华人民共和国反不正当竞争法》（以下简称《反不正当竞争法》）是1993年9月2日第八届全国人民代表大会常务委员会第三次会议通过，1993年12月1日起施行。并经由2017年11月修订，修订后的《反不正当竞争法》自2018年1月1日起执行。

（二）反不正当竞争法的立法目的

《反不正当竞争法》第一条就明确规定了立法目的是促进社会主义市场经济健康发展，鼓励和保护公平竞争，制止不正当竞争行为，保护经营者和消费者的合法权益。从内容和结构上看，它包括三个层次：

1. 最直接目的是制止不正当竞争行为

我国自实行改革开放以来，各种不正当竞争行为蜂拥而至，泛滥成灾，这些行为不仅损害了经营者和消费者的合法权益，破坏市场竞争秩序，严重阻碍我国建立和发展市场经济，而且还影响着我国的投资环境。因此，就迫切需要以法律形式来制止各类不正当竞争行为，同时防止此类行为进一步泛滥。因此，反不正当竞争法的最直接目的，正是要有效防止和制止不正当竞争行为。

2. 最终目的是鼓励和保护公平竞争，保障社会主义市场经济发展

反不正当竞争法通过制止各类不正当竞争行为，确保自由竞争和正当竞争机制的正常运

行，营造和维护公平竞争的秩序，使竞争机制充分发挥其优胜劣汰和优化资源配置的积极功能，实现宏观经济效益的最大化，保障我国社会主义市场经济的健康发展。

3. 根本目的是保护经营者和消费者的合法权益

反不正当竞争法制止不正当竞争，维护自由公平的竞争机制，从根本上说，就是为了保护经营者和消费者的合法权益。

二、我国反不正当竞争法的基本原则

《反不正当竞争法》第二条规定：经营者在生产经营活动中，应当遵循自愿、平等、公平、诚信的原则，遵守法律和商业道德。它是市场主体在市场交易中应当遵循的基本行为准则，它反映了市场经济对竞争活动的基本要求。

（一）自愿原则

自愿原则是指生产经营在法律允许的范围内，可以根据自己内心的真实意愿，自主地从事市场交易活动。它有三层含义：一是生产经营活动有权根据自己的意志，自主决定是否实施某种市场交易活动，任何单位和个人不得非法干涉；二是经营活动有权选择交易对象、内容和方式；三是生产经营活动之间的交易关系要反映双方真实的意思表示，任何虚假的意思表示或一方在受欺诈、胁迫下表达的意思都是无效的。

（二）平等原则

平等原则是指任何参与市场竞争的生产经营在交易活动中的法律地位是平等的，彼此享有平等的权利，在平等的基础上表达各自真实的交易愿望，设立相互间的权利义务。该原则有三层含义：一是生产经营活动没有高低之分、贵贱之分，在法律面前都是平等的，具有平等的法律地位；二是生产经营活动必须平等协商，彼此尊重对方，任何一方不得将自己的意志强加给对方；三是市场对所有生产经营活动都是一视同仁，是平等对待的，每一个生产经营者都有权自主进出市场、参与市场竞争，享有竞争成功的机会是均等的。

（三）公平原则

公平原则是指生产经营活动在参与竞争的活动中都应得到公平、合理的待遇。公平原则和平等原则有着密切的联系，只有在平等的基础上开展竞争，其过程和结果才称得上是公平的。它有三层含义：一是在竞争活动中，所有生产经营活动在权利和义务的设定上应体现公正、合理，而不能显失公平，更不能一方只享有权利而不承担义务，另一方只承担义务而不享有权利；二是所有生产经营活动在竞争中无一例外地遵循同一种竞争机制，在竞争中应受到的限制，所有生产经营活动无一例外；三是所有的生产经营活动的正当经营活动和其他合法权益不受非法干涉和不正当的侵害。

（四）诚实信用原则

诚实信用原则是指生产经营主体在竞争交易活动中应守信用、重承诺，以善意方式从事交易、不得欺诈、胁迫，不得滥用权利及规避法律。诚实信用原则既是法律原则，同时也体现了我国社会主义精神文明和道德规范的基本要求。该原则有两层含义：一是生产经营主体

要善待对方，尊重对方，以善意的方式行使权利并获得利益；二是生产经营主体在与另一方从事交易时，应依法如实陈述事实，不得隐瞒事实真相、以假乱真、以次充好，不得以不正当竞争牟取非法利益，不得侵害其他经营者及消费者的合法权益。

（五）遵守公认的商业道德的原则

遵守公认的商业道德的原则是指生产经营主体在竞争中要遵循在市场交易中长期形成的，为社会或相关行业普遍承认和遵守的商业规范。上述所提到的自愿、平等、公平、诚实信用原则，都是最主要的、公认的、法律化的商业道德。但是有限的法律条文不可能包括所有商业道德的全部内容，因此确定该原则，对于发挥市场自身的调节功能，弥补法律规定的不足，具有重要意义。

三、不正当竞争行为的特征

不正当竞争行为，是指经营者在生产经营活动中，违反《反不正当竞争法》规定，扰乱市场竞争秩序，损害其他经营者或者消费者的合法权益的行为。

根据上述定义，我国法律上规定的不正当竞争行为具有以下特征：

（一）行为的主体是经营者

经营者，是指从事商品生产、经营或者提供服务（以下所称商品包括服务）的自然人、法人和非法人组织。非经营者不是经济竞争行为的主体，所以不能成为不正当竞争行为的主体。但是，在有些情况下，非经营者的某些行为也会妨害、限制经营者的正当经营活动，侵害经营者的合法权益。例如，政府及其所属部门滥用行政权力妨害经营者的正当竞争行为即属此种类型。由此，我国《反不正当竞争法》也对这类行为予以规范，将之归属于不正当竞争行为之列。可见，不正当竞争行为的主体不仅仅限于上述经营商品或者提供营利性服务的法人、其他经济组织和个人这几类一般的主体，而且还包括政府及其所属部门这类特殊的主体。

（二）行为的性质具有违法性

行为的性质具有违法性，即行为在本质上违反了《反不正当竞争法》的规定。它即包括违反该法的原则规定，也包括违反该法所列举的禁止不正当竞争行为的各种具体规定。如果违反了其他法律而没有违反《反不正当竞争法》，则这种行为一般不属于不正当竞争行为。

（三）行为的结果具有损害性

行为的结果具有损害性，即不正当竞争行为损害了其他经营者的合法权益，损害了消费者的合法权益，扰乱了正常的社会经济秩序，阻碍了社会主义市场经济的健康发展。

> **知识延伸**
>
> 我国《反不正当竞争法》第三条、第四条、第五条明确规定：各级人民政府应当采取措施，制止不正当竞争行为，为公平竞争创造良好的环境和条件。国务院建立反不正当竞争工作协调机制，研究决定反不正当竞争重大政策，协调处理维护市场竞争秩序的重大问题。县级以上人民政府履行工商行政管理职责的部门对不正当竞争行为进行查处；法律、行政法规规定由其他部门查处的，依照其规定。国家鼓励、支持和保护一切组织和个人对不正当竞争行为进行社会监督。
>
> 国家机关及其工作人员不得支持、包庇不正当竞争行为。行业组织应当加强行业自律，引导、规范会员依法竞争，维护市场竞争秩序。

四、不正当竞争行为的类型

我国不正当竞争行为的种类有以下几种：

（一）欺骗性交易行为的类型

《反不正当竞争法》第六条规定：经营者不得实施下列混淆行为，引人误认为是他人商品或者与他人存在特定联系。

（1）擅自使用与他人有一定影响的商品名称、包装、装潢等相同或者近似的标识。

（2）擅自使用与他人有一定影响的企业名称（包括简称、字号等）、社会组织名称（包括简称等）、姓名（包括笔名、艺名、译名等）。

（3）擅自使用与他人有一定影响的域名主体部分、网站名称、网页等。

（4）其他足以引人误认为是他人商品或者与他人存在特定联系的混淆行为。

（二）商业贿赂行为的类型

《反不正当竞争法》第七条规定：不得采用财物或者其他手段贿赂下列单位或者个人，以谋取交易机会或者竞争优势：

（1）交易相对方的工作人员。

（2）受交易相对方委托办理相关事务的单位或者个人。

（3）利用职权或者影响力影响交易的单位或者个人。

经营者在交易活动中，可以以明示方式向交易相对方支付折扣，或者向中间人支付佣金。经营者向交易相对方支付折扣、向中间人支付佣金的，应当如实入账。接受折扣、佣金的经营者也应当如实入账。

经营者的工作人员进行贿赂的，应当认定为经营者的行为；但是，经营者有证据证明该工作人员的行为与为经营者谋取交易机会或者竞争优势无关的除外。

（三）引人误解的虚假宣传行为

引人误解的虚假宣传行为是指经营者利用广告或者其他方法对商品的质量、性能、用途、特点、价格、产地等做引人误解的虚假宣传，诱发消费者产生误购的行为。《反不正当竞争法》第八条规定：引人误解的虚假宣传行为主要表现如下：

（1）经营者不得对其商品的性能、功能、质量、销售状况、用户评价、曾获荣誉等作虚假或者引人误解的商业宣传，欺骗、误导消费者。

（2）经营者不得通过组织虚假交易等方式，帮助其他经营者进行虚假或者引人误解的商业宣传。

> **相关链接**
>
> 2018年2月，顾客赵某在浙江金华的水果店里购买了新疆阿克苏字样的苹果，因为过年要走亲戚，所以多买了几箱，回到家，赵某的妻子随手开了一箱，给家里的孩子尝尝，打开后发现苹果的外观和以往的阿克苏苹果有很大出入，接着洗净削皮发现，不是正宗的阿克苏苹果，询问赵某后知道，价格的确是阿克苏苹果的价格。赵某非常地气愤，投诉到浙江金华市场监管局，根据调查，2017年12月期间，苹果经销商徐某等6名水果经销商分别在陕西、甘肃、山西等地收购当地产的苹果，装进印有"阿克苏糖心苹果"和"产地：新疆阿克苏"等字样的纸箱，运往金华，存放在不同冷库，以待春节前旺季销售。
>
> 浙江金华市场监管局根据案发时的情况，当事人共购进此类苹果9100余箱，计5万余公斤，案值30万元，经商标权利人鉴定均为假冒"阿克苏糖心苹果"。金东区市场监管局认为，当事人的行为违反新《反不正当竞争法》中关于"经营者不得对其商品的性能、功能、质量、销售状况、用户评价、曾获荣誉等作虚假或者引人误解的商业宣传"的相关条款，涉嫌虚假宣传。目前，此案正在进一步调查中。
>
> （资料来源："浙江省反不正当竞争法典型案例"，工商行政管理局网。）

（四）侵犯商业秘密行为

《反不正当竞争法》第九条所称的商业秘密，是指不为公众所知悉、具有商业价值并经权利人采取相应保密措施的技术信息和经营信息。《反不正当竞争法》第十五条规定，监督检查部门及其工作人员对调查过程中知悉的商业秘密负有保密义务。

《反不正当竞争法》第九条同时也规定：经营者不得实施下列侵犯商业秘密的行为：

（1）以盗窃、贿赂、欺诈、胁迫或者其他不正当手段获取权利人的商业秘密。

（2）披露、使用或者允许他人使用以前项手段获取的权利人的商业秘密。

（3）违反约定或者违反权利人有关保守商业秘密的要求，披露、使用或者允许他人使用其所掌握的商业秘密。

第三人明知或者应知商业秘密权利人的员工、前员工或者其他单位、个人实施前款所列违法行为，仍获取、披露、使用或者允许他人使用该商业秘密的，视为侵犯商业秘密。

（五）不正当有奖销售行为

《反不正当竞争法》第十条规定：经营者进行有奖销售不得存在下列情形：

（1）所设奖的种类、兑奖条件、奖金金额或者奖品等有奖销售信息不明确，影响兑奖。

（2）采用谎称有奖或者故意让内定人员中奖的欺骗方式进行有奖销售。

(3) 抽奖式的有奖销售，最高奖的金额超过五万元。

> **相关链接**
>
> 2017年下半年，浙江省宁波市奉化区消费者举报投诉中心连接8起群众举报，反映超市附近专柜以抽奖打折形式促销玉器饰品存在猫腻。根据举报线索，奉化区市场监管局随后派维权义工，通过消费体验掌握事件原委，并最终对涉事珠宝专柜进行立案查处。
>
> 经查，消费者在奉化区某购物超市和某购物中心等商超消费后，收银台附近的珠宝专柜都会主动提醒消费者凭小票参与抽奖。奖项分别为：特等奖（赠送和田玉）、一等奖（购买珠宝一折）、二等奖（购买珠宝二折）、三等奖（购买珠宝三折）。义工体验反馈，如购买意愿强烈，均可抽中一等奖，原价1999元至1万元不等的玉器，可二三百元折价购得。该局接到的几起举报，均表现为消费者事后对中奖行为表示质疑，怀疑玉器物非所值。
>
> 经调查，珠宝专柜为个体工商户租赁超市经营场所设置。经营户对消费者意愿进行评估后，由后台电脑或人工控制获奖概率，最后基本以一折的价格出售商品。从销售票据看，特等奖（赠送和田玉）尚未发生，销售价格基本集中在200~400元。
>
> 经宁波珠宝行业协会鉴定，玉器不假，但标价过高，实际价值与折后价基本符合。物价部门认为市场经济允许自由标价。奉化区市场监管局认为，此专柜设在大型商超周边，有误导消费者专柜为超市所设的嫌疑；以抽奖形式打折促销，容易造成消费者中奖的假象。该局认为，当事人违反了新《反不正当竞争法》第十条规定"经营者进行有奖销售不得存在下列情形：所设奖的种类、兑奖条件、奖金金额或者奖品等有奖销售信息不明确，影响兑奖。"目前，该局对发现的4起案件正在立案查处中。浙江公布一批依据新《反不正当竞争法》查处的典型案例。
>
> （资料来源："浙江省反不正当竞争法典型案例"，工商行政管理局网。）

（六）诋毁商誉行为

诋毁商誉行为是指编造、传播虚假信息或者误导性信息，损害竞争对手的商业信誉、商品声誉。诋毁商誉行为捏造虚假事实并且通过大众媒介向社会公布、散布，不仅容易误导消费者，使之产生不安全的消费心理，而且会损害竞争对手的良好声誉，造成难以预料的损失，如销售量骤降、商业合作失败、经营层产生动荡等，这些都是我们需要抵制的行为。

（七）滥用网络权利的行为

经营者利用网络从事生产经营活动，应当遵守本法的各项规定。不得利用技术手段，通过影响用户选择或者其他方式，实施下列妨碍、破坏其他经营者合法提供的网络产品或者服务正常运行的行为：

（1）未经其他经营者同意，在其合法提供的网络产品或者服务中，插入链接、强制进行目标跳转。

（2）误导、欺骗、强迫用户修改、关闭、卸载其他经营者合法提供的网络产品或者服务。

（3）恶意对其他经营者合法提供的网络产品或者服务实施不兼容。
（4）其他妨碍、破坏其他经营者合法提供的网络产品或者服务正常运行的行为。

> **知识延伸**
>
> 2018年1月1日起，新《反不正当竞争法》正式实施。这是该法自1993年实施以来的第一次修订。新法对原法条进行了修改和完善，对混淆行为、虚假宣传、商业贿赂、侵犯商业秘密、违规有奖销售、商业诋毁、互联网领域不正当竞争七大不正当竞争行为进行了完整清晰的界定。

第二节 维护市场秩序的"警察"——对涉嫌不正当竞争行为的调查

一、不正当竞争行为的监督调查机关

《反不正当竞争法》第三条规定：各级人民政府应当采取措施，制止不正当竞争行为，为公平竞争创造良好的环境和条件。国务院建立反不正当竞争工作协调机制，研究决定反不正当竞争重大政策，协调处理维护市场竞争秩序的重大问题。县级以上人民政府履行工商行政管理职责的部门对不正当竞争行为进行查处；法律、行政法规规定由其他部门查处的，依照其规定。

二、监督机关的职权

根据《反不正当竞争法》的第十三条的规定，监督检查部门调查涉嫌不正当竞争行为，可以采取下列措施：
（1）进入涉嫌不正当竞争行为的经营场所进行检查。
（2）询问被调查的经营者、利害关系人及其他有关单位、个人，要求其说明有关情况或者提供与被调查行为有关的其他资料。
（3）查询、复制与涉嫌不正当竞争行为有关的协议、账簿、单据、文件、记录、业务函电和其他资料。
（4）查封、扣押与涉嫌不正当竞争行为有关的财物。
（5）查询涉嫌不正当竞争行为的经营者的银行账户。

此外，采取这些规定的措施，应当向监督检查部门主要负责人书面报告，并经批准。采取前款第四项、第五项规定的措施，应当向设区的市级以上人民政府监督检查部门主要负责人书面报告，并经批准。监督检查部门调查涉嫌不正当竞争行为，应当遵守《中华人民共和国行政强制法》和其他有关法律、行政法规的规定，并应当将查处结果及时向社会公开。

监督检查部门调查涉嫌不正当竞争行为，被调查的经营者、利害关系人及其他有关单位、个人应当如实提供有关资料或者情况。

第三节　违反反不正当竞争法的法律责任

所谓法律责任是指因行为人的违法行为而应当承担的法律后果。根据我国《反不正当竞争法》的规定，违法行为人应承担的法律责任有民事责任、行政责任、刑事责任三种。

一、民事责任

《反不正当竞争法》第二十条规定，经营者违反本法规定，给他人造成损害的，应当依法承担民事责任。民事责任主要是损害赔偿责任。经营者的合法权益受到不正当竞争行为损害的，可以向人民法院提起诉讼。因不正当竞争行为受到损害的经营者的赔偿数额，按照其因被侵权所受到的实际损失确定；实际损失难以计算的，按照侵权人因侵权所获得的利益确定。赔偿数额还应当包括经营者为制止侵权行为所支付的合理开支。此外，权利人因被侵权所受到的实际损失、侵权人因侵权所获得的利益难以确定的，由人民法院根据侵权行为的情节判决给予权利人三百万元以下的赔偿。

二、行政责任

根据《反不正当竞争法》的规定，具体行政责任有以下几个方面：

（一）欺骗性行为的行政责任

经营者违反本法第六条规定实施混淆行为的，由监督检查部门责令停止违法行为，没收违法商品。违法经营额五万元以上的，可以并处违法经营额五倍以下的罚款；没有违法经营额或者违法经营额不足五万元的，可以并处二十五万元以下的罚款。情节严重的，吊销营业执照。经营者登记的企业名称违反本法第六条规定的，应当及时办理名称变更登记；名称变更前，由原企业登记机关以统一社会信用代码代替其名称。

（二）商业贿赂行为的行政责任

经营者违反本法第七条规定贿赂他人的，由监督检查部门没收违法所得，处十万元以上三百万元以下的罚款。情节严重的，吊销营业执照。

（三）引人误解的虚假宣传行为的行政责任

经营者违反本法第八条规定对其商品作虚假或者引人误解的商业宣传，或者通过组织虚假交易等方式帮助其他经营者进行虚假或者引人误解的商业宣传的，由监督检查部门责令停止违法行为，处二十万元以上一百万元以下的罚款；情节严重的，处一百万元以上二百万元以下的罚款，可以吊销营业执照。经营者违反《反不正当竞争法》第八条规定，属于发布虚假广告的，依照《中华人民共和国广告法》的规定处罚。

（四）侵犯商业秘密行为的行政责任

经营者违反《反不正当竞争法》第九条规定侵犯商业秘密的，由监督检查部门责令停止违法行为，处十万元以上五十万元以下的罚款；情节严重的，处五十万元以上三百万元以下的罚款。

（五）不正当有奖销售行为的行政责任

经营者违反《反不正当竞争法》第十条规定进行有奖销售的，由监督检查部门责令停止违法行为，处五万元以上五十万元以下的罚款。

（六）诋毁商业信誉行为的行政责任

经营者违反《反不正当竞争法》第十一条规定损害竞争对手的商业信誉、商品声誉。如果出现以上情况，由监督检查部门责令停止违法行为、消除影响，处十万元以上五十万元以下的罚款；情节严重的，处五十万元以上三百万元以下的罚款。

（七）损害其他经营者的正常行为的行政责任

经营者违反本法第十二条规定妨碍、破坏其他经营者合法提供的网络产品或者服务正常运行的，由监督检查部门责令停止违法行为，处十万元以上五十万元以下的罚款；情节严重的，处五十万元以上三百万元以下的罚款。

（八）妨害监督检查部门行为的行政责任

妨害监督检查部门依照本法履行职责，拒绝、阻碍调查的，由监督检查部门责令改正，对个人可以处五千元以下的罚款，对单位可以处五万元以下的罚款，并可以由公安机关依法给予治安管理处罚。当事人对监督检查部门作出的决定不服的，可以依法申请行政复议或者提起行政诉讼。

（九）监督检查部门的行政责任

监督检查部门的工作人员滥用职权、玩忽职守、徇私舞弊或者泄露调查过程中知悉的商业秘密的，依法给予处分。

此外，根据我国《反不正当竞争法》，经营者违反本法规定从事不正当竞争，有主动消除或者减轻违法行为危害后果等法定情形的，依法从轻或者减轻行政处罚；违法行为轻微并及时纠正，没有造成危害后果的，不予行政处罚。经营者违反本法规定从事不正当竞争，受到行政处罚的，由监督检查部门记入信用记录，并依照有关法律、行政法规的规定予以公示。经营者违反本法规定，应当承担民事责任、行政责任和刑事责任，其财产不足以支付的，优先用于承担民事责任。

三、刑事责任

刑事责任是对违法行为者最为严厉的法律制裁，适用于那些对其他经营者、消费者和社会经济秩序损害严重、情节恶劣的不正当竞争行为。构成犯罪的，依法追究刑事责任。

综合实训

一、应掌握的专业术语

商业秘密、商业贿赂、有奖销售、欺骗性交易行为、经营者

二、单项题

1. 下列属于正常竞争行为的是（　　）。
   A. 季节性降价
   B. 擅自使用他人的企业名称
   C. 对商品质量做引人误解的虚假表示
   D. 在商品上伪造认证标志

2. 下列行为属于不正当竞争的是（　　）。
   A. 低于成本价销售鲜活商品
   B. 商场为了促销，在成本价以上将商品打折出售
   C. 企业经营不善，因为歇业而降价销售产品
   D. 商场抽奖式的有奖销售，最高奖的金额达到10000元

3. 甲酒店向该市出租司机承诺，为酒店每介绍一位客人，酒店向其支付该客人房费的20％作为奖励，与其相邻的乙酒店向有关部门举报了这一行为，有关部门调查发现甲酒店给付的奖励在公司的账面上皆有明确详细的记录。甲酒店的行为属于（　　）。
   A. 正当的竞争行为　　　　　B. 商业贿赂行为
   C. 限制竞争行为　　　　　　D. 低价倾销行为

4. 《反不正当竞争法》中的经营者指（　　）。
   A. 从事商品经营或营利性服务的法人、其他组织、个人
   B. 某些经济组织
   C. 公民个人
   D. 各种法人

5. 在反不正当竞争法中，商业贿赂主要是指（　　）。
   A. 回扣　　　　　　　　　　B. 让利
   C. 折扣　　　　　　　　　　D. 佣金

6. 下列各项中，不属于经营者的是（　　）。
   A. 商场　　　　　　　　　　B. 理发店
   C. 公立学校　　　　　　　　D. 美容院

7. 下列各项中，不属于不正当竞争行为构成要件的是（　　）。
   A. 经营者违反法律规定
   B. 损害其他经营者的合法权益
   C. 扰乱社会秩序
   D. 不正当竞争行为给受害人造成了重大损失
8. 我国对不正当竞争行为进行监督检查的主管部门是（　　）。
   A. 国内贸易部　　　　　　　B. 技术监督局
   C. 工商行政管理局　　　　　D. 物价局
9. 违背相对交易人意愿的搭售行为是侵害了购买者的（　　）权。
   A. 自主选择　　　　　　　　B. 知悉知情
   C. 维护尊严　　　　　　　　D. 依法求偿
10. 监督检查部门工作人员监督检查不正当竞争行为时（　　）。
    A. 可出示检查证件　　　　　B. 应出示检查证件
    C. 可不出示检查证件　　　　D. 在某些场合应出示检查证件

三、多选题

1. 根据《反不正当竞争法》的规定，下列选项中，属于侵犯商业秘密的行为有（　　）。
   A. 甲公司为了解竞争对手乙公司的销售渠道，重金收买移动公司某职员提供乙公司经理的手机通话记录
   B. 非凡公司通过购买丙公司产品简单分析后，生产出类似产品在市场上销售
   C. 天霸公司将正德公司的专利产品模仿后，生产出本公司产品在市场上销售
   D. 雨香饭店唆使天虹饭店主厨带着其招牌菜制作方法跳槽至本饭店
2. 下列属于不正当竞争行为的有（　　）。
   A. 某市电信部门在给用户装固定电话时，制定使用某几种品牌的电话机
   B. 某市政府下达文件指定政府招待应喝本地产某品牌的白酒
   C. 某饭店在顾客结账时收取餐巾费
   D. 某公司在宣传自己的彩电效果时，使用"某某彩电，皇帝享受"广告用语
3. 我国《反不正当竞争法》严加禁止的不正当竞争行为有（　　）。
   A. 以格式合同对消费者做出不合法律规定的行为
   B. 侵犯消费者人身权的行为
   C. 产品无中文标明的产品名称行为
   D. 降价排挤行为
   E. 通谋投标行为
4. 在商品上仿造假冒使用（　　），对商品质量做引人误解的虚假表示，是不正当竞争行为。
   A. 认证标志　　　　　　　　B. 名优标志
   C. 产地　　　　　　　　　　D. 非注册商标
5. 根据反不当竞争法律制度的规定，下列各项中，属于不正当竞争行为中的假冒行为

的是（　　）。

A. 擅自使用他人的企业名称或者姓名，引人误以为是他人的商品

B. 在商品上伪造或者冒用认证标志、名优标志等质量标志，伪造产地，对商品质量作引人误解的虚假表示

C. 销售明知是假冒注册商标的商品

D. 经营者利用广告或者其他方法，对商品的质量、制作方法、性能、用途、生产者、有效期、产地等作引人误解的虚假宣传的行为

6. 下列以低于成本价格销售商品的不属于不正当竞争行为的有（　　）。

A. 销售鲜活商品

B. 因清偿债务、转产、歇业降价销售商品

C. 季节性降价

D. 处理有效期即将到期的商品或其他积压的商品

7. 根据反不当竞争法律制度的规定，下列各项中，不构成不正当竞争行为的是（　　）。

A. 经营者在销售商品时，在账外给予对方折扣

B. 第三人使用明知是他人违反约定提供的客户名单进行交易

C. 当地政府发布文件限制在本地区销售外地生产的同类产品

D. 以低于成本的价格进行季节性降价

8. 违反《反不正当竞争法》的法律责任有（　　）。

A. 民事责任　　　　　　　B. 行政责任

C. 刑事责任　　　　　　　D. 赔偿责任

9. 监督检查部门在监督检查不正当竞争行为时，（　　）应当如实提供有关资料和情况。

A. 被检查的经营者　　　　B. 利害关系人

C. 证明人　　　　　　　　D. 国家机关

E. 遵守公认的商业道德原则

10. 《反不正当竞争法》的基本原则主要有（　　）。

A. 自愿原则　　　　　　　B. 等价有偿原则

C. 平等原则　　　　　　　D. 公平原则

E. 诚实信用原则

四、案例分析

A单位经过介绍人B向C服装厂订购工作服500套，双方在合同中订明，C服装厂给A单位10%折扣优惠，A单位依照合同通过银行转账支付了450套的货款，C服装厂提款后一个月交货给A单位，同时服装厂为了酬谢介绍人B支付介绍费1000元。

1. C服装厂与A单位的交易行为中有无不合法的？为什么？

2. 介绍人B收取服装厂的1000元是否合法？

第七章
驯服那些桀骜不驯的商业巨头
——反垄断法

> 垄断者,通过经常保持市场存货的不足……以远远高于正常的价格出售他们的产品,从而无论在工资还是在利润方面都提高他们的报酬。
>
> ——亚当·斯密（Adam Smith,1776）

学习目标:
- □ 了解反垄断的概念和法律特征,了解反垄断行为的监督检查、法律责任。
- □ 了解《反垄断法》的基本原则,以及具体含义。
- □ 掌握违反《反垄断法》的构成要件,熟悉经营者对反垄断的保护方式。

技能目标:
- □ 运用所学知识,了解、判断经营者的哪些行为构成垄断行为,用《反垄断法》进行法律保护。
- □ 预防和避免垄断行为,在市场经营过程中,要及时地进行调整和完善,避免受到法律的惩戒。

【案例导入】

2016年8月,济南市建委印发《进一步加强和规范高层建筑太阳能热水系统（含节能替代产品）应用管理的通知》（济建科字〔2016〕15号）,其中有三点尤其引入注目：一是企业所定的太阳能热水系统产品价格不能低于通知里面所规定的价格；二是太阳能热水系统的参与企业是济南市建委所属的建设协会备案的企业,没有备案的企业不能参与；三是高层建筑所用的太阳能产品必须是协会推荐的品牌。此文件一经发出引起了其他太阳能热水系统企业的不满和投诉。

2018年山东省反垄断执法机构对济南市建委涉嫌滥用行政权力排除、限制竞争行为进行调查，认为济南市建委作为主管建设的行政机关，在无法律依据的情况下，通过下发文件的方式对全市范围内的高层建筑太阳能热水系统推荐产品、协议价格等做统一规定，这样就限制了其他相关市场主体的公平竞争，其行为已经违反了《反垄断法》第三十七条的规定，构成滥用行政权力，排除、限制竞争行为。

第一节 "垄断"的前世今生——反垄断法概述

一、垄断与反垄断法

我国古代就有垄断一词，源于《孟子·公孙丑下》"必求垄断而登之，以左右望而网市利"。在资本主义经济里，垄断（monopoly）是排除、限制竞争以及可能排除、限制竞争的行为，产生于少数在资本方面占有优势的集团，为了获得非正规性利润，通过企业之间的内部协议或联合谋划，对一种或多种商品在生产、销售与价格方面进行干预，以谋取不当利益。垄断作为一种经济现象，出现于资本主义社会，是竞争的对立物，又是竞争发展的必然结果。

反垄断是禁止垄断的不当行为，以期对垄断进行规范和惩罚，来维护正当的企业或集团的合法经营行为，当某个公司的经营出现垄断或有垄断迹象之际，政府或国际组织就应当采取法律或行政干预措施予以解决。在19世纪末期世界经济的发展进入了垄断资本主义时期，垄断就成为各国规制的对象，各国均采取严厉的立法来进行反垄断的法律规制。

世界上第一部反垄断法是美国国会于1890年制定的《谢尔曼法》（Sherman Antitrust Act），被称为世界各国反垄断法之母，这是美国历史上第一个授权联邦政府控制、干预经济的法案，该法因由参议员约翰·谢尔曼提出而得名，正式名称是《保护贸易及商业免受非法限制及垄断法》。该法规定：凡以垄断形式订立契约、实行合并或阴谋限制贸易的行为，均属违法。

2007年8月30日第十届全国人民代表大会常务委员会第二十九次会议通过《中华人民共和国反垄断法》，于2008年8月1日起施行，主旨在于预防和制止垄断行为，保护市场公平竞争，提高经济运行效率，维护消费者利益和社会公共利益，促进社会主义市场经济健康发展。

二、反垄断法的基本法律特征

反垄断法是指调整和规范垄断行为的各种法律关系的总称。作为经济法内容之一，除了具有经济法的基本特征如经济性、社会整体性、行政主导性和政策性等之外，还具有自身特征，使其与其他法律有所区别，反垄断法主要有以下特征：

（一）体现了国家本位主义

资本主义发展到一定程度催生垄断萌芽，日益强大的竞争最终导致生产与资本大量聚集，最终产生垄断，垄断集团滥用垄断行为消除正当竞争，从而进行排除、限制竞争的非法活动，造成市场秩序的混乱。反垄断法的制定，就是国家主动干预垄断经济的强有力行政和法律手段，是国家本位主义的具体体现，正是通过国家力量的干预和纠正，促使市场出现维护自由与公平的良好秩序，推动经济秩序在公平竞争中发展。

（二）以社会整体利益为本位

社会整体利益是社会成员的个人根本利益和长远利益，是个人利益得以实现的前提和基础，保障着个人利益的实现，是社会生存和发展的需要在社会关系中的体现。反垄断法是国家权力对垄断经营行为进行规制，从而维护公平和有序竞争，捍卫了国家利益和大多数个体利益，进而对社会整体利益予以保护。

（三）以经济政策性作为支撑

物质基础决定上层建筑，经济是一个国家的基础，经济的好坏直接影响到国家的前途命运，所以国家在反垄断法中将经济政策融入其中加以实施，这就与国家的特定时期经济政策紧密相连，从而具有较大的灵活性，以至于同样的反垄断条款在不同的国家以及不同国家的不同时期的执行情况可能有很大的差异，反垄断法有明显的经济政策性作为支撑。

三、反垄断法的基本原则

（一）建设健康有序的市场体系原则

健康有序的市场体系包含统一、开放、竞争、有序的基本内容，市场活动要统一起来，保证对所有市场主体开放，充分参与竞争，实现秩序井然的市场活动准则。要健全现代市场体系，加强和完善宏观调控，在更大程度上发挥市场在资源配置中的基础性作用，健全统一、开放、竞争、有序的现代市场体系。《反垄断法》第四条规定，国家制定与实施与社会主义市场经济相适应的竞争规则，完善宏观调控，健全市场体系。

（二）鼓励公平竞争的原则

公平竞争是各个竞争者在同一市场条件下共同接受价值规律和优胜劣汰的作用与评判，并各自独立承担竞争的结果，经营者在市场竞争过程中，依据其所享有的要求其他经营者及相关主体进行公平竞争，以保障和实现经营者合法竞争利益。我国实行中国特色的社会主义市场经济，制定和实施《反垄断法》，以维护国家基本经济制度为目标，经营者可以通过公平竞争、自愿联合，依法实施集中，扩大经营规模，提高市场竞争力。

（三）禁止违法实施限制竞争行为的原则

在市场经济发展和交易过程中，市场参与主体不能准确掌握市场规律，不能充分进行最佳的资源配置，这需要国家运用行政力量从宏观上进行合理化调配，运用法律政策和措施来保护充分的市场竞争。国家采用的行政力量目的是为了社会公共利益和宏观调控而实施，对市场行为采取了鼓励竞争保护，有利于经济区域、行业协调发展，实现社会经济整体利益。违反法律实施的限制竞争行为，违背了经济发展规律，有害于经济要素在市场中的合理配置，造成效率低下和资源浪费，要加以制止和惩罚。

> **相关链接**
>
> **2014 年诺贝尔经济学奖得主让·梯若尔：驯服垄断的大师**
>
> 2014 年的诺贝尔经济学奖授予法国著名经济学家让·梯若尔，以表彰他对市场力量与调控领域研究的贡献。获奖原因是分析大型企业、市场力量与监管方面的贡献。诺奖委员会认为，让·梯若尔的理论为垄断管制研究注入了新的生命力，是驯服垄断寡头公司的利器。颁奖词称，梯若尔是我们时代最具影响力的经济学家之一，他在众多领域做出了重要的理论研究贡献。然而，他最杰出的成就是阐明了如何理解并监管由数家寡头公司垄断的行业。

第二节 让行为符合规矩——垄断行为的法律规制

垄断行为对市场经营主体和其他参与人正常的生产、经营、销售等产生巨大的损害，需对损害的产生进行法律制约和惩戒，对什么是垄断行为的界定十分重要。

一、规制滥用市场支配地位的制度

滥用市场支配地位行为是指具有市场支配地位的企业不合理利用其市场支配地位，在一定的交易领域实质性地限制竞争，违背公共利益，明显损害消费者利益，损害自由公平的市场竞争秩序，应受反垄断法规制的行为。

滥用市场支配地位行为有两种形式：第一，同业竞争者之间实施的滥用行为。主要有低于成本价销售行为、独家交易行为、搭售和附加其他不合理交易条件行为等，针对同业竞争者所实施的滥用行为会无正当理由地妨碍了他人的公平竞争，并且对竞争产生了实质性的影响。第二，销售者对交易相对人所实施的滥用行为。具体表现形式为价格歧视行为、差别待遇行为、拒绝交易行为、强制交易行为和垄断性高价行为等。针对交易相对人所实施的滥用行为通常是不正当或不公平的。

> **相关链接**
>
> 2010 年 9 月 27 日，北京奇虎科技有限公司发布了其新开发的"隐私保护器"——扣扣保镖，专门搜集 QQ 软件是否侵犯用户隐私。随后，QQ 立即指出 360 浏览器涉嫌网站推广。2010 年 11 月 3 日，深圳市腾讯计算机系统有限公司宣布在装有 360 软件的电脑上停止运行 QQ 软件，用户必须卸载 360 软件才可登录 QQ，强迫用户"二选一"，使得双方的纠葛公之于众，被业界形象地称为"3Q 大战"。双方为了各自的利益，从 2010—2014 年，两家公司上演了一系列互联网之战，并走上了诉讼之路。这个案例里一方面奇虎 360 和腾讯 QQ 属于同业竞争者，另一方面两者的行为对用户产生强制交易的行为，迫使用户只能选择其一，是典型的滥用市场支配地位。

二、规制垄断协议的制度

垄断协议是指两个或者两个以上的经营者,通过协议或者其他协商一致的行为,实施固定价格、划分市场、限制产量、排挤其他竞争对手等排除、限制竞争的行为。

垄断协议分为横向垄断协议和纵向垄断协议。

横向垄断协议是指具有竞争关系的经营者达成下列垄断协议:(1)固定或者变更商品价格;(2)限制商品的生产数量或者销售数量;(3)分割销售市场或者原材料采购市场;(4)限制购买新技术、新设备或者限制开发新技术、新产品;(5)联合抵制交易;(6)国务院反垄断执法机构认定的其他垄断协议。

纵向垄断协议是指经营者与交易相对人达成下列垄断协议,禁止经营者与交易相对人达成下列垄断协议:(1)固定向第三人转售商品的价格;(2)限定向第三人转售商品的最低价格;(3)国务院反垄断执法机构认定的其他垄断协议。

构成垄断协议的构成要件有以下几个方面:

(1)协议或者协同行为由多个独立主体构成,要有两个或者两个以上的市场经营者之间达成协议。

(2)经营者之间存在通谋或协同一致的行为,经营者之间互相能够达成一致,利用自身占有的优势对其他经营者进行歧视性的安排,以达到谋取非正规性的利润目的。

(3)导致或者可能导致垄断的后果,这是消极的后果,垄断之后对经济的破坏性比较大,导致其他经营者难以为继或者无法充分发挥竞争优势。

> **相关链接**
>
> 2011年3月底到4月初(同一个时期),宝洁、联合利华、立白、纳爱斯等四大日化巨头选择将对洗衣粉、洗衣液、洗洁精、沐浴露、洗发水等洗涤类日化用品集体涨价,价涨幅度在5%~10%(同样的涨价幅度),四大日化企业占到了全国八成以上的市场份额,在维护业已形成的市场势力范围,维持了一个竞争态势的均衡。四大日化巨头企业共同形成的"价格联盟",属于垄断协议。

三、规制经营者集中的制度

经营者集中,是指两个或者两个以上的企业相互合并,或者一个或多个个人或企业对其他企业全部或部分获得控制,从而导致相互关系上持续稳固的行为。多个经营者在相互结合后,会对市场经济秩序产生一定影响:一方面,有利于发挥规模经济的作用,提高经营者的竞争能力;另一方面,过度集中又会产生或加强市场支配地位,限制竞争,损害企业效率,市场参与者过度集中,会有损害竞争的垄断雏形出现,影响其他市场主体的合法权益,应受《反垄断法》的调整。

经营者集中是指下列情形:

(1)经营者合并。

(2)经营者通过取得股权或者资产的方式取得对其他经营者的控制权。

(3)经营者通过合同等方式取得对其他经营者的控制权或者能够对其他经营者施加决

定性影响。

经营者集中达到国务院规定的申报标准的，经营者应当事先向国务院反垄断执法机构申报，未申报的不得实施集中。

四、规制行政性垄断的制度

行政性垄断是行政机关或其授权的组织滥用行政权力，限制竞争的行为。主要表现为地区行政性市场垄断、行政强制交易、行政部门干涉企业经营行为、行政性公司滥用优势行为等。行政垄断的实质，是行政权力超出其权限范围而运用于市场关系中，从而实现行为主体利益的最大化。不仅容易妨害自由竞争机制的形成和发展，扰乱市场秩序，降低整个经济的运行效率，也阻碍了统一、开放、有序的现代市场体系的形成，导致市场壁垒重重，商品及生产要素流通受阻，不利于提高企业的市场竞争力。

行政机关和法律、法规授权的具有管理公共事务职能的组织滥用行政权力，实施下列行为，会妨碍商品在地区之间的自由流通：

（1）对外地商品设定歧视性收费项目、实行歧视性收费标准，或者规定歧视性价格。

（2）对外地商品规定与本地同类商品不同的技术要求、检验标准，或者对外地商品采取重复检验、重复认证等歧视性技术措施，限制外地商品进入本地市场。

（3）采取专门针对外地商品的行政许可，限制外地商品进入本地市场。

（4）设置关卡或者采取其他手段，阻碍外地商品进入或者本地商品运出。

（5）妨碍商品在地区之间自由流通的其他行为。

> **相关链接**
>
> 2016年4月22日国务院公布了《盐业体制改革方案》，明确从2017年1月1日开始，放开所有盐产品价格，取消食盐准运证，允许现有食盐定点生产企业进入流通销售领域，食盐批发企业可开展跨区域经营。从2018年1月1日开始，现有食盐定点生产企业和批发企业可依照新的规定申请许可，根据许可范围从事相应的经营活动。盐业专营或特许的制度可追溯到春秋时代，在《管子》中就有记载，是一种行政性垄断的具体表现，这与同时期的经济和社会发展是相适应的。随着经济社会发展，行政性垄断盐业使得资源不能得到有效配置，潜在的经营者无法进入食盐行业，市场竞争力未能充分激发，所以国务院才根据实际情况进行盐业体制改革，去除行政性垄断弊端。

第三节 谁为垄断行为"买单"
——反垄断法的法律责任

一、垄断行为的监督机关

国务院设立反垄断委员会，负责组织、协调、指导反垄断工作，履行下列职责：

（1）研究拟订有关竞争政策。
（2）组织调查、评估市场总体竞争状况，发布评估报告。
（3）制定、发布反垄断指南。
（4）协调反垄断行政执法工作。
（5）国务院规定的其他职责。

国家市场监督管理总局承担反垄断统一执法。根据规定，国务院反垄断执法机构可以根据工作需要授权省、自治区、直辖市人民政府的相应机构，依照反垄断法的规定负责有关反垄断执法工作。

二、监督机关的职权

反垄断执法机构调查涉嫌垄断行为，可以采取下列措施：
（1）进入被调查的经营者的营业场所或者其他有关场所进行检查。
（2）询问被调查的经营者、利害关系人或者其他有关单位或者个人，要求其说明有关情况。
（3）查阅、复制被调查的经营者、利害关系人或者其他有关单位或者个人的有关单证、协议、会计账簿、业务函电、电子数据等文件、资料。
（4）查封、扣押相关证据。
（5）查询经营者的银行账户。

三、违反《反垄断法》的法律责任

（一）违法经营者的法律责任

反垄断执法机构对违法经营者的处罚类型主要有：责令停止违法行为、没收违法所得以及罚款。反垄断执法机构在确定罚款的具体数额时，应当考虑违法行为的性质、程度和持续的时间等因素，以确保处罚的公正性。

经营者违反《反垄断法》的情形主要有以下三种：

第一，经营者违反《反垄断法》的规定，达成垄断协议并实施或者虽然达成垄断协议但尚未实施的行为。我国《反垄断法》第四十六条第一、二款规定：经营者违反本法规定，达成并实施垄断协议的，由反垄断执法机构责令停止违法行为，没收违法所得，并处上一年度销售额百分之一以上百分之十以下的罚款；尚未实施所达成的垄断协议的，可以处五十万元以下的罚款。

第二，经营者违反《反垄断法》的规定，滥用市场支配地位的行为。我国反垄断法第四十七条规定：经营者违反本法规定，滥用市场支配地位的，由反垄断执法机构责令停止违法行为，没收非法所得，并处上一年度销售额百分之一以上百分之十以下的罚款。

第三，经营者违反《反垄断法》的规定实施集中的行为。我国反垄断法第四十八条规定：经营者违反本法规定实施集中的，由国务院反垄断执法机构责令停止实施集中、限期处分股份或者资产、限期转让营业以及采取其他必要措施恢复到集中前的状态，可以处五十万元以下的罚款。

（二）行业协会的法律责任

《反垄断法》对于行业协会违法组织本行业的经营者达成垄断协议的行为规定了相应的处罚，是为了遏制行业协会联盟达成垄断以反竞争的目的，维护正常有序的竞争秩序。第四十六条第三款规定：行业协会违反本法规定，组织本行业的经营者达成垄断协议的，反垄断执法机构可以处五十万元以下的罚款；情节严重的，社会团体登记管理机关可以依法撤销登记。

（三）对滥用行政权力的行政主体的处罚

《反垄断法》第五十一条规定：行政机关和法律、法规授权的具有管理公共事务职能的组织滥用行政权力，实施排除、限制竞争行为的，由上级机关责令改正；对直接负责的主管人员和其他直接责任人员依法给予处分。反垄断执法机构可以向有关上级机关提出依法处理的建议。法律、行政法规对行政机关和法律、法规授权的具有管理公共事务职能的组织滥用行政权力实施排除、限制竞争行为的处理另有规定的，依照其规定。

综合实训

一、应掌握的专业术语

垄断、反垄断、市场支配地位、独家交易、经营者集中

二、单选题

1. 行政机关滥用行政权力，实施对外地商品设定歧视性收费项目、实行歧视性收费标准，妨碍商品在地区之间自由流通的行为是（　　）。
   A. 滥用行政权力排除、限制竞争的行为
   B. 宏观调控行为
   C. 经营者集中行为
   D. 滥用市场支配者地位行为

2. 当事人对反垄断执法机构做出的有关经营者集中的决定不服的，下列各项中，做法正确的是（　　）。
   A. 只能申请行政复议　　　　B. 可以直接提起行政诉讼
   C. 应当先申请行政复议　　　D. 只能向上级单位申诉

3. 根据《反垄断法》的规定，下列各项中，属于法律禁止的纵向垄断协议的是（　　）。
   A. 限制开发新技术、新产品　　B. 限制商品的生产数量或者销售数量
   C. 限制购买新技术、新设备　　D. 限定向第三人转售商品的最低价格

4. 依反垄断法规定，具有市场支配地位的经营者从事的（　　）的行为是滥用市场支配地位的行为。

A. 以不公平的高价销售商品
B. 以低于成本的价格销售商品
C. 限定交易相对人只能与其进行交易
D. 拒绝与交易相对人进行交易

5. 在不会严重限制相关市场竞争，并能使消费者分享由此产生的利益前提下，经营者与具有竞争关系的经营者（　　）不为反垄断法所禁止。
A. 为排除竞争，达成的联合抵制交易协议
B. 为实现其支配地位，达成的限制商品的生产数量协议
C. 为限制竞争，达成的固定商品价格协议
D. 为改进技术，达成的限制购买新技术协议

6. 经营者违反《反垄断法》的规定，达成并实施垄断协议的，由反垄断执法机构责令停止违法行为，没收违法所得，并处一定数额的罚款。该罚款数额是（　　）。
A. 50 万元以下
B. 100 万元以下
C. 上一年度销售额 1% 以上 10% 以下
D. 上一年度销售额 2% 以上 20% 以下

7. 根据《反垄断法》的规定，下列关于市场支配地位推定的表述中，不正确的是（　　）。
A. 经营者在相关市场的市场份额达到 1/2 的，推定为具有市场支配地位
B. 两个经营者在相关市场的市场份额合计达到 2/3，其中有的经营者市场份额不足 1/10 的，不应当推定该经营者具有市场支配地位
C. 三个经营者在相关市场的市场份额合计达到 3/4，其中有两个经营者市场份额合计不足 1/5 的，不应当推定该两个经营者具有市场支配地位
D. 被推定具有市场支配地位的经营者，有证据证明不具有市场支配地位的，不应当认定其具有市场支配地位

三、多选题

1. 根据反垄断法的规定，下列各项中，不适用反垄断法的行为有（　　）。
A. 知识产权的正当行使
B. 经营者达成垄断协议
C. 可能具有排除、限制竞争效果的经营者集中
D. 农业生产中的联合或者协同行为

2. 根据《反垄断法》的规定，下列各项中，属于法律禁止的纵向垄断协议的有（　　）。
A. 固定向第三人转售商品的价格
B. 限定向第三人转售商品的最低价格
C. 联合抵制交易
D. 分割销售市场或者原材料采购市场

3. 根据《反垄断法》的规定，下列各项中，可被豁免的垄断协议有（　　）。

A. 为改进技术、研究开发新产品的
B. 限制开发新技术、新产品的
C. 为提高产品质量、降低成本、增进效率，统一产品规格、标准或者实行专业化分工的
D. 为实现节约能源、保护环境、救灾救助等社会公共利益的

4. 根据《反垄断法》的规定，下列各项中，属于经营者集中的有（   ）。
A. 经营者合并
B. 经营者通过取得股权或资产的方式取得对其他经营者的控制权
C. 经营者通过合同取得对其他经营者的控制权
D. 经营者通过合同外的方式取得能够对其他经营者施加决定性影响的地位

5. 根据《反垄断法》的规定，下列各项中，属于滥用市场支配地位行为的有（   ）。
A. 以不公平的高价销售商品
B. 没有正当理由，拒绝与交易相对人进行交易
C. 没有正当理由搭售商品
D. 限定向第三人转售商品的最低价格

6. 甲乙公司违反《反垄断法》的规定，达成垄断协议。根据《反垄断法》的规定，下列表述中，正确的有（   ）。
A. 如果实施垄断协议的，由反垄断执法机构责令停止违法行为
B. 如果实施垄断协议的，由反垄断执法机构没收违法所得
C. 如果实施垄断协议的，由反垄断执法机构并处上一年度销售额1%以上10%以下的罚款
D. 如果尚未实施垄断协议的，反垄断执法机构可以处其50万元以下的罚款

7. 对于违反反垄断法实施集中的经营者，国务院反垄断执法机构可以采取的措施有（   ）。
A. 责令停止实施集中   B. 限期处分股份或者资产
C. 限期转让营业   D. 处以罚款

四、案例分析

某跨国汽车公司为了维持高额利润，与我国某省数十家汽车进口经销商达成并实施了协议，限定一些特定型号的整车及部分配件最低售卖价格。在具体实施协议过程中，该跨国汽车公司通过电话、口头通知或者召开经销商会议的形式，加大对经销商的考核力度，严格限制指定区域内该型号整车的最低转售价格，如果经销商不严格执行限价政策，就要被约谈警告、减少政策支持力度等多种方式，促使协议得以实施。后被举报至当地工商行政部门，经调查核实，确实存在此种问题。

请问某跨国汽车公司的行为是否属于垄断行为，工商行政部门应当如何处理？

第八章
供给侧改革的保证
——产品质量法

质量是维护顾客忠诚的最好保证。

——通用电器公司总裁杰克·韦尔奇

学习目标：
- □ 了解产品质量法概念，通过产品质量法全面掌握产品质量的重要性。
- □ 了解产品质量的监管机关和法规规定。
- □ 掌握产品质量的一般规定，熟悉并领会产品。

技能目标：
- □ 确保能制定一份完整的合同，确保合同基本条款的合法性，任一条款对双方的约束效力如何，不当履行后果如何。
- □ 预防和减少合同纠纷，当合法利益受到侵害时，能够正确运用合同法保护自身合法利益。

【案例导入】

周某与郑某是老邻居，周某买了新房准备搬家。搬家时，见郑某家因经济一直比较困难没有冰箱，自己搬新家准备买台新冰箱，就将原来使用的一台单门冰箱送给郑某，并对郑某说，这台冰箱用了12年了，但一直都很好用，没出过毛病，如不嫌弃就留下使用。郑某说，旧的总比没有强，于是留下冰箱。半年后，这台冰箱在使用中突然因故障起火，烧毁了郑某家的大部分财产。郑某向法院提起诉讼，认为周某没有告知冰箱存在质量问题，可能会引起火灾，导致他接受了冰箱，造成家庭财产的损失。要求周某对他家的经济损失承担损害赔偿责任。

试分析：

（1）郑某诉由是否有法律依据？说明理由。
（2）应由谁承担损害赔偿责任？

第一节　企业生命的开始——产品质量法概述

现行的《中华人民共和国产品质量法》（以下简称《产品质量法》）于1993年2月第七届全国人民代表大会常务委员会第三十次会议通过，并根据2000年7月8日第九届全国人民代表大会常务委员会第十六次会议《关于修改〈中华人民共和国产品质量法〉的决定》进行了修正。

《产品质量法》第一条就明确了制定本法的目的是加强对产品质量的监督管理，提高产品质量水平，明确产品质量责任，保护消费者的合法权益，维护社会经济秩序。

一、产品、产品质量和产品质量问题的概念

1. 产品

通常意义上的产品是指能够供给市场，被购买者使用和消费，具有某种特定物质形状和用途的物品，是直观感受到的东西，这是狭义的解释。广义的产品是指人们通过购买而获得的能够满足某种需求和欲望的物品的总和，它既包括具有物质形态的产品实体，又包括无形服务、独特设计、观念等。

《产品质量法》第二条规定，本法所称产品是指经过加工、制作，用于销售的产品，建设工程除外；但是，建设工程使用的建筑材料、建筑构配件和设备，属于《产品质量法》规定的产品范围。下列物品不适用《产品质量法》：（1）天然物品，如煤、油、水等；（2）农副产品；（3）初级加工品；（4）建筑工程；（5）专门用于军事的物品；（6）人体的器官及其组织体。

想一想：

清洁的空气是否属于产品？

【解析】清洁的空气是大自然本身具有能够提供给居民使用的，这种日常所见，没有经过加工的清洁空气是没有产品的属性，不需要经过加工、不需要支付对价就可以实现自由使用。

如果清洁的空气经过商家的加工收集、包装、运输、仓储等形式，提供给不同的消费群体，那么这种清洁的空气属于产品，具有产品的基本属性。

2. 产品质量

产品质量是指产品满足规定需要和潜在需要的特征和特性的总和。任何产品都是为满足

用户的使用需要而制造的。对于产品质量来说，不论是简单产品还是复杂产品，都应当用产品质量特性或特征去描述。产品质量特性依产品的特点而异，表现的参数和指标也多种多样，反映用户使用需要的质量特性归纳起来一般有六个方面，即性能、寿命（即耐用性）、可靠性与维修性、安全性、适应性、经济性。

产品质量指的是在商品经济范畴，企业依据特定的标准，对产品进行规划、设计、制造、检测、计量、运输、储存、销售、售后服务、生态回收等全程的必要的信息披露。

产品质量的含义与分类。产品质量指产品应具有的、符合人们需要的各种特性和特征的总和。产品特性指产品必须具备规定的，或潜在需要的性能。也即产品自身应固有的安全性、适用性的一般性能，以及可替换性、可维修性等个别性能。

3. 产品质量问题

产品质量问题就是违反产品质量法所导致产品质量的问题。在我国，产品质量是指国家有关法律、法规、质量标准以及合同规定的对产品适用性、安全性和其他特性的要求。根据"需要"是否符合法律的规定，是否满足用户、消费者的要求，以及符合、满足的程度，产品质量可分为合格与不合格两大类。

合格又分为符合国家质量标准、符合部级质量标准、符合行业质量标准和符合企业自定质量标准四类。

不合格产品包括：（1）瑕疵。瑕疵是指产品质量不符合用户、消费者所需的某些要求，但不存在危及人身、财产安全的不合理危险，或者未丧失原有的使用价值。产品瑕疵可分为表面瑕疵和隐蔽瑕疵两种。（2）缺陷。缺陷是指产品存在危及人体健康、人身、财产安全的不合理的危险。包括设计上的缺陷、制造上的缺陷和未预先通知的缺陷。（3）劣质。劣质是指其标明的成分的含量与法律规定的标准不符，或已超过有效使用期限的产品。（4）假冒。假冒是指该产品根本未含法律规定的标准的内容，以及非法生产、已经变质的而根本不能作为某产品使用的产品。

小贴士：

同学们在购买产品的过程中，一定要学会仔细甄别，货比三家，特别是对现在流行的瘦身、美容、化妆等产品，很多产品夸大其效果，套路满满，一不小心就会产生产品质量纠纷问题，而这类产品质量一旦出现问题直接会影响到人的生命健康，甚至危及生命。

二、产品质量法的概念、调整对象与适用范围

（一）产品质量法的概念及调整对象

产品质量法是调整产品质量监督管理关系和产品质量责任关系的法律法规的总称。其调整的对象有：第一，产品质量监督管理关系。这一关系是在行政机关在履行产品监督管理职能的过程中与生产经营者之间发生的关系，是管理、监督与被管理、被监督的关系；第二，产品质量责任关系。这一关系是发生在生产经营者与消费者，用户及其相关第三人之间的、因产品质量问题引发的损害赔偿责任关系，是一种在商品交易关系中发生的平等主体间的经济关系。

（二）产品质量法的适用范围

《产品质量法》第二条规定：在中华人民共和国境内从事产品生产、销售活动，必须遵

守本法。凡在我国境内从事产品的生产、销售活动，包括进口产品在我国国内的销售，都必须遵守本法的规定，既要遵守本法有关对产品质量行政监督的规定，同时对因产品存在缺陷造成他人人身、财产损害的，也要依照本法关于产品责任的规定承担赔偿责任。

产品质量法的主体适用范围：

（1）产品质量监督管理部门。产品质量监督管理部门是负责产品质量监督管理工作的国家机关。包括国务院产品质量监督管理部门和县级以上地方人民政府产品质量监督管理部门；同时也包括与产品质量监督管理工作有关的各级人民政府职能部门。

（2）保护消费者权益的社会组织。保护消费者权益的社会组织是产品质量监督的辅助性机构。包括各级消费者协会、用户委员会等。

（3）用户。指将产品用于集团性消费的企业、事业单位和其他社会组织。

（4）消费者。指将产品用于生活性消费的社会个体成员。

（5）受害者。指因产品存在缺陷而遭致人身、财产损害，从而有权要求获得损害赔偿的人。包括自然人、法人与社会组织。

（6）产品责任主体。产品责任主体是指产品责任的承担者。

第二节　让劣质产品无处可逃——产品质量监督管理制度

一、产品质量监督管理体制

产品质量监督管理体制是指划分部门之间、中央与地方之间产品质量监督管理权限的法律制度。我国的产品质量监督管理机构主要有两类：一类是专门机构，即各级技术监督局；另一类是其他部门，包括工商、卫生、医药等管理部门。

二、产品质量监督制度

依据《产品质量法》第十五条的规定，国家对产品质量实行以抽查为主要方式的监督检查制度，对可能危及人体健康和人身、财产安全的产品，影响国计民生的重要工业产品以及消费者、有关组织反映有质量问题的产品进行抽查。抽查的样品应当在市场上或者企业成品仓库内的待销产品中随机抽取。监督抽查工作由国务院产品质量监督部门规划和组织。县级以上地方产品质量监督部门在本行政区域内也可以组织监督抽查。法律对产品质量的监督检查另有规定的，依照有关法律的规定执行。国家监督抽查的产品，地方不得另行重复抽查；上级监督抽查的产品，下级不得另行重复抽查。产品质量检验机构必须具备相应的检测条件和能力，经省级以上人民政府产品质量监督部门或者其授权的部门考核合格后，方可承担产品质量检验工作，检验抽取样品的数量不得超过检验的合理需要，并不得向被检查人收取检验费用。

《产品质量法》第十七条规定，监督抽查的产品质量不合格的，由实施监督抽查的产品质量监督部门责令其生产者、销售者限期改正。逾期不改正的，由省级以上人民政府产品质量监督部门予以公告；公告后经复查仍不合格的，责令停业，限期整顿；整顿期满后经复查产品质量仍不合格的，吊销营业执照。

同时，《产品质量法》第十五条规定，生产者、销售者对抽查检验的结果有异议的，可以自收到检验结果之日起15日内向实施监督抽查的产品质量监督部门或者其上级产品质量监督部门申请复检，由受理复检的产品质量监督部门作出复检结论。

小贴士：

同学们在购买产品的过程中，一旦发现假冒伪劣产品，应立即向质量监督部门和工商行政部门12315投诉维权，并保留相关票据作为证据。《产品质量法》和《消费者权益保护法》对不法生产者、销售者严厉打击，以实现市场健康有序的发展。

第三节 秉持供给者的基本准则——生产者、销售者的产品质量义务

一、生产者的产品质量义务

（1）生产者对产品内在质量的担保义务。

（2）生产者的产品标识义务。生产者必须保证其产品及其包装上的标识符合法律法规的规定的义务。

（3）生产者必须遵守法律对特殊产品包装要求的规定。

（4）生产者的不作为义务：

①不能生产国家明令淘汰的产品。

②不得伪造产地，不得伪造或者冒用他人的厂址、厂名。

③不得伪造或者冒用认证标志等质量标志。

④生产者生产产品，不得掺杂、掺假，以假充真，以次充好，以不合格产品冒充合格产品。

二、销售者的产品质量义务

（1）销售者应当建立并执行进货检查验收制度。

（2）销售者应当保持进货产品原有的质量。

（3）销售者应当履行产品标识的义务。

（4）销售者的不作为义务：

①不得销售国家明令淘汰并停止销售的产品。

②不得销售失效、变质的产品。
③不得伪造产品,不得伪造和冒用他人的厂名、厂址。
④不得伪造或者冒用认证标志等质量标志。
⑤销售者销售产品,不得掺杂、掺假,以假充真,以次充好,以不合格产品冒充合格产品。

第四节 违反产品质量法的法律责任

一、产品质量责任制度概念

产品质量责任制度是为了保证产品或服务质量,而明确规定企业每个人在质量工作上的责任、权限与物质利益的制度。建立质量责任制是企业开展全面质量管理的一项基础性工作,也是企业建立质量体系中不可缺少的内容。

二、产品质量责任的民事责任

(一)产品瑕疵担保责任

产品瑕疵担保责任是指产品的销售者售出的产品有瑕疵,违反了其对产品质量所作的明示或默示的担保,所以应当承担责任。

根据《产品质量法》规定,售出的产品具有下列情形之一的,产品即存在瑕疵:(1)销售的产品不具备产品应当具有的使用性能而事先未作说明的;(2)不符合在产品或者其在包装上注明采用的产品标准的;(3)不符合以产品说明、实物样品等方式表明的质量状况。产品存在瑕疵,销售者应当负责修理、更换、退货;给购买产品的消费者造成损失的,销售者应当赔偿损失。

(二)产品责任、产品责任的归责原则、产品责任的构成要件、产品责任的免除、产品责任的损害赔偿

(1)产品责任是指由于产品有缺陷,造成了产品的消费者、使用者或其他第三者的人身伤害或财产损失,依法应由生产者或销售者分别或共同负责赔偿的一种法律责任。

(2)产品责任的归责原则是确定产品责任归属的准则,是要求行为人承担产品责任的根据、标准和理由。

(3)产品责任的构成要件:

①生产或销售不符合产品质量要求的产品。即产品存在危及人身、他人财产安全的不合理的危险,或产品不符合保障人体健康和人身、财产安全的国家标准、行业标准。这里所说的产品是指经过加工、制作,用于销售的产品。建设工程、初级农产品等不包括在内;这里所说的产品缺陷包括设计缺陷、制造缺陷和警示说明缺陷。

②不合格产品造成了他人财产、人身损害。这里所指的他人财产，不仅是指缺陷产品以外的财产，至于缺陷产品自身的损害，购买者也可以根据侵权责任法的规定要求销售者承担侵权责任。遭受人身损害的受害者，可以是购买者、消费者，也可以是购买者、消费者之外的第三人。

③产品缺陷与受害人的损害事实间存在因果关系。确认该种因果关系，一般应由受害人举证，受害人举证的事项为缺陷产品被使用或被消费、使用或者消费缺陷产品导致了损害的发生，但是对于高科技产品，适用因果关系推定理论。

（4）产品责任的免除。《产品质量法》第四十一条规定了生产者免责事由：（1）未将产品投入流通的；（2）产品投入流通时，引起损害的缺陷尚不存在的；（3）将产品投入流通时的科学技术水平尚不能发现缺陷存在的。

同时法律规定，由于受害人的故意造成损害的，生产者、销售者不承担赔偿责任；由于受害人的过失造成损害的，可以减轻生产者、销售者的赔偿责任。

（5）产品责任的损害赔偿。产品的使用人、消费者因生产者提供的产品本身存在质量缺陷而造成人身财产损害的，有权向生产者提出索赔要求，也可以向销售者提出索赔要求。后果是属于产品生产者的责任，产品的销售者给予赔偿的，产品的销售者有权向生产者追偿；反之，是属于产品的销售者的原因而由产品的生产者给予赔偿，产品的生产者有权向产品的销售者追偿。

三、产品质量责任的行政责任

产品质量行政责任是指违反产品质量法的单位和个人依法应承担的行政法上的责任。根据《产品质量法》规定，产品质量监督管理部门有权责令停止生产、销售，没收违法生产、销售的产品，处以罚款；有违法所得的，并处没收违法所得；情节严重的，吊销营业执照。

产品质量是由各种要素所组成的，这些要素被称为产品所具有的特征和特性。不同的产品具有不同的特征和特性，其总和便构成了产品质量的内涵。产品质量要求反映了产品的特征和特性满足顾客和其他相关方要求的能力。顾客和其他质量要求往往随时间而变化，与科学技术的不断进步有着密切的关系。这些质量要求可以转化成具有具体指标的特征和特性，通常包括使用性能、安全、可用性、可靠性、可维修性、经济性和环境等几个方面。

四、产品质量责任的刑事责任

产品质量责任的刑事责任是关于生产者、销售者严重违反产品质量法，构成犯罪的行为的刑事责任。按照我国的立法体例，有关犯罪构成要件及刑事处罚，都统一在刑事法律中作出规定，而不在其他单行法中另作规定。已构成犯罪的，应依照刑法的规定追究生产者、销售者的刑事责任。

综合实训

一、应掌握的专业术语

产品、产品质量、生产者的义务、监督管理、产品责任

二、单选题

1. 一日,张女士在家中做饭时燃气灶起火爆炸,张女士被火苗包围灼伤,经过抢救致使重度残疾。后据质量检测专家鉴定,燃气灶起火发生爆炸的直接原因是设计不尽合理,使用时天然气在进气孔处集聚而发生爆炸,本案中,可以以下列(　　)依据判定生产者承担责任。

    A. 产品存在的缺陷　　　　　　　B. 产品买卖合同约定
    C. 产品默示担保条件　　　　　　D. 产品明示担保条件

2. 甲公司售与乙商场一批黄金首饰,称黄金首饰的黄金含量是99.999%,乙商场接货后即行销售,由于首饰造型非常独特,深受消费者喜爱。后来消费者在佩戴过程中发现黄金首饰颜色随着时间长而发生变化,慢慢变成银色甚至是黑色,于是很多消费者投诉,要求乙商场退货并赔偿损失,乙商场与甲公司交涉,甲公司称此批黄金首饰表面涂了一层黄金,并非所指所有的首饰都是黄金做的,拒绝承担责任。经查,消费者所述属实。下列答案中不正确的是(　　)。

    A. 乙商场应予退换并赔偿损失
    B. 乙商场退换并赔偿损失后可向甲公司追偿
    C. 消费者丙只能起诉乙商场,不能起诉甲公司
    D. 乙商场无过错,不应当对此负责

3. 达达搬家公司在搬运一批玻璃器皿,纸箱包装已达到安全标准,上面标注有"易碎,轻拿轻放"。在运输过程中,由于装卸工未注意轻拿轻放而损坏若干件,该损失应由下列(　　)部门承担。

    A. 装卸工承担　　　　　　　　　B. 装卸工的雇主承担
    C. 达达搬家公司承担　　　　　　D. 易碎物品无需承担

4. 如意工厂研发一种新型电热毯,先后制造出50件样品,后样品在工厂仓库中有10件丢失。2018年2月李先生在家睡觉时电热毯短路引起火灾,查明原因是李先生的表哥老张是如意工厂仓库保管员,利用职务之便将仓库中的样本给了李先生一件,而该电热毯存在重大缺陷。李先生要求如意工厂赔偿损失,如意工厂不同意赔偿,以下说法正确的是(　　)。

    A. 该电热毯尚未投入流通,所以如意工厂不予以赔偿
    B. 仓库保管员老张将电热毯无偿赠与李先生,他不应该负责任
    C. 李先生明显知道电热毯是样品依然使用,应当自己承担责任
    D. 李先生可以向法院进行起诉,要求如意工厂对其进行赔偿

5. 某厂2017年生产了一种治疗头疼的频谱治疗仪投放市场,消费者张女士购买了一部,用后头疼大大减轻,但却患上了经常性失眠症状,张女士询问了这种治疗仪的其他用户,很多人都有类似反应。张女士向某厂要求索赔。某厂对此十分重视,专门找专家作了鉴定,结论是:目前科学技术无法断定治疗仪与失眠症状之间的关系。以下(　　)观点正确。

    A. 本着公平原则,某厂应予适当赔偿
    B. 因出现不良反应的用户众多,应将争议搁置,待科技发展到能够作出明确结论时再

处理

C. 该治疗仪的功能是治疗头疼的，该功能完全具备，至于其他副作用是治疗中不可避免的，该厂可不负责任

D. 由于治疗仪投入流通时的科学技术水平不能发现缺陷的存在，某厂不能承担赔偿责任

三、多选题

1. 下列产品中存在《产品质量法》所称的"缺陷"的有（　　）。
 A. 致人中毒的假酒
 B. 口感不佳的劣酒
 C. 易醉人的高度酒
 D. 突然爆炸炸坏家具的啤酒（爆炸原因为气压过高）

2. 下列物品不适用《产品质量法》的有（　　）。
 A. 农副产品
 B. 初级加工品
 C. 建筑工程
 D. 人体的器官及其组织体

3. 下列产品中应有警示标志或中文警示说明的有（　　）。
 A. 有副作用的药品
 B. 需稀释方可使用的农药
 C. 易燃易爆物
 D. 书籍

4. 合格产品的标准有（　　）。
 A. 符合国家质量标准
 B. 符合部级质量标准
 C. 符合行业质量标准
 D. 符合企业自定质量标准

5. 销售者在产品质量方面承担民事责任的具体形式有（　　）。
 A. 修理
 B. 更换
 C. 退货
 D. 赔偿

6. 在产品责任发生后，可以免除生产者责任的免责事由有（　　）。
 A. 未将产品投入流通的
 B. 产品投入流通时，引起损害的缺陷尚不存在的
 C. 将产品投入流通时的科学技术水平尚不能发现缺陷存在的
 D. 购买者未支付产品价款的

7. 行政机关对产品质量违法行为作出行政处罚后，当事人不服的，可以在接到处罚通知之日起15日内采取如下（　　）办法。
 A. 向作出处罚决定的机关的上一级机关申请复议
 B. 向人民法院起诉
 C. 请求检察机关审查行政处罚的合法性
 D. 请求原处理机关复议

8. 以下（　　）产品，不是《产品质量法》所称的"缺陷"产品。
 A. 损伤皮肤的化妆品
 B. 制冷效果不好的空调机
 C. 图像效果不佳的电视机
 D. 保温效果不良的暖水瓶

四、案例分析题

2018年1月1日李某在某网上商城支付3000元购买一台52寸曲面电视机，其认为电视机色彩不好，要求退货。李某咨询了商城客服退货的条款，客服告知李某商城是60天内无理由退货，但是李某购买的电视机是元旦特价机，不在退货的范围之内。李某在客服的指引下费了好长时间，终于发现购买须知的最后一行小字：本机为特价机，不在退换货范围之内，解释权归商城所有。李某感觉商城存在欺诈行为，1月16日向法院提起诉讼要求商城退货。2月1日，李某小学同学来找李某打电子游戏，看到李某电视机闲置，就以李某电视机作为电子游戏的显示器。两人从上午10点钟，一直持续打游戏到凌晨2点，电视机突然爆炸，两人都被炸成轻伤。经鉴定，电视机的主板有缺陷，持续时间长容易高温发生爆炸。网上商城认为电视机是李某要求退货，在没有法院判决之前擅自使用责任自负。请问：

（1）李某购买的电视机在发生爆炸损毁后，是否能够实现退货目标？
（2）李某、小学同学被炸成轻伤谁来承担责任？
（3）网上商城的说法是否正确，为什么？

第九章
营造和谐消费环境
——消费者权益保护法

更好维护消费者合法权益，营造安全放心的消费环境。

——李克强（中华人民共和国总理）

学习目标：
- □ 理解消费者的概念及《消费者权益保护法》的相关规定。
- □ 掌握《消费者权益保护法》中消费者的权利以及经营者的义务的基本规定。

技能目标：
- □ 作为消费者，当自己的权利受到侵害时，能够利用本章中所学的法律知识维护自己的权利。
- □ 作为经营者，当与消费者发生纠纷时，能合法、合理地处理好矛盾及纠纷。

【案例导入】

　　2016年的春节，李先生购买了某公司生产的按摩椅，但使用一年多后出现停滞、接触不良等现象，李先生多次将按摩椅送往生产厂家修理，但仍故障频频，李先生无奈将其收入了储藏间不再使用。而上周，按摩椅生产厂家宣布因质量原因，全球召回该款按摩椅，但召回区域不包括中国。李先生看着新闻叹了口气，怎么办呢？为了一台半旧的按摩椅花钱费时间打官司太划不来了。

　　请同学先了解消费争议的解决途径及法律保护的相关规定，根据案例展开讨论，给李先生出谋划策。

（资料来源：《案例详解消费者权益保护法》，新浪微博。）

第一节　提振消费发力供给——消费者权益保护法概述

一、消费者的概念

消费者是指为生活消费需要购买、使用商品或接受服务的自然人，其权益受法律保护。消费者具有以下几个法律特征：

1. 消费者的消费性质属于生活消费

消费者的生活消费包括两类：一是物质资料的消费，如衣、食、住、行、用等方面的物质消费；二是精神消费，如旅游、文化教育等方面的消费。

2. 消费者的消费客体是商品和服务

商品，指的是与生活消费有关的并通过流通过程推出的那部分商品，不管其是否经过加工制作，也不管其是否为动产或不动产。服务，指的是与生活消费有关的有偿提供的可供消费者利用的任何种类的服务。

3. 消费者的消费方式包括购买、使用（商品）和接受（服务）

关于商品的消费，即购买和使用商品，既包括消费者购买商品用于自身的消费，也包括购买商品提供他人使用或使用他人购买的商品。关于服务的消费，不仅包括自己付费自己接受服务，而且也包括他人付费自己接受服务。不论是商品的消费还是服务的消费，只要其有偿获得的商品和接受的服务是用于生活消费，就属于消费者。

4. 消费者的主体包括公民个人和进行生活消费的单位

生活消费主要是公民个人（含家庭）的消费，而且对公民个人的生活消费是保护的重点。但是，生活消费还包括单位的生活消费，因为在一般情况下，单位购买生活资料最后都是由个人使用，有些单位还为个人进行生活消费而购买商品和接受服务。

二、消费者权益

消费者权益是指有偿获得商品或接受服务时，以及在以后一定时期内依法享有的权益，其核心是消费者的权利。消费者权益是一定社会关系下适应经济运行的客观需要赋予商品最终使用者享有的权利。

三、消费者权益保护法

1. 消费者权益保护法的概念

消费者权益保护法是调整在保护公民消费权益过程中所产生的社会关系的法律规范的总称。现行的《中华人民共和国消费者权益保护法》（以下简称《消费者权益保护法》）是1993年10月31日第八届全国人民代表大会第四次会议通过的，依据2013年10月25日的第十二届全国人民代表大会常务委员会第五次会议通过的《全国人民代表大会常务委员会关于修改中华人民共和国消费者权益保护法的决定》进行修正的。新《消费者权益保护法》于 2014 年 3 月 15 日起正式实施。

相关链接

网购 7 天无理由退货

随着经济社会不断发展，我国消费方式、消费结构和消费理念发生了很大的变化。原来的法已经不能满足现实发展的需要，在 2014 年 3 月 15 日正式实施的新《消费者权益保护法》中规定，除消费者定做的，鲜活易腐的，在线下载或者消费者拆封的音像制品、计算机软件等数字化商品，以及交付的报纸、期刊外，网购商品在到货之日起 7 日内无理由退货。

2. 消费者权益保护法的调整对象

根据《消费者权益保护法》的规定，该法的调整对象可以概括为以下几个方面：

（1）消费者为生活消费需要购买、使用商品或者接受服务时。

（2）农民购买、使用直接用于农业生产的生产资料时。

（3）经营者为消费者提供生产、销售的商品或者提供服务时。《消费者权益保护法》以保护消费者利益为核心，在处理经营者与消费者的关系时，经营者首先应当遵守该法的有关规定；该法未作规定的，应当遵守其他有关法律、行政法规的规定。

四、消费者组织概述

消费者组织是消费者运动的产物。1844 年英格兰北部罗奇代尔市成立的"消费者合作社"，是现代意义的第一个消费者组织。国际消费者联盟组织成立于 1960 年（缩写为 IOCU），总部原设在荷兰海牙，现迁到英国伦敦，IOCU 现有 115 个国家和地区的 220 多个消费者成员。我国从 1983 年开始，消费者组织发展迅速，不仅于 1985 年建立了全国性的消费者组织——中国消费者协会，而且全国都普遍建立了消费者组织——各级消费者协会。1983 年，国际消费者联盟组织确定每年的 3 月 15 日为"国际消费者权益日"。1987 年 9 月，中国消费者协会正式被接纳为消费者组织的正式成员。

相关链接

韩国消费者组织就 iPhone 降速起诉苹果公司。据《韩国先驱报》2018 年 1 月 19 日报道，韩国首都首尔检察院 1 月 19 日发表声明称，将就科技巨头——苹果公司故意降低老款手机运行速度指控进行调查，指控称，苹果公司故意降低老款手机的运行速度，以刺激消费者去购买昂贵的新款苹果手机。首尔的消费者组织起诉苹果首席执行官库克以及苹果公司韩国分部的总负责人，首尔中央地方监察厅对此诉讼案展开调查。消费者组织认为，苹果公司降低老款手机如苹果 6 和苹果 7 的电池功能，欺骗消费者去买更贵、更新的新款手机，苹果公司将这视为淘汰策略的一部分。事发之后，苹果公司以折扣价向苹果用户提供替换电池，同时，苹果公司承诺，即将公布新的 IOS 系统，用户可以自行关闭降速。尽管如此，消费者认为，苹果公司没有提出满意的解决方式，例如消费者可以自由地为苹果手机更换电池。韩国首尔的消费者组织对苹果公司的行为发起了赔偿诉讼，苹果公司须向每位原告支付赔偿金额 2000 美元，苹果公司也多次被美国公司起诉，苹果公司的做法是诈骗行为，意大利政府也对苹果公司的行为展开调查。韩消费者组织就 iPhone "降速门"起诉苹果公司。

（资料来源："韩消费者组织就 iPhone '降速门'起诉苹果公司"，财经腾讯网。）

第二节 品质消费的保障——消费者的权利和经营者的义务

一、消费者的权利

消费者权利，是指法律赋予消费者在购买、使用商品或者接受服务时所享有的各项权利的总和。根据《消费者权益保护法》第二章的规定，消费者的权利包括：

1. 安全保障权

消费者在购买、使用商品或者接受服务时享有人身、财产安全不受损害的权利。这也是消费者最重要的权利。消费者有权要求经营者提供的商品和服务，符合保障人身、财产安全的要求。在实际生活中，侵害消费者安全权的行为主要表现为：（1）在食品中添加有毒有害物质。（2）制造销售假药、劣药。（3）出售过期变质食品和药品。（4）销售质量低劣的食品。（5）日常用品及机电产品缺乏安全保障。（6）化妆品有毒有害（7）营业场所不安全。（8）服务方式或商品包装不安全。（9）玩具质量不合格。

小贴士：

随着时代发展、社会的进步，网上信息不安全、个人消费信息泄密、消费者遭遇不期而至的服务，保护个人隐私的安全也被提上消费者权益保护日程。

案例分析

央视《夕阳红》主持人沈旭华和朋友在张生记餐馆吃饭就餐过程中，沈手机响起，即边接电话边走出包厢，来到包厢对面木制消防通道门旁，后不见踪影，经寻找，发现已坠落楼下，经抢救无效身亡。试分析：饭店对于沈的死亡是否承担责任？为什么？

【解析】：张生记餐馆应预见对消费者人身构成危害的安全隐患，而未采取措施，未尽合理限度内的安保义务，没有保证营业场所的安全性，侵害了消费者的安全保障权，应对沈的死亡承担责任。

（资料来源："沈旭华因何意外坠楼？家属追问悲剧缘由"，新浪影音娱乐。）

2. 知悉真情权

消费者享有知悉其购买、使用的商品或者接受的服务的真实情况的权利。消费者有权根据商品或服务的不同情况，有权要求经营者提供商品的价格、产地、生产者、用途、性能、规范等级、主要成分、生产日期、有效期限、检查合格证明、使用方法说明、售后服务或者服务的内容、规格、费用等有关情况。经营者提供商品或服务的情况必须真实，如医疗消费中，手术病人在手术前必须亲自签名同意实施手术，这就是知情权的一种体现。当然侵犯消费者的情况也很普遍，如对商品或服务做虚假夸大的宣传；只说优点不说缺点；故意隐瞒商品或服务的瑕疵、危险性、副作用；这些都属于严重侵犯消费者知情权的行为。

> **案例分析**
>
> 　　2016年8月30日，开封市工商局12315指挥中心接到消费者举报，反映开封市万润商贸有限公司在天猫网络交易平台开设的天猫万润运动专营店存在广告夸大宣传的行为。经开封市工商局城乡一体化示范区分局立案调查查明：天猫万润运动专卖网店广告宣传语"最适合你身体的好帮手，大方人士的最佳选择"涉嫌夸大宣传，误导消费。
>
> 　　【解析】针对消费者的投诉，经调解协商，当事人主动退赔消费者现金500元。依据《中华人民共和国广告法》，开封市工商局城乡一体化示范区分局对该公司作出如下处罚：1. 责令停止发布违法广告；2. 罚款8000元。
>
> （资料来源："2016年度消费者侵害消费者典型案例"，开封日报。）

3. 自主选择权

消费者享有自主选择商品或者服务的权利。消费者有权自主选择提供商品或者服务的经营者，自主选择商品品种或者服务方式，自主决定购买或者不购买任何一种商品、接受或者不接受任何一项服务。

4. 公平交易权

消费者享有公平交易的权利。消费者在购买商品或者接受服务时，有权获得质量保障、价格合理、计量正确等公平交易条件，有权拒绝经营者的强制交易行为。公平交易是市场经济的一项基本准则，但在消费活动中，消费者往往处于弱者的地位，被迫接受不公平的交易条件。为了确保消费者公平交易的实现，必须依照《产品质量法》和《反不正当竞争法》等法律、法规的规定，对劣质销售、价格不公、计量失度等不公平交易行为加以禁止。

5. 获得赔偿权

《消费者权益保护法》第十一条规定，消费者因购买、使用商品或者接受服务受到人身、财产损害的，享有依法获得赔偿的权利。获取赔偿权是消费者合法权益受到侵害后的救济措施。人身权利受到侵害，包括生命健康权、姓名权、名誉权等受到侵害。财产损失包括财产灭失、破损等以及因伤、残、死亡所支付的费用等。

6. 依法结社权

消费者享有依法成立维护自身合法权益的社会组织的权利。目前，在我国主要表现为中国消费者协会和地方各级消费者协会。

> **相关链接**
>
> 1983年5月,河北省新乐市成立了全国第一个消费者组织。1984年12月26日,中国消费者协会在北京成立,1989年,中国保护消费者基金会成立。并且我国于1987年9月被接纳为国际消费者联盟的正式成员。

7. 获取知识权

消费者享有获得有关消费和消费者权益保护方面的知识的权利。消费者应当努力掌握所需商品或者服务的知识和使用技能,正确使用商品,提高自我保护意识。这里的知识主要包括两个方面:一是有关消费知识,如选购商品的方法,商品的正确使用方法,应当注意的问题,服务的内容、在突发事故中如何处置等,内容极为广泛;二是有关消费者权益保护方面的知识,包括消费者权利、经营者义务、消费者在其权益受到侵害时应如何维权等有关维权知识。消费者应当努力掌握所需商品或服务的知识和使用技能,正确使用商品,提高自我保护意识。

8. 受尊重权

消费者在购买、使用商品和接受服务时,享有人格尊严、民族风俗习惯得到尊重的权利,享有个人信息依法得到保护的权利。人格尊严得到尊重主要是指公民的姓名权、名誉权、荣誉权、肖像权不受侵犯;消费者的民族风俗习惯(包括少数民族的饮食、服饰等)应当得到尊重。

> **相关链接**
>
> 消费者王某在某超市购物付款后,由于该超市购物员的疏忽,未将王某所买物品消磁,以至于王某在离开店面时报警器响起,该超市保安把王某拉到前方检查,值班经理在未问清事情的来龙去脉的情况下,强制把王某带到了办公室,强制滞留了一个小时,并造成其他顾客的围观,严重损害了王某的名誉。王某认为其身心受到伤害,随后向市消委投诉,要求该超市公开赔礼道歉、并赔偿身心健康损失费。经市消委两次调解,超市同意向王某公开道歉,并赔偿王某精神损失费500元。

9. 监督批评权

消费者享有对商品和服务以及保护消费者权益工作进行监督的权利。消费者有权检举、控告侵害消费者权益的行为和国家机关及其工作人员在保护消费者权益工作中的违法失职行为,有权对保护消费者权益工作提出批评、建议。消费者行使权利的方式有:检举、控告、批评和建议。

> **相关链接**
>
> 根据联合国大会1985年通过的《保护消费者准则》的规定,消费者权利具体为:(1)保护消费者的健康和安全不受危害;(2)促进和保护消费者的经济利益;(3)使消费者得到充分信息,使他们能够按照个人意愿和需要做出掌握情况的选择;(4)接受消费者教育;(5)提供有效的赔偿办法;(6)有成立消费者组织及其他有关的团体或组织的自由等权利,要求各国政府保护消费者的权利。

二、经营者的义务

经营者的义务是指经营者向消费者提供商品或者服务，应当依照本法和其他有关法律、法规的规定履行义务。经营者和消费者有约定的，应当按照约定履行义务，但双方的约定不得违背法律、法规的规定。经营者向消费者提供商品或者服务，应当恪守社会公德，诚信经营，保障消费者的合法权益；不得设定不公平、不合理的交易条件，不得强制交易。

《消费者权益保护法》第三章较为全面地规定了在保护消费者权益方面经营者应负有下列义务：

1. 接受监督的义务

经营者应当听取消费者对其提供的商品或者服务的意见，接受消费者的监督。这项义务与消费者的监督权对应。

2. 安全保障的义务

经营者应当保证其提供的商品或者服务符合保障人身、财产安全的要求。对可能危及人身、财产安全的商品和服务，应当向消费者作出真实的说明和明确的警示，并说明和标明正确使用商品或者接受服务的方法以及防止危害发生的方法。

案例分析

2017年2月，李小姐在一商场购物，乘坐手扶电梯下楼时，上面一位顾客的购物车不慎从电梯上滑落，撞到了李小姐的腰部，其当时虽感觉疼痛，但以为问题不大，在该名顾客道歉后让其离去，但之后李小姐感觉腰部越来越痛，去医院检查后被诊断为软组织挫伤，需要治疗。李小姐于是找了商场，要求经营者赔偿治疗费用，但商场经营者推脱其他顾客造成李小姐伤害为由，拒绝承担责任，而李小姐也无法找到那名造成其受伤的顾客，为此感到很无奈，不知如何是好。

【解析】尽管导致李小姐受伤的直接侵害人是其他顾客，但商场经营者作为安全保障义务人，在该名顾客将购物车推上手扶电梯时，未能及时进行劝导和制止，放任顾客做出这一危险行为，没有尽到法律规定的经营者的安全保障义务，因此，经营者应当按照新《消费者权益保护法》第48条第2款的规定，对李小姐受伤承担侵权责任，在承担责任后，其可以向直接的侵害人追偿。商场经营者未尽安全保障义务应担责。

（资料来源："诚名金法律助手"，广东消费网。）

想一想：

网络经营者的义务有哪些？

【解析】1. 在线信息披露义务；2. 不得滥用格式条款的免责义务；3. 切实履行合同义务；4. 保护消费者个人信息义务。

3. 提供真实、全面信息的义务

经营者向消费者提供有关商品或者服务的质量、性能、用途、有效期限等信息，应当真实、全面，不得作虚假或者引人误解的宣传。经营者对消费者就其提供的商品或者服务的质量和使用方法等问题提出的询问，应当作出真实、明确的答复。经营者提供商品或者服务应当明码标价。

4. 标明真实名称和标记的义务

经营者应当标明其真实名称和标记。租赁他人柜台或者场地的经营者，应当标明其真实名称和标记。

5. 出具发票的义务

经营者提供商品或者服务，应当按照国家有关规定或者商业惯例向消费者出具发票等购货凭证或者服务单据；消费者索要发票等购货凭证或者服务单据的，经营者必须出具。

6. 质量担保、瑕疵举证的责任

经营者应当保证在正常使用商品或者接受服务的情况下其提供的商品或者服务应当具有的质量、性能、用途和有效期限；但消费者在购买该商品或者接受该服务前已经知道其存在瑕疵，且存在该瑕疵不违反法律强制性规定的除外。

小贴士：

经营者以广告、产品说明、实物样品或者其他方式表明商品或者服务的质量状况的，应当保证其提供的商品或者服务的实际质量与表明的质量状况相符。经营者提供的机动车、计算机、电视机、电冰箱、空调器、洗衣机等耐用商品或者装饰装修等服务，消费者自接受商品或者服务之日起六个月内发现瑕疵，发生争议的，由经营者承担有关瑕疵的举证责任。

7. 履行退货、更换、修理的义务

经营者提供的商品或者服务不符合质量要求的，消费者可以依照国家规定、当事人约定退货，或者要求经营者履行更换、修理等义务。没有国家规定和当事人约定的，消费者可以自收到商品之日起七日内退货；七日后符合法定解除合同条件的，消费者可以及时退货，不符合法定解除合同条件的，可以要求经营者履行更换、修理等义务。依照前款规定进行退货、更换、修理的，经营者应当承担运输等必要费用。

8. 无理由退货义务

经营者采用网络、电视、电话、邮购等方式销售商品，消费者有权自收到商品之日起七日内退货，且无需说明理由，但下列商品除外：（1）消费者定作的；（2）鲜活易腐的；（3）在线下载或者消费者拆封的音像制品、计算机软件等数字化商品；（4）交付的报纸、期刊。除前款所列商品外，其他根据商品性质并经消费者在购买时确认不宜退货的商品，不适用无理由退货。消费者退货的商品应当完好。经营者应当自收到退回商品之日起七日内返还消费者支付的商品价款。退回商品的运费由消费者承担；经营者和消费者另有约定的，按照约定。

> **知识延伸**
>
> ### 网上无条件退货的说明
>
> 无理由退货的商品亦有边界，消费者定做的商品、鲜活易腐商品、消费者拆封的音像制品、计算机软件、交付的报纸、期刊等商品不在无条件退货之列。为防止无条件退货权利的滥用，新《消费者权益保护法》增设规定，除非消费者和经营者另有约定，无理由退回商品的运费由消费者承担，同时在线下载的数字商品不适用无条件退货。由此可见，无条件退货将成为大部分网上经营者的法定义务，网上经营者诸如"除非质量问题，一经售出概不退货"的退货条件将成为无效声明。

案例分析

2017年9月，消费者仲女士通过某网络购物平台购买了一部手机，价值2000元，收货后未仔细查看。两天后，发现手机机身串号与包装盒不符，遂向网络购物平台反映要求退货，对方以消费者无法证明手机是否掉包为由拒绝退货。仲女士便向当地工商部门和消费者协会反映了情况。

【解析】工商部门和消协工作人员接到仲女士反映的情况后，直接与网络购物平台取得了联系，经过平台与商家的交涉，以及向商家普及宣传《消费者权益保护法》和《网络购买商品七日无理由退货暂行办法》之后，商家最终同意为仲女士办理退货手续，并且承担运费。

（资料来源："网络购买商品七日无理由退货暂行办法"，广东湛江市消费网。）

9. 格式条款的限制

经营者在经营活动中使用格式条款的，应当以显著方式提请消费者注意商品或者服务的数量和质量、价款或者费用、履行期限和方式、安全注意事项和风险警示、售后服务、民事责任等与消费者有重大利害关系的内容，并按照消费者的要求予以说明。经营者不得以格式条款、通知、声明、店堂告示等方式，作出排除或者限制消费者权利、减轻或者免除经营者责任、加重消费者责任等对消费者不公平、不合理的规定，不得利用格式条款并借助技术手段强制交易。格式条款、通知、声明、店堂告示等含有前款所列内容的，其内容无效。

10. 不得侵犯消费者人身自由的义务

经营者不得对消费者进行侮辱、诽谤，不得搜查消费者的身体及其携带的物品，不得侵犯消费者的人身自由。

知识延伸

人身权与人身自由权的区别

人身权是指与权利主体人身不可分离，没有直接财产内容的权利。人身权的主体可以是公民，也可以是法人。人身自由权就是人身权利的一般人格权，所以人身自由权只是人身权的组成部分。

11. 特定领域经营者的信息披露义务

采用网络、电视、电话、邮购等方式提供商品或者服务的经营者，以及提供证券、保险、银行等金融服务的经营者，应当向消费者提供经营地址、联系方式、商品或者服务的数量和质量、价款或者费用、履行期限和方式、安全注意事项和风险警示、售后服务、民事责任等信息。

12. 合法收集、使用消费者的个人信息义务

经营者收集、使用消费者个人信息，应当遵循合法、正当、必要的原则，明示收集、使用信息的目的、方式和范围，并经消费者同意。经营者收集、使用消费者个人信息，应当公开其收集、使用规则，不得违反法律、法规的规定和双方的约定收集、使用信息。经营者及其工作人员对收集的消费者个人信息必须严格保密，不得泄露、出售或者非法向他人提供。

经营者应当采取技术措施和其他必要措施,确保信息安全,防止消费者个人信息泄露、丢失。在发生或者可能发生信息泄露、丢失的情况时,应当立即采取补救措施。经营者未经消费者同意或者请求,或者消费者明确表示拒绝的,不得向其发送商业性信息。

第三节　有效化解消费纠纷——争议解决与法律责任

一、国家对消费者合法权益的保护

1. 立法保护

国家首先通过完善立法,对消费者权益的保护提供法律支持。

2. 行政保护

各级政府应当加强领导、组织、协调、监督有关行政部门做好保护消费者合法权益的工作,同时预防危害消费者人身、财产安全行为的发生,及时制止危害消费者人身、财产安全的行为。有关行政部门应当在各自的职责范围内,采取措施,保障消费者合法权益不受损害,对已出现的问题积极进行调查处理。

3. 司法保护

审判机关采取简易程序和集团诉讼等制度方便消费者提起诉讼,并依法惩处侵犯消费者合法权益的违法犯罪行为。

想一想:

如何保护网购中消费者的合法权益?

【解析】(1)修订法律法规,建立完善体系;(2)引导自我保护,积极防范风险;(3)强化人员培训,应对维权需要;(4)强化网购监管,规范交易行为;(5)畅通维权渠道,维护合法权益。

二、消费者权益争议的解决

1. 争议解决的途径

《消费者权益保护法》第三十九条规定:消费者和经营者发生消费者权益争议的,可以通过下列途径解决:

(1)与经营者协商和解。

(2)请求消费者协会或者依法成立的其他调解组织调解。

(3)向有关行政部门投诉。

(4)根据与经营者达成的仲裁协议提请仲裁机构仲裁。

(5)向人民法院提起诉讼。

2. 最终承担损害赔偿责任的主体的确定

（1）消费者在购买、使用商品时，其合法权益受到损害的，可以向销售者要求赔偿。销售者赔偿后，属于生产者的责任或者属于向销售者提供商品的其他销售者的责任的，销售者有权向生产者或者其他销售者追偿。

（2）消费者或者其他受害人因商品缺陷造成人身、财产损害的，可以向销售者要求赔偿，也可以向生产者要求赔偿。属于生产者责任的，销售者赔偿后，有权向生产者追偿。属于销售者责任的，生产者赔偿后，有权向销售者追偿。

（3）消费者在接受服务时，其合法权益受到损害的，可以向服务者要求赔偿。

（4）消费者在购买、使用商品或者接受服务时，其合法权益受到损害，因原企业分立、合并的，可以向变更后承受其权利义务的企业要求赔偿。

（5）使用他人营业执照的违法经营者提供商品或者服务，损害消费者合法权益的，消费者可以向其要求赔偿，也可以向营业执照的持有人要求赔偿。

（6）消费者在展销会、租赁柜台购买商品或者接受服务，其合法权益受到损害的，可以向销售者或者服务者要求赔偿。展销会结束或者柜台租赁期满后，也可以向展销会的举办者、柜台的出租者要求赔偿。展销会的举办者、柜台的出租者赔偿后，有权向销售者或者服务者追偿。

（7）消费者通过网络交易平台购买商品或者接受服务，其合法权益受到损害的，可以向销售者或者服务者要求赔偿。网络交易平台提供者不能提供销售者或者服务者的真实名称、地址和有效联系方式的，消费者也可以向网络交易平台提供者要求赔偿；网络交易平台提供者作出更有利于消费者的承诺的，应当履行承诺。网络交易平台提供者赔偿后，有权向销售者或者服务者追偿。网络交易平台提供者明知或者应知销售者或者服务者利用其平台侵害消费者合法权益，未采取必要措施的，依法与该销售者或者服务者承担连带责任。

（8）消费者因经营者利用虚假广告或者其他虚假宣传方式提供商品或者服务，其合法权益受到损害的，可以向经营者要求赔偿。广告经营者、发布者发布虚假广告的，消费者可以请求行政主管部门予以惩处。广告经营者、发布者不能提供经营者的真实名称、地址和有效联系方式的，应当承担赔偿责任。广告经营者、发布者设计、制作、发布关系消费者生命健康商品或者服务的虚假广告，造成消费者损害的，应当与提供该商品或者服务的经营者承担连带责任。社会团体或者其他组织、个人在关系消费者生命健康商品或者服务的虚假广告或者其他虚假宣传中向消费者推荐商品或者服务，造成消费者损害的，应当与提供该商品或者服务的经营者承担连带责任。

（9）消费者向有关行政部门投诉的，该部门应当自收到投诉之日起七个工作日内，予以处理并告知消费者。

（10）对侵害众多消费者合法权益的行为，中国消费者协会以及在省、自治区、直辖市设立的消费者协会，可以向人民法院提起诉讼。

> **问一问：**
>
> 刘女士像往常一样持会员卡到某瑜伽中心健身，不料却被告知老板换了，原来办的会员卡已经作废，不能继续使用了。刘女士的会员卡并未到期，里面还有1000多元的消费金额。你认为刘女士的会员卡是否作废？如果没有作废，该由谁承担责任？

三、违反消费者权益保护法的法律责任

（一）经营者侵害消费者权益的民事责任

1. 质量不合格的民事责任

经营者提供商品或者服务有下列情形之一的，除本法另有规定外，应当依照其他有关法律、法规的规定，承担民事责任：

（1）商品或者服务存在缺陷的。
（2）不具备商品应当具备的使用性能而出售时未作说明的。
（3）不符合在商品或者其包装上注明采用的商品标准的。
（4）不符合商品说明、实物样品等方式表明的质量状况的。
（5）生产国家明令淘汰的商品或者销售失效、变质的商品的。
（6）销售的商品数量不足的。
（7）服务的内容和费用违反约定的。
（8）对消费者提出的修理、重作、更换、退货、补足商品数量、退还货款和服务费用或者赔偿损失的要求，故意拖延或者无理拒绝的。
（9）法律、法规规定的其他损害消费者权益的情形。

经营者对消费者未尽到安全保障义务，造成消费者损害的，应当承担侵权责任。

2. 致人伤害或死亡的民事责任

经营者提供商品或者服务，造成消费者或者其他受害人人身伤害的，应当赔偿医疗费、护理费、交通费等为治疗和康复支出的合理费用，以及因误工减少的收入。造成残疾的，还应当赔偿残疾生活辅助具费和残疾赔偿金。造成死亡的，还应当赔偿丧葬费和死亡赔偿金。

3. 侵犯消费者其他人身权的民事责任

经营者侵害消费者的人格尊严、侵犯消费者人身自由或者侵害消费者个人信息依法得到保护的权利的，应当停止侵害、恢复名誉、消除影响、赔礼道歉，并赔偿损失。经营者有侮辱诽谤、搜查身体、侵犯人身自由等侵害消费者或者其他受害人人身权益的行为，造成严重精神损害的，受害人可以要求精神损害赔偿。

4. 造成财产损害的民事责任

经营者提供商品或者服务，造成消费者财产损害的，应当依照法律规定或者当事人约定承担修理、重作、更换、退货、补足商品数量、退还货款和服务费用或者赔偿损失等民事责任。

5. 欺诈行为的民事责任

经营者提供商品或者服务有欺诈行为的，应当按照消费者的要求增加赔偿其受到的损失，增加赔偿的金额为消费者购买商品的价款或者接受服务的费用的三倍；增加赔偿的金额不足五百元的，为五百元。法律另有规定的，依照其规定。

经营者明知商品或者服务存在缺陷，仍然向消费者提供，造成消费者或者其他受害人死亡或者健康严重损害的，受害人有权要求经营者依照《消费者权益保护法》相关法律规定赔偿损失，并有权要求所受损失二倍以下的惩罚性赔偿。

> **知识延伸**
>
> 经营者以预收款方式提供商品或者服务的,应当按照约定提供。未按照约定提供的,应当按照消费者的要求履行约定或者退回预付款;并应当承担预付款的利息、消费者必须支付的合理费用。依法经有关行政部门认定为不合格的商品,消费者要求退货的,经营者应当负责退货。

(二) 经营者侵害消费者权益的行政责任

经营者有下列情形之一,除承担相应的民事责任外,其他有关法律、法规对处罚机关和处罚方式有规定的,依照法律、法规的规定执行;法律、法规未作规定的,由工商行政管理部门或者其他有关行政部门责令改正,可以根据情节单处或者并处警告、没收违法所得、处以违法所得一倍以上十倍以下的罚款,没有违法所得的,处以五十万元以下的罚款;情节严重的,责令停业整顿、吊销营业执照:

(1) 提供的商品或者服务不符合保障人身、财产安全要求的。

(2) 在商品中掺杂、掺假,以假充真,以次充好,或者以不合格商品冒充合格商品的。

(3) 生产国家明令淘汰的商品或者销售失效、变质的商品的。

(4) 伪造商品的产地,伪造或者冒用他人的厂名、厂址,篡改生产日期,伪造或者冒用认证标志等质量标志的。

(5) 销售的商品应当检验、检疫而未检验、检疫或者伪造检验、检疫结果的。

(6) 对商品或者服务作虚假或者引人误解的宣传的。

(7) 拒绝或者拖延有关行政部门责令对缺陷商品或者服务采取停止销售、警示、召回、无害化处理、销毁、停止生产或者服务等措施的。

(8) 对消费者提出的修理、重作、更换、退货、补足商品数量、退还货款和服务费用或者赔偿损失的要求,故意拖延或者无理拒绝的。

(9) 侵害消费者人格尊严、侵犯消费者人身自由或者侵害消费者个人信息依法得到保护的权利的。

(10) 法律、法规规定的对损害消费者权益应当予以处罚的其他情形。

经营者有前款规定情形的,除依照法律、法规规定予以处罚外,处罚机关应当记入信用档案,向社会公布。

(三) 经营者侵害消费者权益的刑事责任

经营者违反本法规定提供商品或者服务,侵害消费者合法权益,构成犯罪的,依法追究刑事责任。经营者违反本法规定,应当承担民事赔偿责任和缴纳罚款、罚金,其财产不足以同时支付的,先承担民事赔偿责任。经营者对行政处罚决定不服的,可以依法申请行政复议或者提起行政诉讼。以暴力、威胁等方法阻碍有关行政部门工作人员依法执行职务的,依法追究刑事责任;拒绝、阻碍有关行政部门工作人员依法执行职务,未使用暴力、威胁方法的,由公安机关依照《中华人民共和国治安管理处罚法》的规定处罚。国家机关工作人员玩忽职守或者包庇经营者侵害消费者合法权益的行为的,由其所在单位或者上级机关给予行政处分；情节严重，构成犯罪的，依法追究刑事责任。

综合实训

一、应掌握的专业术语

消费者、经营者、消费者权益、经营者义务

二、单选题

1. 当顾客询问某一商品的情况时，售货员不回答，这种行为侵犯了消费者的（　　）。
   A. 名誉权　　　　　　　　B. 知情权
   C. 选择权　　　　　　　　D. 人格权
2. 农民万某从某种子站购买了五种农作物良种，正常耕种后有三种农作物减产40%，经鉴定，这三种种子部分属于假良种，对此，下列选项中（　　）不正确。
   A. 万某可以向消费者协会投诉
   B. 万某只能要求种子站退还购良种款
   C. 万某可以要求种子站赔偿减产损失
   D. 万某可以向当地工商局举报要求对种子站进行罚款
3. 经营者的下列行为中，（　　）未违反《消费者权益保护法》规定的义务。
   A. 店堂告示"商品一旦售出概不退换"
   B. 店堂告示"未成年人须由成人陪伴方可入内"
   C. 顾客购买两条毛巾索要发票，经营者以"小额商品，不开发票"为由加以拒绝
   D. 出售蛋类食品的价格经常变化
4. 某商品内部规定，顾客购买热水器的同时必须购买某热水管线，此规定侵犯了消费者的（　　）。
   A. 知悉真情权　　　　　　B. 公平交易权
   C. 自主选择权　　　　　　D. 获知权
5. 经营者提供商品或者服务有欺诈行为的，应当按照消费者的要求增加赔偿其受到的损失，增加赔偿的金额为消费者购买商品的价款或接受服务的费用的（　　）倍。
   A. 1　　　　　　　　　　B. 2
   C. 3　　　　　　　　　　D. 4
6. 张某到某餐馆就餐，餐馆要求最低消费额是100元，这侵害了消费者的（　　）。
   A. 安全保障权　　　　　　B. 选择权
   C. 维护尊严权　　　　　　D. 知情权
7. 李某在家使用高压锅时，发生爆炸，后经鉴定为设计存在缺陷。下列说法正确的是（　　）。
   A. 李某只能要求销售者赔偿
   B. 李某只能要求生产者赔偿

C. 李某可以向销售者要求赔偿，销售者可以向生产者追偿
D. 李某可以向销售者要求赔偿，销售者不可以向生产者追偿

8. "售出商品概不退换"侵犯了消费者的（　　）。
   A. 选择权　　　　　　　　　B. 公平交易权
   C. 知悉真情权　　　　　　　D. 依法追偿权

9. 消费者向有关行政部门投诉的，可以在（　　）日之内得到回复。
   A. 7　　　　　　　　　　　B. 5
   C. 15　　　　　　　　　　 D. 10

10. 下列各项中，不属于消费者权益争议解决的方式是（　　）。
    A. 请求消费者协议和解　　　B. 与经营者协商和解
    C. 向有关行政部门申请仲裁　D. 向人民法院提起诉讼

三、多选题

1. 经营者的下列（　　）行为违反了《消费者权益保护法》的规定。
   A. 商家在商场内多次设置监控录像设备，其中包括服装销售区的试衣间
   B. 商场的出租柜台更换了承租客户，新客户进场后，未更换原商户设置的名称标牌
   C. 顾客以所购商品的价格高于同城其他商店的同类商品的售价为由要求退货，商家予以拒绝
   D. 餐馆规定，顾客用餐结账时，餐费低于5元的不开发票

2. 下列属于经营者应尽的义务的是（　　）。
   A. 提供真实信息的义务　　　B. 出具凭证的义务
   C. 接受监督的义务　　　　　D. 无理由退货的义务

3. 消费者协会享有下列职权：（　　）。
   A. 参与行政部门对商品和服务的监督、检查
   B. 受理消费者的投诉，并对投诉事项进行调查和仲裁
   C. 支持受损害的消费者提起诉讼
   D. 直接对违法经营者进行罚款

4. 生产者在下列（　　）情况下不对消费者负责赔偿。
   A. 消费者从销售者处购买的化妆品不具有包装上标明的使用效果
   B. 某人从生产者处盗窃其开发中的高压锅样品，在使用时被炸伤
   C. 因销售者储存不当致使药品变质而使某患者服药后过敏
   D. 消费者使用产品后发生不适，但现在科学技术无法证明产品与不适之间的关系

5. 刘某在个体摊贩王某处挑选皮鞋，王某介绍一双皮鞋让刘某试穿，刘某感到不合适，便脱下来要走，但王某执意要刘某买下这双鞋，王某的行为侵犯了消费者刘某的（　　）权利。
   A. 自主选择权　　　　　　　B. 公平交易权
   C. 维护尊严权　　　　　　　D. 保证安全权

6. 经营者侵害消费者的人格尊严或者侵犯消费者人身自由的，应当负下列（　　）责任。

A. 停止侵害 　　　　　　　　　B. 恢复名誉
C. 消除影响 　　　　　　　　　D. 赔礼道歉

7. 下列属于《消费者权益保护法》规定的消费者的权利的是（　　）。
A. 安全保障权 　　　　　　　　B. 获得赔偿权
C. 公平交易权 　　　　　　　　D. 受尊重权

8. 《消费者权益保护法》中提到的三包具体包括（　　）。
A. 包换 　　　　　　　　　　　B. 包退
C. 包修 　　　　　　　　　　　D. 包赔损失

9. 消费者保护法的基本原则是（　　）。
A. 对消费者特别保护原则 　　　B. 国家与社会干预原则
C. 自我约束原则 　　　　　　　D. 综合法律保护原则

10. 李小姐可以通过下列（　　）途径解决自己跟超市的争议。
A. 与经营者协商和解 　　　　　B. 请求消费者协会调解
C. 向有关行政部门申诉 　　　　D. 向人民法院起诉

四、案例分析

1. 请指出下列情形中，消费者的哪种权利受到了侵害。

（1）王某住在某旅馆，因旅馆的过失，地面湿滑导致王某摔倒，花费治疗费2万元。

（2）周某去某饭店吃饭，店方在菜单上没有明确标示，也没有在店门口张贴注意事项，但是在最后结账时，店方表示要向周某收取菜的原料涨价费10元。

（3）董某和朋友一起去某KTV消费，刚坐下，服务员非常热情地送上了茶水。董某得知该KTV有2000元的最低消费，因此表示不想在这里玩了。KTV表示，茶水都已经送上了，必须在此消费，否则别想出店门，还叫了几个纹身的保安过来围住了董某和他的朋友，董某迫于无奈，只有在那里消费了2000多元。

2. 在甲公司举办的商品展销会期间，消费者李某从乙公司的展台处购买了一台丙公司生产的家用电暖气，使用时发现有漏电现象，无法正常使用。由于展销会已经结束，李某先后找到甲公司、乙公司，方知展销会期间乙公司将租赁的部分柜台转租给了丁公司，该电暖气就是由丁公司卖出。

问：李某可以向谁要赔偿？为什么？

第十章
文明社会的代价
——税收法律制度

税收是我们为文明社会所付出的代价。

——十九世纪美国大法官霍尔姆斯

学习目标：
- 掌握税收的基本知识。
- 掌握流转税和所得税的构成要素。
- 理解财产税、资源税、行为税的征税范围、纳税人。
- 了解违反税法的法律责任。

技能目标：
- 运用税收法律分析税收问题，正确处理各种涉税业务。
- 能够正确计算各种流转税和所得税的应纳税额。

【案例导入】

有一个普普通通的小店老板，小店的利润并不丰厚，但他每个月都缴120元左右的税费。有人问他："为什么要纳税，这么大的利润缴出去，你不觉得亏吗？"他的脸上流露出由衷的微笑，说："我的小店之所以生意好，多亏国家把我们缴上的税款拨下来修路。以前通往小店的路不好走，小店的生意不好做。说到底，这税款还是用在我们纳税人身上了。"他还说他女儿在一个条件好的学校读书，学校建设的其中的一部分钱也许就是他缴的税款。"你说亏不亏？"他反问。这位小店老板是一个平凡的人，仅这一句短短的话语，就说明税收与我们的生活息息相关……

第一节 无法不成税——税法概述

一、税收的概念和特征

（一）税收的概念

税收是指政府为了满足社会公共需要，凭借政治权力，依照税法规定强制地、无偿地取得财政收入的一种经济活动，是国家参与社会产品和国民收入分配和再分配的重要手段，也是国家管理经济的一个重要杠杆。税收收入是国家财政最主要的来源，税收杠杆是国家进行宏观调控的工具。

（二）税收的特征

同国家取得财政收入的其他方式相比，税收具有以下明显的特征：

（1）强制性。税收是国家凭借政治权力开征的。国家运用法律手段公布征税标准，并运用行政手段和司法手段来保证征税任务的完成。每个公民、企业、经济组织等都有依法纳税的义务。对拒不纳税或者逃避纳税者，国家有权强制征收，并有权给予法律制裁。

（2）无偿性。税收是国家凭借政治权力强制征收的，其征收的税款归国家所有。国家对具体纳税人既不需要直接偿还，也不必付出任何代价。

（3）固定性。国家在征税之前就以法律法规的形式，将征税对象、征税比例或数额等标准公布于众，然后按事先公布的标准征收，这种标准制定公布后，在一定时间内保持稳定不变。

二、税法的概念和调整对象

税法是调整税收关系的法律规范的总称，即调整国家与纳税人之间在征纳税过程中形成的各种社会关系的法律规范的总称。

税法调整国家与纳税人之间在征纳税过程中形成的各种社会关系，它包括下列三个基本方面：

（1）税收征纳关系，即国家税务机关向纳税人无偿征收货币或实物的关系。具体包括：税务机关与企业、事业单位和公民个人在征纳税过程中形成的征纳税关系；税务机关与国家行政机关、事业单位之间因预算外收入发生的征纳税关系。

（2）国家权力机关与其授权的行政机关之间，中央和地方之间因税收管理权限而形成的关系。

（3）征税纳税程序关系，如税务登记程序关系、纳税申报程序关系等。

三、税法构成要素

税法构成要素，是各个税种在立法时必须载明的、不可缺少的基本内容。主要包括：

（1）纳税主体。纳税主体又称课税主体、纳税人，是指税法规定的直接负有纳税义务的单位和个人。纳税主体是按税种分别确定的，每一种税都有它的纳税主体，同一种税也可以有不同的纳税主体。法人、非法人的社会组织和个人都可以依法成为纳税主体。

（2）征税客体。征税客体又称为征税对象、课税客体，是指税法规定的征税标的，它具体指明国家对什么征税。在法律上明确规定征税客体，关系到对某种税的征税界限，关系到税源的开发和税收负担的调节等问题。税法必须对每一种税的征税客体作出明确具体的规定。

（3）税率。税率是指征税客体数额与应纳税额之间的比例，它是法定的计算税额的尺度。税率的高低直接关系到国家财政收入的多少和纳税人的负担水平，是税收的中心环节。我国现行税率分为比例税率、累进税率和定额税率三种。比例税率是指对同一课税客体或同一税目，无论数额大小，均按同一比例计征的税率。累进税率是指一种随课税客体的数额增大而提高的税率。累进税率根据划分级距的标准和累进方式不同可分为全额累进税率、超额累进税率和超率累进税率三种。对于比例税率和累进税率一般适用于从价计征。定额税率是指按单位课税客体直接规定固定税额的一种税率形式，一般适用于从量计征的税种。

（4）纳税环节。纳税环节是指税法规定在商品生产和流转过程中应当交纳税款的环节。一种税具体确定在哪个或哪几个环节进行征税不仅关系到税制结构和税负均衡问题，而且对于保证国家财政收入、便于纳税人交纳税款、促进企业加强经济核算等方面都有重要意义。

（5）纳税期限。纳税期限是指税法规定关于税款缴纳时间方面的限定。税法明确规定每种税的纳税期限是为了保证税收的稳定性和及时性。纳税人按纳税期限缴纳税款是纳税人必须履行的义务，一般包括三个概念：纳税义务发生时间、纳税期限、缴库期限。

（6）纳税地点。纳税地点是指纳税人申报缴纳税款的场所。就我国现行税法规定来看，纳税地点大致可以分为以下几种情形：固定业户向其机构所在地主管税务机关申报纳税；固定业户到外县（市）经营的，应根据具体情况向固定业户所在地申报纳税，或向经营地主管税务机关申报纳税；非固定业户或临时经营户，向经营地主管税务机关申报纳税；进口货物向报关地海关纳税。

（7）税收优惠。税收优惠是指国家为了体现鼓励和扶持政策，在税收方面采取的激励和照顾措施。目前我国税法规定的税收优惠形式主要包括：减税、免税、退税、投资抵免、快速折旧、亏损结转抵补和延期纳税等。

（8）违法处理。违法处理是指税法规定的对纳税人和征税人员违反税法规定应当承担的法律后果及处理措施。我国《税收征收管理法》第五章关于法律责任的规定就是对纳税人和征税工作人员违反税法的行为规定的处罚措施。

四、我国现行税法体系

我国现行税法体系是在原有税制的基础上，经过1994年税制改革逐渐完善形成的。按照税法征收对象的不同，我国税法可分为：对流转额课税的税法；对所得额课税的税法；对目的、行为课税的税法；对自然资源、财产课税的税法。这些税收法律、法规组成了我国的税收实体法体系。

除税收实体法外，我国对税收征收管理适用的法律制度是按照税收管理机关的不同而分别规定的：由税务机关负责征收的税种的管理，按照全国人大常委会发布实施的《税收征收管理法》执行；由海关机关负责征收的税种的征收管理，按照《中华人民共和国海关法》及《中华人民共和国进出口关税条例》等有关规定执行。税收实体法和税收征收管理法律制度构成了我国现行税法体系。

> **相关链接**
>
> 中国历史上的税收故事——曹操：责弟治税
>
> 建安九年，曹操颁布租调制。明令规定：田租（税）按亩征收，每亩土地每年纳租谷四升；户调按户征收，每户纳绢二匹、绵二斤。同时还规定，各地要严加检查，不许豪强地主漏交田租、户调。
>
> 租调制的实施，使战乱后的社会经济得到了恢复和发展，并为后来隋唐实行租庸调制奠定了基础。
>
> 曹操强调依法办事，严格贯彻租调制。他带头守法，"以己率下，每岁发调"，向国家缴纳赋税，还大力支持地方官员依法征税，打击违法的豪强，并重用严于执法的官员。
>
> 曹洪自恃是曹操的堂弟，居功自傲，公然支持他在长社县的宾客拒不缴纳田租、户调，阻止租调制的实行。长社县令杨沛依法办事，断然把那些违法不交税的宾客"收而治之"。曹洪闻讯后，急忙找曹操惩处杨沛。杨沛毫不畏惧，并依法诛杀了抗税不交的宾客。曹操听说此事后，反而表扬了杨沛，还重用杨沛为京兆尹。

第二节　多收多缴——流转税

流转税在国际上通称"商品和劳务税"，是指以纳税人的商品流转额和非商品流转额为征税对象的一类税。

> **知识延伸**
>
> 流转税具有以下特征：
>
> 第一，流转税属间接税。流转税的税额包含在商品的价格或者服务费之中，故其实际负担人是购买商品和接受服务的最终消费者，而不是纳税人。
>
> 第二，税源广泛而稳定。因此，流转税成为我国税收的主要税种，是国家财政收入的稳定来源。

第三,征收便利,收入及时。流转税的税率一般为比例税率,从价定率或者从量定额计征,征收简便易行。流转税的纳税期限一般为商品交易或者劳务发生的当天,最长不超过1个月,故能保证税款及时、均衡入库。

我国现行的流转税税种包括增值税、消费税、关税,主要在生产、流通或者服务业中发挥调节作用。

一、增值税

增值税是以商品生产流通和劳务服务各个环节的增值额为征税对象的一种流转税。

相关链接

增值税,1953年由法国正式提出,1979年我国开始试实行增值税,并且于1984年和1993年进行了两次重要改革,现行的增值税的基本规范是以1993年12月13日国务院颁布的国务院令第134号《中华人民共和国增值税暂行条例》为基础的。自2016年5月1日起,在全国范围内全面推开营业税改征增值税试点。

(一) 征税范围和纳税主体

增值税的征税范围或者征税环节是:在我国境内销售货物、进口货物或者提供加工、修理修配劳务及应税行为。其中,应税行为包括销售服务、无形资产或者不动产。

增值税的纳税主体是:凡在我国境内销售货物、进口货物或者提供加工、修理修配劳务及应税行为的单位和个人。出于征税管理的需要,税法将纳税人分为小规模纳税人和一般纳税人。

(二) 税率

1. 基本税率

基本税率为17%:纳税人销售或进口货物,提供加工、修配劳务和应税行为,除适用低税率外,均适用基本税率。

2. 低税率

(1) 低税率为13%:纳税人销售或进口下列货物,按低税率征收:①农业产品;②食用植物油;③自来水、暖气、冷气、热水、煤气、石油液化气、天然气、沼气、居民用煤炭制品;④图书、报纸、杂志;⑤饲料、化肥、农药、农机、农膜;⑥食用盐;⑦音像制品;⑧电子出版物;⑨二甲醚。

(2) 低税率11%:提供交通运输服务、邮政服务、基础电信服务、建筑服务、不动产租赁服务、销售不动产、转让土地使用权,税率为11%。

(3) 低税率6%:提供现代服务业服务(租赁服务除外)、增值电信服务、金融服务、生活服务、销售无形资产(转让土地使用权除外),税率为6%。

(4) 零税率。纳税人出口商品,除国务院另有规定的以外,实行零税率。

3. 征收率

对于小规模纳税人适用征收率为3%，征收率的调整由国务院决定。

（三）计税方法

1. 一般纳税人的计税方法

一般纳税人销售货物或者提供应税劳务，应纳税额为当期销项税额抵扣当期进项税额后的余额。其计算公式为：

应纳税额 = 当期销项税额 − 当期进项税额

销项税额 = 销售额 × 税率

因当期销项税额小于当期进项税额不足抵扣时，其不足部分可以结转下期继续抵扣。

2. 小规模纳税人的计税方法

小规模纳税人应纳增值税额采取简易方法计算。应纳税额 = 销售额 × 征收率3%

因销货退回或折让退还给购买方的销售额，应从销货退回或折让当期的销售额中扣减。

（四）增值税专用发票的管理

凭增值税专用发票抵扣税款是增值税立法的核心。增值税专用发票上注明的税额，既是销售方的销项税额，也是购货方的进项税额，因此，增值税专用发票不仅是商事凭证，而且是抵扣增值税应纳税额的直接合法凭证。增值税专用发票的管理也就自然成为增值税税收管理的关键。

二、消费税

消费税是国家为体现产业政策、消费政策，有选择地对我国境内生产、委托加工和进口的应税消费品和消费行为的流转额征收的一种税。这种选择性能够更好地对产业结构的调整和引导消费能起到积极作用。

我国现行消费税的基本规范是2008年11月5日经国务院第34次常务会议修订通过并颁布，自2009年1月1日施行的《消费税暂行条例》，以及2008年12月15日财政部、国家税务总局第51号令颁布的《中华人民共和国消费税暂行条例实施明细》。

（一）纳税主体

在中国境内生产、委托加工和进口属于消费税暂行条例所规定的消费品的单位和个人。

（二）税目、税率

1. 税目

税目是征税对象的具体化。目前我国消费税的征收范围设立了15个税目，分别为烟、酒、高档化妆品、贵重首饰及珠宝玉石、鞭炮及焰火、成品油（成品油包括汽油、柴油、石脑油、溶剂油、航空煤油（暂缓征收）、润滑油、燃料油七个子目）、摩托车、小汽车、高尔夫球及球具、高档手表、游艇、木制一次性筷子、实木地板、电池、涂料。

2. 税率

消费税实行的税率有比例税率、定额税率和复合税率三种形式，根据不同应税消费品的种类、档次、结构、功能以及供求、价格等情况，实行高低不同的税率、税额。

(三) 计税依据及方法

消费税的计税依据有销售额和销售数量两种：

1. 实行从价定率办法计算

应纳税额 = 销售额 × 税率

2. 实行从量定额办法计算

应纳税额 = 销售量 × 单位税额

3. 实行从价与从量相结合的计算

应纳税额 = 销售数量 × 单位税额 + 销售额 × 税率

(四) 纳税环节

消费税的纳税环节是结合纳税义务发生和计税依据等相关的规定，从有利于征纳双方具体实施而确定的。对应税工业品的纳税环节确定在销售环节；对自产自销品确定在移送环节；委托加工应税消费品确定在提货环节；进口的应税产品确定在报送进口环节，由海关代缴。

(五) 纳税期限

消费税的纳税期限分别为1日、3日、5日、10日、15日、1个月或者1个季度。进口应税消费品，自海关填发税款缴纳证之日起15日内缴纳税款。

(六) 纳税地点

消费税的纳税地点基本上是按纳税人的所在地确定的。

相关链接

消费税的发展现状

消费税是国际上广泛采用的一个税种，目前世界上已有120多个国家和地区开征了消费税，如美国、日本、英国、德国、荷兰、瑞典、丹麦、挪威、韩国等。我国的台湾省和香港地区也开征了具有消费税性质和特征的税种。虽然各国对消费税的课征税目不一样，但有一个共同点即对烟、酒等非必需品及稀有资源产品课税。

如：美国联邦消费税的应税消费品主要是小卧车、载重汽车及零配件、汽车轮胎、煤炭、火器等；日本对烟、酒、化妆品、丝料、电视机、音响设备、照相机及电影放映机、钟表、珠宝等多种产品征收消费税；我国的台湾省对烟、酒、电视机、电冰箱、录音机、组合音响、摩托车、燃料油等29个品种征收消费税。

三、关税

关税是指由海关按照国家制定的有关法律，对进出国境的货物和物品所征收的一种税收。

小贴士：

关税的主要特点是：（1）关税是一种间接税；（2）关税的税收主体和客体是进出口商和进出口货物；（3）关税可以起到调节一国进出口贸易的作用；（4）关税是一国对外贸易政策的重要手段。

关税分为进口税和出口税两种。我国关于关税方面的法律、法规主要有：《海关法》《进出口关税条例》及《中华人民共和国海关进出口税则》等。

（一）纳税主体

关税的纳税主体是进口货物的收货人、出口货物的发货人和进出境物品的所有人。接受收货人或发货人委托办理有关手续的代理人，应当按照税法法律规定，承担缴纳税款的责任。

（二）征税客体

关税的征收客体是准许进出境的货物和物品。货物是指贸易性商品；物品是指入境旅客随身携带的行李物品，个人邮递物品，各种运输工具上服务人员携带进口的自用物品、馈赠物品，以及以其他方式进境的个人物品。

（三）税率

关税税率为比例税率，是对进出口货物课征关税的税率。其通常划分为进口税率和出口税率。进口税又分为普通税率和优惠税率。优惠税率，亦称协定税率，适用于与我国签订关税互惠协议的国家和地区的进口货物。普通税率，亦称一般税率，一般对未建交的国家或已建交但未签订贸易协定的国家采用。普通税率比优惠税率高 1～5 倍，少数商品甚至高 10 倍、20 倍，因而是歧视性税率、最高税率。为了鼓励出口，我国只对部分商品征收出口税。

案例分析

李晓航是海南航空公司的空乘人员，2008 年因病离开航空公司。2009 年夏天，她和男友石海东在淘宝网上开了一家名叫"空姐小店"的化妆品店铺，销售化妆品。自 2010 年 8 月起，李晓航与在韩国工作的褚子乔合作。褚子乔弄到了韩国机场免税店的账号，在韩国购买化妆品，之后邮寄到中国。

2010～2011 年间，李晓航多次携带从韩国免税店购买的化妆品入境而未申报，逃税超过 113 万元。一审法院以走私普通货物、物品罪判处李晓航有期徒刑 11 年、罚金 50 万元。2013 年 5 月，北京高院二审将此案发回重审，12 月 17 日，法院判处李晓航有期徒刑 3 年、罚金 4 万元。2014 年 3 月 31 日上午，北京市高级人民法院对李晓航等 3 人走私普通货物、物品上诉案作出终审裁定。法院审理认为，李晓航等 3 人构成走私普通货物、物品罪，一审法院认定事实清楚、证据确凿充分，定罪及适用法律正确，量刑适当，审批程序合法，依法裁定驳回李晓航、褚子乔的上诉，维持原判。

受审时，李晓航虽然认罪，但表示自己没有预谋偷逃税款，不清楚化妆品还要交税，也没留意自己走的是无申报通道。褚子乔表示，自己纯粹是帮李晓航的忙。

目前，我国消费者热衷"海淘"和"海外代购"的主要原因是什么？海外代购属于走私吗？

【解析】 海外代购之所以受到众多消费者的青睐，主要原因是国际知名品牌在国内外的差价比较大，而造成价格差的一个重要原因是我国较高的进口关税。通过海外代购获得的商品，通过种种渠道避开了高额的税收费用，降低了购买成本。

（资料来源："空姐代购案"，互动百科。）

第三节　多得多缴——所得税

所得税又称收益税，是指以纳税人的所得或收益额为征税对象的一种税。

> **知识延伸**
>
> 收益有总收益额和纯收益额之分。总收益额是指纳税人的全部收入额；纯收益额是指在总收入额中减去成本费用之后的余额。所得税既可以是对纳税人的总收益额征税，也可以是对纯收益额征税。所得税的特征是按纳税人的负担能力确定税收负担，即纳税人有所得才有纳税义务，并且它是直接税，税负不能转嫁。

所得税一般采用按年所得额征税，分期预缴，年终汇算清缴。目前我国所得税的种类有企业所得税、个人所得税两种。

所得税法就是指调整所得税税收关系的法律规范的总称，主要包括企业所得税法、个人所得税法。现行所得税类法律、行政法规有主要是指2007年3月16日第十届全国人民代表大会第五次会议通过的《中华人民共和国企业所得税法》，同年11月28日国务院第197次常务会议通过的《中华人民共和国企业所得税法实施条例》以及2007年12月29日第十届全国人民代表大会常务委员会第三十一次会议通过的第五次《关于修改〈中华人民共和国个人所得税法〉的决定》，2008年3月1日起实施的是经国务院修改的《中华人民共和国个人所得税法实施条例》，目前，施行的是2011年6月30日，十一届全国人大常委会第二十一次会议表决通过的关于修改个人所得税法的决定。

一、企业所得税法

企业所得税是以企业生产经营所得、其他所得和清算所得为征税对象的一种税。

（一）纳税主体

企业所得税纳税主体是指在中华人民共和国境内的企业和其他取得收入的组织（以下统称企业）。所谓"在中国境内"成立的企业，是指依照中国法律、行政法规在中国境内成立的企业、事业单位、社会团体、非企事业单位以及其他取得收入的组织。

个人独资企业和合伙企业（非法人）缴纳个人所得税，不是企业所得税的纳税人。

《企业所得税法》中将企业分为居民企业和非居民企业。所谓居民企业，是指依法在中国境内成立，或者依照外国（地区）法律成立但实际管理机构在中国境内的企业。居民企业应当就其来源于中国境内、境外的所得缴纳企业所得税。

所谓非居民企业，是指依照外国（地区）法律成立且实际管理机构不在中国境内，但在中国境内设立机构、场所的，或者在中国境内未设立机构、场所，但有来源于中国境内所得的企业。非居民企业承担有限纳税义务，一般只就其来源于我国境内的所得纳税。

（二）征税客体

企业所得税的征税客体是企业取得的各项应税所得，包括：销售货物所得、提供劳务所得、转让财产所得、股息红利等权益性投资所得、利息所得、租金所得、特许权使用费所得、接受捐赠所得和其他所得。我国的企业所得税是对企业纯收益征收的一种税。

（三）税率

我国企业所得税实行比例税率。企业所得税税率表见表 10-1：

表 10-1　　　　　　　　　　企业所得税税率表

种类	税率	适用范围
基本税率	25%	适用于居民企业
		中国境内设有机构、场所且所得与机构、场所有实际联系的非居民企业
两档优惠税率	减按 20%	符合条件的小型微利企业
	减按 15%	国家重点扶持的高新技术企业
预提所得税税率	20%（实际征税时适用 10%）	适用于中国境内未设立机构、场所或虽设立机构、场所但所得与其所设机构、场所没有实际联系的非居民企业

（四）应纳税额计算

企业每一纳税年度的收入总额，减除不征税收入、免税收入、各项扣除以及允许弥补的以前年度亏损后的余额，为应纳税所得额。其计算公式为：

应纳税所得额 = 收入总额 - 不征税收入 - 免税收入 - 各项扣除 - 允许弥补的以前年度亏损

企业的应纳税所得额乘以适用税率，减除依照《企业所得税法》关于税收优惠的规定减免和抵免的税额后的余额，为应纳税额。其计算公式为：

企业所得税应纳税额 = 应纳税所得额 × 税率

（五）纳税期限

企业所得税按年计征，分月或者分季预缴，年终汇算清缴，多退少补。企业应当自月份或者季度终了之日起 15 日内，向税务机关报送预缴企业所得税纳税申报表，预缴税款。企业应当自年度终了之日起 5 个月内，向税务机关报送年度企业所得税纳税申报表，并汇算清缴，结清应缴应退税款。企业在报送企业所得税纳税申报表时，应当按照规定附送财务会计报告和其他有关资料。企业在年度中间终止经营活动，使该纳税年度的实际经营期不足 12

个月的,应当以其实际经营期为一个纳税年度,应当自实际经营终止之日起60日内,向税务机关办理当期企业所得税汇算清缴。企业应当在办理注销登记前,就其清算所得向税务机关申报并依法缴纳企业所得税。

依照《企业所得税法》缴纳的企业所得税,以人民币计算。所得以人民币以外的货币计算的,应当折合成人民币计算并缴纳税款。

二、个人所得税法

个人所得税是以自然人取得的各类应税所得为征税对象而征收的一种税,是政府利用税收对个人收入进行调节的一种手段。

> **相关链接**
>
> 个人所得税改革一直是全国两会的热门主题之一。自2011年个税起征点提高到3500元后,时隔七年,个税改革终于迎来实质性大动作。专家表示,根据税收法定原则,调整个税起征点需要进入立法程序,并根据征求意见适当调整,预计最快下半年落地。今年的政府工作报告提出,要提高个人所得税起征点,增加子女教育、大病医疗等专项费用扣除,合理减负,鼓励人民群众通过劳动增加收入、迈向富裕。3月7日,财政部副部长史耀斌表示,我国个税现在是分类征收的模式,这次改革会转化为"综合与分类相结合"的税制,并会加快启动个税改革方案,并加快个税修法。3月13日,国家税务总局局长王军表示,下一步,将积极配合做好个税法、税收征管法的修订工作。
>
> (资料来源:"专家:个税起征点调整预期最快下半年落地",财经网。)

(一)纳税主体

我国个人所得税的纳税主体分为居民和非居民。居民是指在中国境内有住所,或者无住所而在境内居住满1年的个人。居民纳税义务人负有无限纳税义务,其所得的应纳税所得,无论是来源于中国境内还是中国境外任何地方,都要在中国缴纳个人所得税。非居民纳税人是指不符合居民纳税义务人判定标准的纳税义务人。非居民纳税义务人承担有限纳税义务,即仅就其来源于中国境内的所得向中国缴纳个人所得税。另外,个人独资企业和合伙企业投资者是个人所得税的纳税主体。

(二)征税客体

个人所得税的征税客体是个人从中国境内和境外取得的各项应税所得。应纳税所得共有11项:工资、薪金所得;个体工商户的生产、经营所得;对企事业单位的承包经营、承租经营所得;劳务报酬所得;稿酬所得;特许权使用费所得;利息、股息、红利所得;财产租赁所得;财产转让所得;偶然所得;经国务院财政部门确定征税的其他所得。

(三)税率

个人所得税分别设置超额累进税率和比例税率两种。

(1)工资、薪金所得,适用七级超额累进税率,税率为3%~45%,见表10-2:

表10-2　　　　　　　　个人所得税税率表一（工资、薪金所得适用）

级数	全月应纳税所得额	税率（%）	速算扣除数
1	不超过1500元的	3	0
2	超过1500元至4500元的部分	10	105
3	超过4500元至9000元的部分	20	555
4	超过9000元至35000元的部分	25	1005
5	超过35000元至55000元的部分	30	2755
6	超过55000元至80000元的部分	35	5505
7	超过80000元的部分	45	13505

注：本表所称全月应纳税所得额是指依照《个人所得税法》规定，以每月收入额减除费用3500元或者4800元后的余额。

（2）个体工商户生产经营所得、承包承租经营所得、个人独资企业和合伙企业的生产经营所得适用税率，适用5%~35%的五级超额累进税率。见表10-3：

表10-3　　　　　　　　　　个人所得税税率表二
（个体工商户的生产、经营所得和对企事业单位的承包经营、承租经营所得适用）

级数	全年应纳税所得额	税率（%）	速算扣除数
1	不超过15000元的	5	0
2	超过15000元至30000元的部分	10	750
3	超过30000元至60000元的部分	20	3750
4	超过60000元至100000元的部分	30	9750
5	超过100000元的部分	35	14750

注：本表所称全年应纳税所得额是指依照《个人所得税法》规定，以每一纳税年度的收入总额减除成本、费用以及损失后的余额。

（3）劳务报酬所得，适用比例税率，税率为20%。对劳务报酬所得一次收入畸高的，可以实行加成征收。

（4）稿酬所得，适用比例税率，税率为20%，并按应纳税额减征30%。

（5）特许权使用费所得，利息、股息、红利所得、财产租赁所得、财产转让所得、偶然所得和其他所得，适用比例税率，税率为20%。

（四）应纳税额的计算

工资、薪金所得，以每月收入额减除费用3500元后的余额，为应纳税所得额；个体工商户的生产、经营所得，以每一纳税年度的收入总额减除成本、费用以及损失后的余额，为应纳税所得额；对企事业单位的承包经营、承租经营所得，以每一纳税年度的收入总额减除必要费用后的余额，为应纳税所得额；劳务报酬所得、稿酬所得、特许权使用费所得、财产租赁所得，每次收入不超过4000元的，减除800元，4000元以上的，减除20%的费用，其余额为应纳税所得额；财产转让所得，以转让财产的收入额减除财产原值和合理费用后的余额为应纳税所得额；利息、股息、红利所得、偶然所得和其他所得，以每次收入额为应纳税所得额。

想一想：

是不是月薪 3500 元以上就要缴纳个人所得税？

【解析】3500 元是指扣除"三险一金"后的收入。工薪收入缴纳个人所得税，要先去除纳税人缴纳的"三险一金"费用（按国家有关政策，该费用免征个人所得税），然后再按新的减除费用标准扣除 3500 元。"三险一金"是指基本养老保险费、基本医疗保险费、失业保险费和住房公积金。

（五）税收优惠

《个人所得税法》对免征和减征个人所得税的具体情况也作了规定。

（1）下列各项个人所得，免纳个人所得税：①省级人民政府、国务院部委和中国人民解放军军以上单位，以及外国组织、国际组织颁发的科学、教育、技术、文化、卫生、体育、环境保护等方面的奖金；②国债和国家发行的金融债券利息；③按照国家统一规定发给的补贴、津贴；④福利费、抚恤金、救济金；⑤保险赔款；⑥军人的转业费、复员费；⑦按照国家统一规定发给干部、职工的安家费、退职费、退休工资、离休工资、离休生活补助费；⑧依照我国有关法律规定应予免税的各国驻华使馆、领事馆的外交代表、领事官员和其他人员的所得；⑨中国政府参加的国际公约、签订的协议中规定免税的所得；⑩经国务院财政部门批准免税的所得。

（2）有下列情形之一的，经批准可以减征个人所得税：①残疾、孤老人员和烈属的所得；②因严重自然灾害造成重大损失的；③其他经国务院财政部门批准减税的。

（六）纳税期限

个人所得税的纳税办法，有自行申报纳税和代扣代缴两种。

1. 自行申报纳税的纳税期限

一般情况下，纳税人应在取得应税所得的次月 15 日内向主管税务机关申报并缴纳税款。

（1）年所得在 12 万元以上的纳税人，在年度终了后 3 个月内到主管税务机关办理纳税申报。

（2）对账册健全的个体工商户，其生产、经营所得应纳的税款，按年计算，分月预缴，由纳税义务人在次月 15 日内预缴，年度终了后 3 个月内汇算清缴，多退少补。账册不健全的，由税务机关按规定自行确定征收方式。

（3）纳税人年终一次性取得承包经营、承租经营所得的，自取得收入之日起 30 日内申报纳税；个人从中国境外取得所得的，其来源于境外的应纳税所得，在境外以纳税年度计算缴纳所得税的，应在所得来源国的纳税年度终了、结清税款后的 30 日内申报纳税；在取得境外所得时结清税款的，或者在境外按所得来源国税法规定免于缴纳个人所得税的，应自次年 1 月 1 日起 30 日内申报纳税。

（4）从中国境外取得所得的纳税义务人，应当在年度终了后 30 日内，将应纳的税款缴入国库，并向税务机关报送纳税申报表。

2. 代扣代缴的纳税期限

扣缴义务人每月所扣的税款,应当在次月7日内缴入国库。

> **案例分析**
>
> 某教授本月取得下列收入:工资5000元,稿酬4200元,房屋出租给某人用于生产经营用的租金收入1000元,买彩票中奖2000元。请计算该教授本月应纳个人所得税。
>
> 【解析】应纳所得税 = [(5000 − 3500) × 3% − 0] + [4200 × (1 − 20%) × 20% × (1 − 30%)] + (1000 − 800) × 20% + 2000 × 20% = 45 + 470.5 + 40 + 400 = 955.4(元)。

第四节 多占多缴——资源税、财产税、行为税

一、资源税

我国现行资源税类主要包括资源税、城镇土地使用税、耕地占用税、土地增值税。

(一)资源税

资源税是以部分自然资源为征税对象,对在我国境内开发与利用应税矿产品及生产盐的单位和个人,以其应税产品的销售额或销售数量、自用数量为计税依据而征收的一种税。

小贴士:

> 资源的含义比较广泛。一般人们提到资源,是指自然界存在的天然物质财富,包括地下资源、地上资源、空间资源。从其物质内容的角度来看,包括矿产资源、土地资源、水资源、动物资源、植物资源、海洋资源、太阳能资源、空气资源等。对其中一部分资源征收资源税,可以体现国家对资源产品的特定调控意图。

我国从1984年开始征收资源税。国务院分别于1984年9月18日、1993年12月25日发布了《中华人民共和国资源税条例(草案)》和《中华人民共和国资源税暂行条例》。2011年10月28日,财政部和国家税务总局修订通过《中华人民共和国资源税暂行条例实施细则》,自2011年11月1日起执行。2016年5月,《财政部国家税务总局关于全面推进资源税改革的通知》和《财政部国家税务总局关于资源税改革具体政策问题的通知》发布,资源税改革自2016年7月1日起在全国范围内实施。

资源税的纳税人是在中国境内开采应税矿产品和生产盐的单位和个人。其征税范围包括原油、天然气、煤炭、金属矿、非金属矿、海盐。资源税税率采用比例税率、定额税率,实行从价征收与从量征收。

（二）城镇土地使用税

城镇土地使用税是对在我国城市、县城、建制镇、工矿区范围内使用土地的单位和个人，就其实际占用的土地面积，定额征收的一种税。由于该税只在县城以上城市征收，因此称为城镇土地使用税。

城镇土地使用税的征税范围是在中国境内除农用地之外的所有土地。纳税人是在征税范围内使用土地的单位和个人。纳税人不在土地所在地的，由代管人或者实际使用人缴纳税款；土地使用权未确定或者权属纠纷未解决的，由实际使用人缴税；土地使用权共有的，由共有各方按其实际使用土地面积比例分别纳税。土地使用税采用幅度定额税率，以纳税人实际占用土地面积为计税依据，实行按年计算、分期缴纳的从量计征。

（三）耕地占用税

耕地占用税是指在中国境内，占用耕地建房或者从事非农业建设的单位或者个人，按其实际占用耕地面积定额征收的一种税。

小贴士：

> 耕地占用税作为一个出于特定目的，对特定的土地资源课税的税种，兼具资源税与特定行为税的性质。

耕地占用税实行地区差别定额税率，以县为单位按人均占有耕地面积的多少，将全国划分为九类不同地区确定相应的税额幅度。耕地占用税以纳税人实际占用的耕地面积为计税依据，按照规定税额一次性征收。

（四）土地增值税

土地增值税是对有偿转让国有土地使用权、地上的建筑物及其附着物并取得增值性收入的单位和个人，以转让所取得的收入包括货币收入、实物收入和其他收入为计税依据向国家缴纳的一种税赋，不包括以继承、赠予方式无偿转让房地产的行为。

土地增值税是以转让房地产取得的收入，减除法定扣除项目金额后的增值额作为计税依据，并按照四级超率累进税率进行征收。

二、财产税

财产税是以纳税人所拥有或支配的某些财产为征税对象的一类税。

> **知识延伸**
>
> 作为财产税客体的财产分为两大类：一类是不动产，如土地、房屋、建筑物等；另一类是动产，包括有形动产和无形动产两类。其中，有形动产是指车辆、设备等消费型财产；无形动产是指股票、债券、银行存款等。各国在选择财产税的征税对象时一般只对不动产和有形动产征税，而对无形动产则只在发生变动或转移时征税或不予征税。
>
> 我国现行财产税主要包括房产税、车船税、契税。

（一）房产税

房产税是以城市、县城、建制镇和工矿区的房产为征税对象，按房屋的计税余值或租金收入为计税依据，向产权所有人征收的一种财产税。现行的房产税是第二步利改税以后开征的，1986年9月15日，国务院正式发布了《中华人民共和国房产税暂行条例》，从当年10月1日开始实施。

小贴士：

所谓房产，是以房屋形态表现的财产。房屋是指有屋面和围护结构（有墙或两边有柱），能够遮风避雨，可供人们在其中生产、学习、工作、娱乐、居住或储藏物资的场所。至于那些独立于房屋之外的建筑物，如围墙、水塔、酒窖菜窖、室外游泳池、玻璃暖房等都不属于房产。

房产税的计税依据有两种：一是按照房产余值征税的，称为从价计征；二是按照房产租金收入计征的，称为从租计征。从价计征的房产税依照房产原值一次减除10%~30%后的余值计算缴纳。扣除比例由当地政府规定。从租计征的，以房产租金收入为房产税的计税依据。

税率也分为两种情况：按房产余值计征的，年税率为1.2%；按房产出租的租金收入计征的，税率为12%。从2008年3月1日起，对个人出租住房，不区分用途，按4%的税率征收房产税。对企业事业单位、社会团体以及群团组织按市场价格向个人出租用于居住的住房，减按4%的税率征收房产税。

> **试一试**
>
> 某公司出租房屋3间，年租金收入为30000元（不含增值税），适用税率为12%。计算其应纳房产税税额。
>
> 【解析】应纳税额＝30000×12%＝3600（元）

（二）车船税

车船税是对在我国境内属于《车船税法》所附《车船税税目税额表》规定的车辆、船舶的所有人或者管理人所征收的一种财产税。2011年2月，第十一届全国人民代表大会第十九次会议通过了《中华人民共和国车船税法》，自2012年1月1日起实施。2011年11月，国务院第182次常务委员会通过《中华人民共和国车船税法实施条例》，自2012年1月1日起实施。

车船税根据车船的种类，按每辆、整备质量每吨、净吨位、艇身长度从量定额征收。税率采用幅度定额税率。

（三）契税

契税是指在中国境内转移土地使用权和房屋权属订立契约时征收的一种税。

契税的征税范围是：国有土地使用权出让；土地使用权转让，包括出售、赠予和交换，但不包括农村集体土地承包经营权的转移；房屋买卖；房屋赠予；房屋交换。

契税的纳税人是在中国境内转移土地使用权和房屋权属的承受单位和个人。具体是：国有土地使用权出让和土地使用权转让中的受让人；房屋的买主；房屋赠予的承受人；房屋交换的双方。

契税的计税依据是：土地使用权出售、房屋买卖的成交价；土地使用权赠予、房屋赠予，由征税机关参照土地使用权出售、房屋买卖的市场价格核定；土地使用权交换、房屋交换为所交换的土地使用权、房屋的价格的差额。

契税的税率采用3%～5%的幅度比例税率。

三、行为税

行为税，又称特定行为税，是指以某些特定行为为征税对象的一类税，主要现行行为税为印花税。

印花税是对经济活动和经济交往中书立、领受、使用的应税凭证行为为征税对象的一种税。因纳税人主要是通过在应税凭证上粘贴印花税票来完成纳税义务，所以称为印花税。

印花税的征税范围是：经济合同、产权转移书证、营业账簿、权利许可证照及经财政部确定征税的其他凭证。印花税根据征税项目的不同，分别实行以凭证所载的金额、收入或费用为计税依据的从价计征和以计税数量为计税依据的从量计征两种方法。印花税税率采用比例税率和定额税率两种形式。

印花税的纳税人是在中国境内书立、领受、使用属于征税范围内所列凭证的单位和个人。"单位和个人"是指国内各类企业、事业、机关、团体、部队以及中外合资、合作企业、外资企业、外国公司企业和其他经济组织及其在华机构等单位和个人。

第五节 税源足额入库的保证——税收征收管理

税收征收管理是税务机关对纳税人依法征税和进行税务监督管理的总称。

《中华人民共和国税收征收管理法》由第九届全国人民代表大会常务委员会第二十一次会议于1992年9月4日通过，自1993年1月1日起施行。并分别于1995年2月、2001年4月、2015年4月三次修正。为了在现实中更好地实施，根据《中华人民共和国税收征收管理法》（以下简称税收征管法）的规定，在2002年制定《中华人民共和国税收征收管理法实施细则》，并于2012年11月、2013年7月、2016年2月三次修订。

税务管理是国家税务机关依照税收政策、法令、制度对税收分配全过程所进行的计划、组织、协调和监督控制的一种管理活动。它是保证财政收入及时、足额入库，实现税收分配目标的重要手段。

一、税务管理

税务管理包括税务登记管理,账簿、凭证管理和纳税申报管理三个部分。

(一)税务登记管理

税务登记,是指纳税人为依法履行纳税义务,就有关纳税事宜向税务机关办理登记的一种法定手续,它是整个税收征收管理的首要环节。纳税人必须按照税法规定的期限办理设立税务登记、变更税务登记,或注销税务登记。

> **相关链接**
>
> 2016年7月5日,《国务院办公厅关于加快推进"五证合一、一照一码"登记制度改革的通知》发布。"五证合一"是在2014年10月1日各地全面实施工商营业执照、组织机构代码证、税务登记证"三证合一"登记制度的基础上,再整合社会保险登记证和统计登记证。我国从2016年10月1日起正式实施"五证合一、一照一码"。

(1)设立税务登记。从事生产、经营的纳税人包括企业,企业在外地设立的分支机构和从事生产、经营的场所,个体工商户和从事生产、经营的事业单位以及非从事生产、经营但依照法律、行政法规的规定负有纳税义务的单位和个人均需办理设立税务登记。

(2)涉税事项变更登记。"一照一码"企业的生产经营地、财务负责人、核算方式信息发生变化的,由企业向主管税务机关申请变更。除上述三项信息外,企业在登记机关新设时采集的信息发生变更,均由企业向登记机关申请变更。

(3)注销税务登记。纳税人因下列情形之一的,应注销登记:①纳税人发生解散、破产、撤销的;②纳税人被工商行政管理机关吊销营业执照的;③纳税人因住所、经营地点或产权关系变更而涉及改变主管税务机关的;④纳税人发生的其他应办理注销税务登记情况的。

(二)账簿、凭证管理

纳税人、扣缴义务人应按照有关法律、行政法规和国务院财政、税务主管部门的规定设置账簿,根据合法、有效的凭证记账,进行核算。纳税人、扣缴义务人会计制度健全,能够通过计算机正确、完整计算其收入和所得或者代扣代缴、代收代缴税款情况的,其计算机输出的完整的书面会计记录,可视同会计账簿;相反无法做到的纳税人、扣缴义务人应当建立总账及与纳税或者代扣代缴、代收代缴税款有关的其他账簿;生产经营规模小又确无建账能力的纳税人,可以聘请经批准从事会计代理记账业务的专业机构或者经税务机关认可的财会人员代为建账和办理账务,聘请上述机构或者人员有困难的,经县级以上税务机关的规定,建立收支凭证粘贴簿、进货销货登记簿或税控装置。

> **知识延伸**
>
> 除法律、行政法规另有规定外,账簿、会计凭证、报表、完税凭证及其他有关资料应当保存10年。账簿、记账凭证、报表、完税凭证、发票、出口凭证及其他有关涉税资料应当合法、真实、完整,不得伪造、变造或者擅自损毁。

(三) 纳税申报管理

纳税申报，是指纳税人或者扣缴义务人按照税法规定定期就计算缴纳税款的有关事项向税务机关提出书面报告。纳税申报是税收征收管理的一项重要制度。具体报送材料包括：财务会计报表及其说明材料；与纳税有关的合同、协议书及凭证；税控装置的电子保税资料；外出经营活动税收管理证明和异地完税凭证；境内或者境外公证机构出具的有关证明文件；税务机关规定应当报送的其他有关证件、资料。纳税申报的方式有：直接申报、邮寄申报、数据电文方式申报、代理申报。

二、税款征收

（一）税款征收方式

科学合理的税款征收方式是确保税款顺利、足额征收的前提条件。根据各类纳税人的具体情况，我国现阶段可供选择的税款征收方式主要有以下几种：

（1）查账征收。查账征收是指税务机关对账务健全的纳税人，依据其报送的纳税申报表、财务会计报表和其他有关纳税资料，计算应纳税款，填写缴款书或完税凭证，由纳税人到银行划解税款的征收方式。

（2）查定征收。查定征收是指对账务不健全，但能控制其材料、产量或进销货物的纳税单位或个人，由税务机关依据正常条件下的生产能力对其生产的应税产品查定产量、销售额并据以征收税款的征收方式。

（3）查验征收。查验征收是指由税务机关对纳税人的应税商品、产品，通过查验数量，按市场一般销售单价计算其销售收入，并据以计算应纳税款的征收方式。

（4）定期定额征收。定期定额征收是指税务机关对小型个体工商户采取定期确定营业额、利润额并据以核定应纳税额的征收方式。

（5）其他征收方式。如代扣代缴、代收代缴、委托代征。

（二）税款征收中的特殊措施

（1）税收保全措施。税务机关采取税收保全措施的条件是：①税务机关有根据认为从事生产、经营的纳税人有逃避纳税义务行为的，可以在规定的纳税期之前，责令限期缴纳应纳税款；②税务机关在限期内发现纳税人有明显的转移、隐匿其应纳税的商品、货物以及其他财产或者应纳税的收入的迹象的，可以责成纳税人提供纳税担保。如果纳税人不能提供纳税担保，税收保全措施有两种：一是书面通知纳税人开户银行或者其他金融机构暂停支付纳税人的金额相当于应纳税款的存款；二是扣押、查封纳税人的价值相当于应纳税款的商品、货物或者其他财产。

小贴士：

个人及其所扶养家属维持生活必需的住房和用品，不在税收保全措施的范围之内。个人及其所扶养家属维持生活必需的住房和用品不包括机动车辆、金银饰品、古玩字画、豪华住宅或者一处以外的住房。

（2）强制执行措施。强制执行是在纳税义务人或扣缴义务人未按照规定的期限缴纳或者解缴税款,纳税担保人未按照规定的期限缴纳所担保的税款,由税务机关责令限期缴纳,逾期仍未缴纳的情况下采用的行为。强制执行措施分两种:①书面通知其开户银行或者其他金融机构从其存款中扣缴税款;②扣押、查封、拍卖其价值相当于应纳税款的商品、货物或者其他财产,以拍卖所得抵缴税款。

小贴士:

个人及其所抚养家属维持生活必需的住房和用品,不在强制执行措施的范围之内。

三、税务检查

税务检查是税收征收管理的一个重要环节。它是指税务机关依法对纳税人履行缴纳税款义务和扣缴义务人履行代扣、代收税款义务及其他有关税务事项所进行的审查、核实、监督活动的总称。税务机关依法实施税务检查,既可以发现税务登记、申报等事前监控中的漏洞和问题,也可以检查核实税款征收的质量,从而使税务检查成为事后监控的一道重要环节。

第六节 违反税法的法律责任

一、违反税务管理基本规定行为的处罚

(1) 违反税收征收管理程序的行为有:纳税人有下列行为之一的,由税务机关责令限期改正,可以处2000元以下的罚款;情节严重的,处2000元以上1万元以下的罚款:①未按照规定的期限申报办理税务登记、变更或者注销登记的;②未按照规定设置、保管账簿或者保管记账凭证和有关资料的;③未按照规定将财务、会计制度或者财务、会计处理办法和会计核算软件报送税务机关备查的;④未按照规定将其全部银行账号向税务机关报告的;⑤未按照规定安装、使用税控装置,或者损毁或者擅自改动税控装置的;⑥未按照规定办理税务登记证件验证或者换证手续的。

(2) 纳税人不办理税务登记的,由税务机关责令限期改正;逾期不改正的,经税务机关提请,由工商行政管理机关吊销其营业执照。

(3) 纳税人未按照规定使用税务登记证件,或者转借、涂改、损毁、买卖、伪造税务登记证件的,处2000元以上1万元以下的罚款;情节严重的,处1万元以上5万元以下的罚款。

(4) 扣缴义务人未按照规定设置、保管代扣代缴、代收代缴税款账簿或者保管代扣代缴、代收代缴税款记账凭证及有关资料的,由税务机关责令限期改正,可以处2000元以下的罚款;情节严重的,处2000元以上5000元以下的罚款。

(5) 纳税人未按照规定的期限办理纳税申报和报送纳税资料的,或者扣缴义务人未按照规定的期限向税务机关报送代扣代缴、代收代缴税款报告表和有关资料的,由税务机关责

令限期改正，可以处 2000 元以下的罚款；情节严重的，可以处 2000 元以上 1 万元以下的罚款。

二、偷税的法律责任

偷税，是指纳税人伪造、变造、隐匿、擅自销毁账簿、记账凭证，或者在账簿上多列支出或者不列、少列收入，或者经税务机关通知申报而拒不申报或者进行虚假的纳税申报，不缴或者少缴应纳税款的行为。对纳税人偷税的，由税务机关追缴其不缴或者少缴的税款、滞纳金，并处不缴或者少缴的税款 50% 以上 5 倍以下的罚款；构成犯罪的，依法追究刑事责任。

《刑法》相关条款规定，纳税人采取欺骗、隐瞒手段进行虚假纳税申报或者不申报，逃避缴纳税款数额较大并且占应纳税额 10% 以上的，处 3 年以下有期徒刑或者拘役，并处罚金；数额巨大并且占应纳税额 30% 以上的，处 3 年以上 7 年以下有期徒刑，并处罚金。扣缴义务人采取前款所列手段，不缴或者少缴已扣、已收税款，数额较大的，依照前款的规定处罚。对多次实施前两款行为，未经处理的，按照累计数额计算。有第一款行为，经税务机关依法下达追缴通知后，补缴应纳税款，缴纳滞纳金，已受行政处罚的，不予追究刑事责任；但是，5 年内因逃避缴纳税款受过刑事处罚或者被税务机关给予两次以上行政处罚的除外。

三、欠税的法律责任

欠税是指纳税义务人无正当理由，不缴或者少缴并长期拖欠应纳税款的行为。纳税人欠缴应纳税款，采取转移或者隐匿财产的手段，妨碍税务机关追缴欠缴的税款的，由税务机关追缴欠缴的税款、滞纳金，并处欠缴税款 50% 以上 5 倍以下的罚款；构成犯罪的，依法追究刑事责任。

同时《刑罚》相关条款规定，纳税人欠缴应纳税款，采取转移或者隐匿财产的手段，致使税务机关无法追缴欠缴的税款，数额在 1 万元以上不满 10 万元的，处 3 年以下有期徒刑或者拘役，并处或者单处欠缴税款 1 倍以上 5 倍以下的罚金；数额在 10 万元以上的，处 3 年以上 7 年以下有期徒刑，并处欠缴税款 1 倍以上 5 倍以下的罚金。

四、抗税行为的法律责任

抗税，是指纳税人、扣缴义务人以暴力、威胁方法拒不缴纳税款的行为。除由税务机关追缴其拒缴的税款、滞纳金外，依法追究刑事责任。情节轻微，未构成犯罪的，由税务机关追缴其拒缴的税款、滞纳金，并处拒缴税款 1 倍以上 5 倍以下的罚款。

同时《刑法》相关条款规定，以暴力、威胁方法拒不缴纳税款的，处 3 年以下有期徒刑或者拘役，并处拒缴税款 1 倍以上 5 倍以下罚金；情节严重的，处 3 年以上 7 年以下有期徒刑，并处拒缴税款 1 倍以上 5 倍以下罚金。

五、骗取国家出口退税的法律责任

骗取国家出口退税，是指纳税人假报商品出口，而实未出口，或根本没有商品出口而谎报商品出口，以骗取出口退税款的行为。

纳税人以假报出口或者其他欺骗手段，骗取国家出口退税款，由税务机关追缴其骗取的退税款，并处骗取税款 1 倍以上 5 倍以下的罚款；构成犯罪的，依法追究刑事责任。对骗取国家出口退税款的，税务机关可以在规定期间内停止为其办理出口退税。

同时《刑法》相关条款规定，以假报出口或者其他欺骗手段，骗取国家出口退税款，数额较大的，处 5 年以下有期徒刑或者拘役，并处骗取税款 1 倍以上 5 倍以下罚金；数额巨大或者有其他情节严重的，处 5 年以上 10 年以下有期徒刑，并处骗取税款 1 倍以上 5 倍以下罚金；数额特别巨大或者有其他特别严重情节的，处 10 年以上有期徒刑或者无期徒刑，并处骗取税款 1 倍以上 5 倍以下罚金或者没收财产。

六、非法印制发票的法律责任

非法印制发票的，由税务机关销毁非法印制的发票，没收违法所得和作案工具，并处 1 万元以上 5 万元以下的罚款；构成犯罪的，依法追究刑事责任。同时，《刑法》相关条款对伪造、出售伪造的增值税专用发票罪，非法制造、出售非法制造的用于骗取出口退税、抵扣税款发票罪均作了具体规定。

七、税务行政复议

纳税人、扣缴义务人、纳税担保人同税务机关在征税行为上发生争议时，应当先向行政复议机关申请行政复议；对行政复议决定不服的，可以向人民法院提起行政诉讼。当事人必须依照税务机关根据法律、法规确定的税额、期限，先行缴纳或者解缴税款和滞纳金，或者提供相应的担保，才可以在缴清税款和滞纳金以后或者所提供的担保得到作出具体行政行为的税务机关确认之日起 60 日内提出行政复议申请。

若当事人对税务机关除征税行为以外的其他具体行政行为不服的，可以申请行政复议，也可以直接向人民法院提起行政诉讼。申请人对税务机关作出逾期不缴纳罚款加处罚款的决定不服的，应当先缴纳罚款和加处罚款，再申请行政复议。

当事人对税务机关的处罚决定逾期不申请复议也不向人民法院起诉、又不履行的，作出处罚决定的税务机关可以由税务机关责令限期缴纳，逾期仍未缴纳的，经县以上税务局（分局）局长批准，税务机关可以采取强制执行措施或者申请人民法院强制执行。

八、税务人员的法律责任

税务人员与纳税人、扣缴义务人勾结，唆使或者协助纳税人、扣缴义务人偷税、欠税而采取转移或者藏匿财产、骗税的行为，构成犯罪的，依法追究刑事责任；尚不构成犯罪的，依法给予行政处分。

税务人员利用职务上的便利，收受或者索取当事人财物或者谋取其他不正当利益或者徇私舞弊、玩忽职守致使国际税收遭受重大损失，构成犯罪的，依法追究刑事责任；尚不构成犯罪的，依法给予行政处分。

《刑法》相关条款规定，税务机关的工作人员徇私舞弊，不征或者少征应征税款，致使国家税收遭受重大损失的，或在办理发售发票、抵扣税款、出口退税工作中，徇私舞弊，致使国家利益遭受重大损失的，处 5 年以下有期徒刑或者拘役；造成特别重大损失的，处 5 年以上有期徒刑。

税务机关工作人员违反法律、行政法规的规定提前征收、延缓征收或者摊派税款的，由其上级机关或者行政监察机关责令改正，对直接负责的主管人员和其他直接责任人员依法给予行政处分。若擅自作出税收的开征、停征或者减税、免税、退税、补税以及其他同税收法律、行政法规相抵触的决定的，除依照本法规定撤销其擅自作出的决定外，补征应征未征税款，退还不应征收而征收的税款，并由上级机关追究直接负责的主管人员和其他直接责任人员的行政责任；构成犯罪的，依法追究刑事责任。

此外，《税收征管法》还对行政处罚的权限作出了规定，指出"罚款额在2000元以下的，可以由税务所决定"。

综合实训

一、应掌握的术语

税收、税收特征、税法构成要素、流转税、所得税、税收管理体制、税务管理、税款征收、税收保全措施、税收强制执行措施、税收检查

二、单选题

1. 从理论上讲，征收主体是（　　）。
   A. 纳税人　　　　　　　　B. 纳税义务人
   C. 扣缴义务人　　　　　　D. 国家
2. 最能体现税收强制性特点的是（　　）。
   A. 税率　　　　　　　　　B. 税目
   C. 纳税期限　　　　　　　D. 违法处理
3. 下列不征收消费税的是（　　）。
   A. 农药　　　　　　　　　B. 化妆品
   C. 摩托车　　　　　　　　D. 汽油
4. 税收制度的核心是（　　）。
   A. 征税主体　　　　　　　B. 纳税主体
   C. 征税客体　　　　　　　D. 税率
5. 消费税属于（　　）。
   A. 流转税类　　　　　　　B. 所得税类
   C. 财产税类　　　　　　　D. 行为税类
6. 长期以来，我国的税收制度实行以（　　）为主体的模式。
   A. 所得税类　　　　　　　B. 资源税类
   C. 流转税类　　　　　　　D. 财产税类
7. 增值税的基本税率为（　　）。
   A. 17%　　　　　　　　　B. 13%
   C. 33%　　　　　　　　　D. 6%

8. 下列各项中，应征收资源税的是（　　）。
   A. 人造石油　　　　　　　　B. 柴油
   C. 中外合作开采石油　　　　D. 天然原油
9. 根据契税法律制度的规定，下列各项中，应缴纳契税的是（　　）。
   A. 承包者获得农村集体土地承包经营权
   B. 企业受让土地使用权
   C. 企业将厂房抵押给银行
   D. 个人承租居民住宅
10. 下列各项中，不需要办理税务登记的是（　　）。
    A. 从事生产经营的事业单位　　B. 取得工资、薪金的个人
    C. 企业在外地设立的分支机构　D. 个体工商户
11. 根据税收法律制度的规定，对于经主管税务机关认定批准的生产、经营规模小，达不到设置账簿标准，难以查账征收，不能准确计算计税依据的个体工商户，适用的税款征收方式为（　　）。
    A. 查账征收　　　　　　　　B. 查定征收
    C. 查验征收　　　　　　　　D. 定期定额征收
12. 根据税收征收管理法律制度的规定，经县以上税务局（分局）局长批准，税务机关可以依法对纳税人采取税收保全措施。下列各项中，不属于税收保全措施的是（　　）。
    A. 责令纳税人暂时停业，直至缴足税款
    B. 扣押纳税人的价值相当于应纳税款的商品
    C. 查封纳税人的价值相当于应纳税款的货物
    D. 书面通知纳税人开户银行冻结纳税人的金额相当于应纳税款的存款
13. 纳税人有合并、分立情形的应当向税务机关报告，并依法缴清税款。纳税人合并时未缴清税款的应当由（　　）。
    A. 合并后的纳税人继续履行未履行的纳税义务
    B. 合并前的纳税人继续履行未履行的纳税义务
    C. 合并后的纳税人对未履行的纳税义务承担连带责任
    D. 合并前的纳税人对未履行的纳税义务承担连带责任

三、多选题

1. 下列要素属于税收制度的基本构成要素的有（　　）。
   A. 纳税人　　　　　　　　　B. 课税对象
   C. 税率　　　　　　　　　　D. 纳税期限
2. 我国现行税率分为（　　）。
   A. 比例税率　　　　　　　　B. 定额税率
   C. 累进税率　　　　　　　　D. 定量税率
3. 对生产销售汽油、柴油的企业，要交纳的税种有（　　）。
   A. 消费税　　　　　　　　　B. 增值税
   C. 企业所得税　　　　　　　D. 资源税

4. 增值税的纳税人包括在中国境内（　　）的各类企业、单位、个体经营者和其他个人。
   A. 销售货物   B. 进口货物
   C. 提供加工、修理修配劳务   D. 销售不动产

5. 中央与地方共享税包括（　　）。
   A. 增值税   B. 资源税
   C. 证券交易印花税   D. 消费税

6. 下列属于征收车船税的有（　　）。
   A. 畜力车   B. 摩托车
   C. 电车   D. 低速货车

7. 下列可以不办理纳税登记的有（　　）。
   A. 县教育局   B. 社区诊所
   C. 人民法院   D. 下岗职工开的餐饮店

8. 某大型超市在2017年度缴纳的下列税种中，属于地方税务局征收的有（　　）。
   A. 增值税   B. 房产税
   C. 印花税   D. 车船税

9. 根据我国《税收征收管理法》及其实施细则的规定，税款征收方式有以下（　　）方式。
   A. 查账征收   B. 查定征收
   C. 查验征收   D. 定期定额征收

10. 根据《税收征收管理法》的规定，下列各项中，属于税收强制执行措施的有（　　）。
    A. 暂扣纳税人营业执照
    B. 书面通知纳税人开户银行从其存款中扣缴税款
    C. 依法拍卖纳税人价值相当于应纳税款的货物，以拍卖所得抵缴税款
    D. 书面通知纳税人开户银行冻结纳税人的金额相当于应纳税款的存款

四、案例分析题

某市为奖励甲、乙、丙三人在企业承包经营中做出的突出贡献，决定奖励三人各一套住房、一辆小汽车和10万元奖金。在颁奖大会上，市政府临时决定当场宣布对三人奖励所得免征个人所得税。

问题：某市政府免税的决定合法吗？为什么？

第十一章
维护劳动者劳动的尊严
——劳动合同法律制度

劳动者最重要的权利是尊严，必须赢得尊严，有尊严地劳动，有尊严地生活。

——习近平总书记

学习目标：
- □ 掌握劳动合同的订立、劳动合同的解除和终止的法律规定。
- □ 熟悉劳动合同的主要内容、劳动合同的履行和变更。
- □ 了解劳动合同的特点和劳动合同的适用范围，劳动争议的解决途径。

技能目标：
- □ 能运用劳动法律的基本知识，解决相关的实际问题。
- □ 学会运用法律切实保障自己将来作为劳动者的获得报酬权利和提起劳动争议处理等权利。

【案例导入】

2015年2月，小丽拿着广州某职业技术学院发给的"就业推荐表"前去一公司应聘，此时，小丽的毕业论文及论文答辩尚未完成。经公司面试后，通知小丽去上班。一上班公司就与小丽签订了《劳动合同协议书》，协议约定：小丽担任职务为办公室文员；合同期限为两年，其中试用期为三个月，试用期月薪为1500元，试用期满后，按小丽技术水平、劳动态度、工作效益进行评定，根据评定的级别或职务确定月薪。上班两个月后，小丽发生了交通事故，没有到公司上班，并于2015年7月1日正式毕业。2010年8月，伤愈后的小丽多次向公司交涉，认为双方既然签订了劳动合同，其身份属于公司员工，应该享受工伤待遇，但遭到公司拒绝。请同学们以小组为团队，学习劳动合同法及其相关法律知识，为小丽出谋划策并指出相关法律依据。

第一节　维护劳动者权益的法律
——劳动合同法律概述

一、劳动合同的概念

劳动合同是劳动者和用人单位之间依法确立劳动关系，明确双方权利义务的书面合同。

二、劳动合同法的适用范围

劳动合同法有广义、狭义之分。狭义的劳动合同法仅指2007年6月29日第十届全国人民代表大会常务委员会第28次会议通过，自2008年1月1日起实施的《中华人民共和国劳动合同法》（以下简称《劳动合同法》），而广义的劳动合同法泛指我国现行的有关劳动方面的法律、法规和规章。本书除特指以外，对此并不加以严格区分。

《劳动合同法》第二条规定：中华人民共和国境内的企业、个体经济组织、民办非企业单位、依法成立的会计师事务所、律师事务所等合伙组织和基金会等组织（以下称用人单位）与劳动者建立劳动关系，订立、履行、变更、解除或者终止劳动合同，适用劳动合同法。

国家机关、事业单位、社会团体和与其建立劳动关系的劳动者，订立、履行、变更、解除或者终止劳动合同，依照劳动合同法执行。

事业单位与实行聘用制的工作人员订立、履行、变更、解除或者终止劳动合同，法律、行政法规或者国务院另有规定的，依照其规定；未作规定的，依照劳动合同法有关规定执行。

小贴士：

公务员、农民、现役军人等不适用《劳动合同法》。用人单位限制在"境内"；但劳动者没有地域限制，没有排除外国人。

试一试

下列单位与劳动者建立劳动关系，适用《劳动合同法》的有（　　）。
A. 民办非企业单位　　　　B. 基金会
C. 事业单位　　　　　　　D. 外国境内的企业

【解析】ABC，本题考核点是《劳动合同法》的适用范围。《劳动合同法》不适用于外国境内的企业。

第二节 劳动者入职的第一步——劳动合同的订立

一、劳动合同订立的概念及原则

（一）劳动合同订立的概念

劳动合同的订立是指劳动者和用人单位经过相互选择和平等协商，就劳动合同的各项条款协商一致，并以书面形式明确规定双方权利、义务及责任，从而确立劳动关系的法律行为。

（二）劳动合同订立的原则

（1）合法原则。合法是劳动合同有效的前提条件，具体表现为劳动合同的主体、形式、内容及订立劳动合同的目的都要合法。

（2）公平原则。公平是指劳动合同的内容应当公平、合理，双方公正、合理地确定各自的权利和义务。

（3）平等自愿原则。平等是指劳动者和用人单位在订立劳动合同时法律地位是平等的，没有高低、从属之分，不存在命令和服从的关系。自愿是指订立劳动合同应出于双方当事人的真实的意思表达。

（4）协商一致原则。协商一致是指用人单位和劳动者要对合同的内容达成一致意见，任何一方不得把自己的意志强加给另一方。

（5）诚实信用原则。诚实信用是指订立劳动合同要诚实、讲信用，任何一方不得有欺诈行为。

二、劳动合同订立的主体

（一）劳动合同订立主体的资格要求

（1）劳动者需年满16周岁（只有文艺、体育、特种工艺单位录用人员可以例外），有劳动权利能力和行为能力。

（2）用人单位有用人权利能力和行为能力。

用人单位设立的分支机构，依法取得营业执照或者等级证书的，可以作为用人单位与劳动者订立劳动合同；未依法取得营业执照或者等级证书的，受用人单位委托可以与劳动者订立劳动合同。

（二）劳动合同订立主体的义务

（1）用人单位的义务和责任。《劳动合同法》第八条规定：用人单位招用劳动者时，应当如实告知劳动者工作内容、工作条件、工作地点、职业危害、安全生产状况、劳动报酬，以及劳动者要求了解的其他情况。同时第九条也要求：用人单位招用劳动者，不得扣押劳动者的居民身份证和其他证件，不得要求劳动者提供担保或者以其他名义向劳动者收取财物。

> **案例分析**
>
> 　　2015年5月，黄先生被深圳市某公司聘任为财务主管，公司要求黄先生提供有深圳户口的人作保证人，并每月扣除黄先生工资的10%作风险抵押金。2016年6月，公司以黄先生收受客户利益为由辞退黄先生，不支付黄先生经济补偿，也不退还黄先生的风险抵押金。黄先生与公司发生劳动争议，但未进入仲裁程序就调解结案，调解结果是公司不支付黄先生经济补偿金，但退还黄先生风险抵押金。
>
> 　　**【解析】** 在实践中，用人单位在招用劳动者时，为达到控制和强留劳动者的目的，除扣押劳动者的居民身份证或者其他证据外，还采取要求劳动者提供担保或者向劳动者收取钱物的做法。比如本案例中，公司聘任黄先生为财务主管，要求黄先生提供"深户担保"，并每月扣除黄先生工资的10%作风险抵押金，既包括了钱物担保，又包括了保证人担保。无论是物的担保，还是人的担保，均为《劳动合同法》所禁止。《劳动合同法》明确规定，用人单位招用劳动者，不得扣押劳动者的居民身份证和其他证件，不得要求劳动者提供担保或者以其他名义向劳动者收取财物。

　　（2）劳动者的义务。用人单位有权了解劳动者与劳动合同直接相关的基本情况，劳动者应当如实说明。

三、劳动合同订立的形式

（一）书面形式及要求

《劳动合同法》第十条规定：用人单位自用工之日起即与劳动者建立劳动关系。建立劳动关系，应当订立书面劳动合同。对于已建立劳动关系，未同时订立书面劳动合同的，应当自用工之日起一个月内订立书面劳动合同。用人单位与劳动者在用工前订立劳动合同的，劳动关系自用工之日起建立。

（二）例外情况

作为订立劳动合同应当采用书面形式的例外情况，《劳动合同法》规定，非全日制用工双方当事人可以订立口头协议。

四、劳动合同类型

> **案例分析**
>
> 　　小刘是某外国语大学2015届硕士研究生，因外语能力出众被某机关下属的出国留学中介公司看中。小刘还未毕业就被该公司聘为留学顾问。当时，公司沿用了国家机关的习惯，与小刘口头约定见习期一年（2015年2月至2016年2月）。2015年7月，小刘拿到硕士研究生的毕业证书，要求提高工资待遇，遭到公司的拒绝。小刘的工作态度发生

转变，对工作任务一拖再拖，甚至出现了严重失误，公司当即决定与小刘解除劳动关系。于是，小刘要求公司向其支付从入职之日到离职之日期间未签订书面劳动合同的双倍工资。公司对小刘的这个要求感到困惑：见习期内需要签订劳动合同吗？如果需要签订合同，合同应该从何时生效？

【解析】本案中，该公司应当按照法律规定在法定期限内与小刘签订书面劳动合同。但是，小刘在取得毕业证前，属于在校学生，不是劳动法中合法的劳动者主体，双方形成的是劳务关系而不是劳动关系。对劳务关系建立形式我国目前尚未有明确的法律规定，所以在此期间公司与小刘可以不签书面合同。小刘取得毕业证后，即具备了劳动者的主体资格，公司与小刘之间的关系由"劳务关系"转变为"劳动关系"。公司应当自双方具备劳动关系条件之日起一个月内与小刘签订书面劳动合同。否则，按照《劳动合同法》的规定，公司将可能承担不签书面劳动合同而向劳动者支付双倍工资的法律责任。

（资料来源：柳国华、肖文珍，《新编经济法实用教程》，中国轻工业出版社 2016 年版。）

劳动合同分为固定期限劳动合同、无固定期限劳动合同和以完成一定工作任务为期限的劳动合同。

（一）固定期限劳动合同

固定期限劳动合同，是指用人单位与劳动者约定合同终止时间的劳动合同。用人单位与劳动者协商一致，可以订立固定期限劳动合同。

（二）无固定期限劳动合同

无固定期限劳动合同，是指用人单位与劳动者约定无确定终止时间的劳动合同。

想一想：

无固定期限劳动合同是"终身制"的吗？

由于无固定期限劳动合同没有确定终止时间，而我国《劳动合同法》又对用人单位解除劳动合同进行了严格的限制，所以无固定期限劳动合同普遍被认为是"铁饭碗"、"终身制"，但是如果出现法律规定或合同约定的解除或终止条件的，劳动者和用人单位也可以解除或终止无固定期限劳动合同。实践中，签订这种劳动合同一般会在劳动合同中注明"无固定期限"。

《劳动合同法》第十四条规定：用人单位与劳动者协商一致，可以订立无固定期限劳动合同。有下列情形之一，劳动者提出或者同意续订、订立劳动合同的，除劳动者提出订立固定期限劳动合同外，应当订立无固定期限劳动合同：

（1）劳动者在该用人单位连续工作满十年的。

（2）用人单位初次实行劳动合同制度或者国有企业改制重新订立劳动合同时，劳动者在该用人单位连续工作满十年且距法定退休年龄不足十年的。

（3）连续订立二次固定期限劳动合同，且劳动者没有下列情形，续订劳动合同的。

①严重违反用人单位的规章制度的。

②严重失职，营私舞弊，给用人单位造成重大损害的。

③劳动者同时与其他用人单位建立劳动关系，对完成本单位的工作任务造成严重影响，或者经用人单位提出，拒不改正的。

④以欺诈、胁迫的手段或者乘人之危，使用人单位在违背真实意思的情况下订立或者变更劳动合同的致使劳动合同无效的。

⑤被依法追究刑事责任的。

⑥劳动者患病或者非因工负伤，在规定的医疗期满后不能从事原工作，也不能从事由用人单位另行安排的工作的。

⑦劳动者不能胜任工作，经过培训或者调整工作岗位，仍不能胜任工作的。

连续工作满10年的起始时间，应当自用人单位用工之日起计算，包括《劳动合同法》实施前的工作年限。但连续订立固定期限劳动合同的次数，应当自《劳动合同法》2008年1月1日施行后，续订固定期限劳动合同时开始计算。

用人单位自用工之日起满一年不与劳动者订立书面劳动合同的，视为用人单位与劳动者已订立无固定期限劳动合同。

> **试一试**
>
> 张某于2015年8月进入甲公司工作，公司按月支付工资。至2016年底，公司尚未与张某签订劳动合同。关于公司与张某之间劳动关系的下列表述中，正确的有（　　）。
>
> A. 公司与张某之间可视为不存在劳动关系
> B. 公司与张某之间可视为已订立无固定期限劳动合同
> C. 公司应与张某补订书面劳动合同，并支付工资补偿
> D. 张某可与公司终止劳动关系，公司应支付经济补偿
>
> 【解析】CD。本题中主要考查了劳动关系的建立及劳动合同日的订立的相关知识。首先，劳动关系是自用工之日起就已建立，与是否签订劳动合同无关。因此，选项A错误。其次，在选项B中考查无固定期限劳动合同的订立。用人单位自用工之日起满1年未与劳动者订立书面劳动合同的，视为自用工之日起满1年的当日已经与劳动者订立无固定期限劳动合同。但是，在本案中，张某进公司尚不足1年。最后，我国法律规定，用人单位自用工之日起超过1个月不满1年未与劳动者订立书面劳动合同的，应当向劳动者每月支付2倍的工资，并与劳动者补订书面劳动合同，劳动者不与用人单位订立书面劳动合同的，用人单位应当书面通知劳动者终止劳动关系，并"支付经济补偿"。

（三）以完成一定工作任务为期限的劳动合同

《劳动合同法》第十五条规定：以完成一定工作任务为期限的劳动合同，是指用人单位与劳动者约定以某项工作的完成为合同期限的劳动合同。用人单位与劳动者协商一致，可以订立以完成一定工作任务为期限的劳动合同。

五、劳动合同的效力

(一) 劳动合同的生效

《劳动合同法》第十六条规定:劳动合同由用人单位与劳动者协商一致,并经用人单位与劳动者在劳动合同文本上签字或者盖章生效。劳动合同文本由用人单位和劳动者各执一份。

劳动合同依法订立即生效,具有法律约束力。除非当事人对劳动合同生效有特殊约定,如约定须经公证或签证方可生效的劳动合同,其生效时间开始于签证、公证手续办理完毕之日。

(二) 无效劳动合同

无效劳动合同是指劳动合同虽然已经成立,但因违反了法律、行政法规的强制性规定而被确认为无效的劳动合同。《劳动合同法》第二十六条规定了劳动合同无效或者部分无效的情形:

(1) 以欺诈、胁迫的手段或者乘人之危,使对方在违背真实意思的情况下订立或者变更劳动合同的。

(2) 用人单位免除自己的法定责任、排除劳动者权利的。

(3) 违反法律、行政法规强制性规定的。

对劳动合同的无效或者部分无效有争议的,由劳动争议仲裁机构或者人民法院确认。

(三) 无效劳动合同的法律后果

无效劳动合同,从订立时起就没有法律约束力。《劳动合同法》第十七条规定:劳动合同部分无效,不影响其他部分效力的,其他部分仍然有效。劳动合同被确认无效,劳动者已付出劳动的,用人单位应当向劳动者支付劳动报酬。劳动报酬的数额,参照本单位相同或者相近岗位劳动者的劳动报酬确定。

案例分析

2010年10月,小朱持某大学中文和公共管理专业双学士学位证书,在A市开发区一家电子公司谋到一份总裁助理的工作,月薪8000元。此后3年,小朱的月薪逐步增加到11000元。2014年4月,因为晋升职位,公司向某大学核实才知道,该校这两个专业的毕业学生名单中均没有小朱的名字,遂向法院起诉。请问:小朱与该公司订立的劳动合同是否有效?

【解析】本案例中,朱某为达到被公司聘用的目的,伪造毕业证书进行应聘,实际上是未如实履行告知义务,是一种典型的欺诈。根据《劳动合同法》的规定,用工双方一方若以欺诈、胁迫的手段或者乘人之危,使对方在违背真实意思的情况下订立或者变更劳动合同的,此劳动合同无效或者部分无效。

(资料来源:马瑄,《经济法》,东北财经大学出版社2014年版。)

第三节 劳资双方的权利和义务
——劳动合同的主要内容

一、劳动合同的必备条款

劳动合同必备条款是指劳动合同必须具备的内容。根据《劳动合同法》第十七条的规定，劳动合同应当具备以下条款：

（1）用人单位的名称、住所和法定代表人或者主要负责人。
（2）劳动者的姓名、住址和居民身份证或者其他有效身份证件号码。
（3）劳动合同期限。
（4）工作内容和工作地点。
（5）工作时间和休息休假。
（6）劳动报酬。
（7）社会保险。
（8）劳动保护、劳动条件和职业危害防护。
（9）法律、法规规定应当纳入劳动合同的其他事项。

小贴士：

社会保险包括养老保险、失业保险、医疗保险、工伤保险、生育保险五项。参加社会保险、缴纳社会保险费是用人单位与劳动者的法定义务，双方除劳动合同必备条款外，用人单位与劳动者可以在劳动合同中约定试用期、培训、保守秘密、补充保险和福利待遇等其他事项。但约定事项不能违反法律、行政法规的强制性规定，否则该约定无效。

二、劳动合同约定条款

（一）试用期

试用期是指用人单位和劳动者双方相互了解、确定对方是否符合自己的招聘条件或求职条件而约定的考察期。

试用期属于劳动合同的约定条款，双方可以约定，也可以不约定试用期。

1. 试用期期限的强制性

《劳动合同法》第十九条规定：劳动合同期限3个月以上不满1年的，试用期不得超过1个月；劳动合同期限1年以上不满3年的，试用期不得超过2个月；3年以上固定期限和无固定期限的劳动合同，试用期不得超过6个月。非全日制用工双方当事人不得约定试用期。

同一用人单位与同一劳动者只能约定一次试用期。

以完成一定工作任务为期限的劳动合同或者劳动合同期限不满三个月的，不得约定试用期。

试用期包含在劳动合同期限内。劳动合同仅约定试用期的，试用期不成立，该期限为劳动合同期限。

2. 试用期工资的强制性

《劳动合同法》第二十条规定：劳动者在试用期的工资不得低于本单位相同岗位最低档工资或者劳动合同约定工资的80%，并不得低于用人单位所在地的最低工资标准。

3. 试用期内劳动合同的解除

（1）根据《劳动合同法》第三十九条规定，劳动者有下列情形之一的，用人单位可以解除劳动合同，但应向劳动者说明理由：

①劳动者在试用期间被证明不符合录用条件的。
②劳动者严重违反用人单位的规章制度的。
③劳动者严重失职，营私舞弊，给用人单位造成重大损害的。
④劳动者同时与其他用人单位建立劳动关系，对完成本单位的工作任务造成严重影响，或者经用人单位提出，拒不改正的。
⑤劳动者以欺诈、胁迫的手段或者乘人之危，使用人单位在违背真实意思的情况下订立或者变更劳动合同的。
⑥劳动者被依法追究刑事责任的。
⑦劳动者患病或者非因工负伤，在规定的医疗期满后不能从事原工作，也不能从事由用人单位另行安排的工作的。
⑧劳动者不能胜任工作，经过培训或者调整工作岗位，仍不能胜任工作的。

（2）劳动者在试用期内提前3日通知用人单位，可以解除劳动合同。

> **试一试**
>
> 2016年，甲与某公司签订了1年期的劳动合同，合同规定试用期为3个月，试用期工资为2200元，试用期满后工资为3000元。请问该试用期约定是否有效？
>
> 【解析】该试用期约定不能生效，根据《劳动合同法》规定，1年期的劳动合同试用期不能超过2个月。如果甲已经履行了3个月的试用期，并在该3个月内只获得每月2200元的试用期工资，那么该公司应该以3000元的工资标准，对超过2个月法定试用期的另1个月予以赔偿，即赔偿差额800元（3000-2200）。

（二）服务期

1. 服务期的含义

服务期是指劳动者因享受用人单位给予的特殊待遇而做出的劳动履行期限承诺。

用人单位为劳动者提供专项培训费用，对其进行专业技术培训的，可以与该劳动者订立协议，约定服务期。

2. 劳动者违反服务期的违约责任

《劳动合同法》第十二条规定：劳动者违反服务期约定的，应当按照约定向用人单位支付违约金。违约金的数额不得超过用人单位提供的培训费用。用人单位要求劳动者支付的违约金不得超过服务期尚未履行部分所应分摊的培训费用。

用人单位与劳动者约定服务期的，不影响按照正常的工资调整机制提高劳动者在服务期期间的劳动报酬。

一般而言，只有劳动者在服务期内提出与单位解除劳动关系时，用人单位才可以要求其支付违约金。不过，为了防止可能出现的规避赔偿责任，如果劳动者因下列违纪等重大过错行为而被用人单位解除劳动关系的，用人单位仍有权要求其支付违约金：

（1）劳动者严重违反用人单位的规章制度的。
（2）劳动者严重失职，营私舞弊，给用人单位造成重大损害的。
（3）劳动者同时与其他用人单位建立劳动关系，对完成本单位的工作任务造成严重影响，或者经用人单位提出，拒不改正的。
（4）劳动者以欺诈、胁迫的手段或者乘人之危，使用人单位在违背真实意思的情况下订立或者变更劳动合同的。
（5）劳动者被依法追究刑事责任的。

3. 劳动者解除劳动合同不属于违反服务期约定的情形

用人单位与劳动者约定了服务期，劳动者依照下述情形的规定解除劳动合同的，不属于违反服务期的约定，用人单位不得要求劳动者支付违约金：

（1）用人单位未按照劳动合同约定提供劳动保护或者劳动条件的。
（2）用人单位未及时足额支付劳动报酬的。
（3）用人单位未依法为劳动者缴纳社会保险费的。
（4）用人单位的规章制度违反法律、法规的规定，损害劳动者权益的。
（5）用人单位以欺诈、胁迫的手段或者乘人之危，使劳动者在违背真实意思的情况下订立或者变更劳动合同的。
（6）用人单位在劳动合同中免除自己的法定责任、排除劳动者权利的。
（7）用人单位违反法律、行政法规强制性规定的。
（8）法律、行政法规规定劳动者可以解除劳动合同的其他情形。

案例分析

2014年6月，周某与某酒店签订了为期1年的劳动合同。2007年3月酒店派周某到某厨艺学校进行为期3个月的培训。培训期间，酒店照常发给周某工资、福利，同时为周某支付了培训费6000元。2015年6月，酒店与周某签订服务期协议，约定从2017年6月起周某需再在酒店服务3年，否则需支付酒店违约金10000元。2016年6月，周某向酒店提出辞职，酒店多次挽留，周某仍然坚持离开。为此，酒店要求周某支付违约金10000元和培训费用6000元。周某咨询，他该支付酒店多少违约金和培训费。

【解析】根据我国《劳动合同法》规定，劳动者违反服务期约定的，应当按照约定向用人单位支付违约金。违约金的数额不得超过用人单位提供的培训费用。用人单位要求劳动者支付的违约金不得超过服务期尚未履行部分所应分摊的培训费用。因此，上述案例中的周某，只需向酒店支付违约金或培训费共4000元。这里，酒店与周某约定的违约金10000元高于实际培训费6000元，应以6000元计算。3年服务期已履行了1年，应扣减1年所分摊的培训费2000元。酒店要求周某支付违约金10000元和培训费用6000元不符合法律规定。

（资料来源：柳国华、肖文珍，《新编经济法实用教程》，中国轻工业出版社2016年版。）

（三）保守商业秘密和竞业限制

根据《劳动合同法》第二十三条规定：用人单位与劳动者可以在劳动合同中约定保守用人单位的商业秘密和与知识产权相关的保密事项。

对负有保密义务的劳动者，用人单位可以在劳动合同或者保密协议中与劳动者约定竞业限制条款，并约定在解除或者终止劳动合同后，在竞业限制期限内按月给予劳动者经济补偿。劳动者违反竞业限制约定的，应当按照约定向用人单位支付违约金。

知识延伸

商业秘密，是指不为公众所知悉，能为权利人带来经济利益、具有实用性并经权利人采取保密措施的技术信息和经营信息。商业秘密关乎企业的竞争力、对企业的发展至关重要，有时甚至直接影响到企业的生存。

竞业限制又称竞业禁止，是对与权利人有特定关系的义务人的特定竞争行为的禁止。用工双方根据劳动者和用人单位签订的竞业限制条款或协议，在双方劳动关系解除和终止后，限制劳动者一定时期的择业权，对于因此给劳动者造成的损害，用人单位给予劳动者相应的经济补偿。

《劳动合同法》第二十四条规定，竞业限制的人员限于用人单位的高级管理人员、高级技术人员和其他负有保密义务的人员。竞业限制的范围、地域、期限由用人单位与劳动者约定，竞业限制的约定不得违反法律、法规的规定。在解除或者终止劳动合同后，前款规定的人员到与本单位生产或者经营同类产品、从事同类业务的有竞争关系的其他用人单位，或者自己开业生产或者经营同类产品。从事同类业务的竞业限制期限，不得超过2年。

小贴士：

除《劳动合同法》规定的服务期和保守商业秘密和竞业限制情形外，用人单位不得与劳动者约定由劳动者承担违约金。

三、医疗期

（一）医疗期概念

医疗期是指企业职工因患病或非因公负伤停止工作，治病休息，但不得解除劳动合同的期限。

想一想：

医疗期与停工留薪期相同吗？

停工留薪期是指职工因工作遭受事故伤害或者患职业病需要暂停工作、接受工伤医疗的期间。职工在停工留薪期享受工伤医疗待遇，工伤职工在停工留薪期满后仍需治疗的，继续享受工伤医疗待遇。用人单位依法终止工伤职工的劳动合同的，除依据规定向劳动者支付经济补偿金外，还应当按照国家有关工伤保险的规定支付一次性工伤医疗补助金和伤残就业补助金。

（二）医疗期期间

企业职工因患病或非因工负伤，需要停止工作，进行医疗时，根据本人实际参加工作年限和在本单位工作年限，给予3个月到24个月的医疗期：

(1) 实际工作年限10年以下的，在本单位工作年限5年以下的为3个月；5年以上的为6个月。

(2) 实际工作年限10年以上的，在本单位工作年限5年以下的为6个月；5年以上10年以下的为9个月；10年以上15年以下的为12个月；15年以上20年以下的为18个月；20年以上的为24个月。

病休期间，公休、假日和法定节日包括在内。对某些患特殊疾病（如癌症、精神病、瘫痪等）的职工，在24个月内尚不能痊愈的，经企业和劳动主管部门批准，可以适当延长医疗期。

（三）医疗期内的待遇

企业职工在医疗期内，其病假工资、疾病救济费和医疗待遇按照有关规定执行。病假工资或疾病救济费可以低于当地最低工资标准支付，但最低不能低于最低工资标准的80%。医疗期内不得解除劳动合同。如医疗期内遇合同期满，则合同必须延至医疗期满，职工在此期间仍然享受医疗期内待遇。对医疗期满尚未痊愈者，或者医疗期满后，不能从事原工作，也不能从事用人单位另行安排的工作，被解除劳动合同的，用人单位须按经济补偿规定给予其经济补偿。

第四节　劳资双方的合作——劳动合同的履行和变更

一、劳动合同的履行

劳动合同的履行是指劳动合同生效后，双方当事人按照劳动合同的约定，完成各自承担的义务和实现各自享受的权利，使双方当事人订立合同的目的得以实现的法律行为。

（一）用人单位与劳动者应当按照劳动合同的约定，全面履行各自的义务。

(1) 用人单位应当按照劳动合同约定和国家规定，向劳动者及时足额支付劳动报酬；用人单位拖欠或者未足额支付劳动报酬的，劳动者可以依法向当地人民法院申请支付令，人民法院应当依法发出支付令。

（2）用人单位应当严格执行劳动定额标准，不得强迫或者变相强迫劳动者加班。用人单位安排加班的，应当按照国家有关规定向劳动者支付加班费。

（3）劳动者拒绝用人单位管理人员违章指挥、强令冒险作业的，不视为违反劳动合同。劳动者对危害生命安全和身体健康的劳动条件，有权对用人单位提出批评、检举和控告。

（4）用人单位变更名称、法定代表人、主要负责人或者投资人等事项，不影响劳动合同的履行。

（5）用人单位发生合并或者分立等情况，原劳动合同继续有效，劳动合同由承继其权利和义务的用人单位继续履行。

> **案例分析**
>
> 　　李某2012年5月进入一家房产中介公司工作，负责房屋置换和房产销售工作。公司与其签订了2年期劳动合同，合同期满后，双方又续签了2年期的劳动合同。2013年年底，由于公司经营不善，被另一家房产中介公司兼并。事后，公司到工商行政部门重新更名，并且更换了公司法定代表人。新的法定代表人上任后，将原房产公司人员的合同解除，并为他们办理了退工手续。李某认为公司这样的做法是错误的，要求公司与其恢复劳动关系。公司对李某的要求不予理会。在百般无奈的情况下，李某向劳动争议仲裁委员会申请劳动仲裁，要求公司恢复劳动关系，继续履行原合同。仲裁委员会经过审查依法予以受理。
>
> 　　【解析】本案争议的焦点是，用人单位合并后，并且变更了名称、法定代表人等是否可以与原用人单位的职工当即解除劳动合同。根据《中华人民共和国劳动合同法》第33条规定："用人单位变更名称、法定代表人、主要负责人或者投资人等事项，不影响劳动合同的履行。"另外，第34条规定："用人单位发生合并或者分立等情况，原劳动合同继续有效，劳动合同由承继其权利和义务的用人单位继续履行。"由此可见，合并后的新公司不能以公司已更名或者变更了法定代表人为由，与原公司职工当即解除劳动合同。原劳动合同继续有效，劳动合同由承继其权利和义务的公司继续履行。本案中的公司这种做法显然与法有悖，应当予以纠正。所以，劳动仲裁委员会经审理后，依法作出裁决，撤销公司与李某解除劳动合同的决定，恢复双方劳动关系，继续履行合同。
>
> （资料来源：李退桢、李涛，《劳动与社会保障法》，清华大学出版社2014年版）

（二）用人单位应当依法建立和完善劳动规章制度，保障劳动者享有劳动权利、履行劳动义务。

1. 劳动规章制度的含义

用人单位劳动规章制度是用人单位制定的组织劳动过程和进行劳动管理的规则和制度的总和，也称为内部劳动规章，是企业内部的"法律"。其主要是对劳动报酬、工作时间、休息休假、劳动安全卫生、保险福利、职工培训、劳动纪律以及劳动定额管理等直接涉及劳动者切身利益事项进行的规定。劳动规章制度的内容不能违反劳动法律法规的义务性规范和劳动合同的约定条款。合法有效的劳动规章制度是劳动合同的组成部分，对用人单位和劳动者均具有法律约束力。

2. 建立劳动规章制度的程序

劳动合同法规定用人单位应当依法建立和完善劳动规章制度，保障劳动者享有劳动权利、履行劳动义务，并对直接涉及劳动者切身利益的规章制度或者重大事项在制定、修改及实施过程中从程序上予以严格规范，核心是民主协商与劳资共议。根据《劳动合同法》第四条规定，分为三个步骤：

（1）经职工代表大会或者全体职工讨论，提出方案和意见。

（2）与工会或者职工代表平等协商确定。

（3）用人单位应当将直接涉及劳动者切身利益的规章制度和重大事项决定公示，或者告知劳动者。

如果用人单位的规章制度未经公示或者未对劳动者告知，该规章制度对劳动者不生效。企业公示或告知劳动者规章制度可以采用张贴通告、员工手册送达、会议精神传达等方式。

3. 劳动规章制度的监督和法律责任

根据《劳动合同法》第四条规定：在规章制度和重大事项决定实施过程中，工会或者职工认为不适当的，有权向用人单位提出，通过协商予以修改完善。

用人单位直接涉及劳动者切身利益的规章制度违反法律、法规规定的，由劳动行政部门责令改正，给予警告。

如果规章制度损害劳动者权益的，劳动者可以据此解除劳动合同，用人单位应当向劳动者支付经济补偿；如果该规章制度的实施给劳动者造成了损害的，用人单位应承担赔偿责任。

案例分析

2012年，夏某大学毕业后，在湖北某公司总部工作。两年以后，公司因业务需要，把夏某派驻到上海工作。工作一段时间后，夏某发现原来领取的工资明显不能满足在上海的生活需要。年底与公司续签合同，夏某提出自己的疑问，希望公司为其提高待遇水平。公司领导说，夏某的合同是与总公司签订的，公司在湖北注册，不能以上海的工资水平为标准。请问这种情况，公司领导的答复是否合法，本案该如何处理？

【解析】本案例中，公司的注册地与劳动合同的实际履行地不一致。这种状况在上海并不少见。劳动者的最低工资标准、劳动保护、劳动条件、职业危害防护和本地区上年度职工月平均工资标准等事项，按照劳动合同履行地的有关规定执行；用人单位注册地的有关标准高于劳动合同履行地的有关标准，且用人单位与劳动者约定按照用人单位注册地的有关规定执行的，从其约定。根据这一规定，夏某的工资标准应该按照劳动合同的履行地（即上海）的有关规定执行。除非存在以下事实：第一，湖北的工资标准高于上海；第二，双方在合同中约定，尽管湖北的工资标准高于上海，但依然按照湖北的标准支付。显然，上述两条都是不存在的。因此，夏某的公司应该参照上海的相关标准执行，提高夏某的工资水平。

（资料来源：程先林，《经济法》，上海交通大学出版社2013年版。）

二、劳动合同的变更

用人单位与劳动者协商一致，可以变更劳动合同约定的内容。变更劳动合同，应当采用书面形式。

劳动合同变更需要具备下列条件：（1）需要双方当事人协商一致；（2）变更的条款属于依法可以变更的，不能变更的条款不得变更，如当事人条款等就是不能变更的条款；（3）变更的条款必须是尚未履行或者尚未完全履行的条款。

变更后的劳动合同文本由用人单位和劳动者各执一份。

小贴士：

变更劳动合同未采用书面形式，但已经实际履行了口头变更的劳动合同超过一个月，且变更后的劳动合同内容不违反法律、行政法规、国家政策以及公序良俗，当事人不得以未采用书面形式为由主张劳动合同变更无效。

第五节 劳动者"流动"的权益——劳动合同的解除和终止

一、劳动合同的解除

（一）劳动合同解除的含义

劳动合同解除是指在劳动合同订立后，劳动合同期限届满之前，因出现法定的情形，一方单方通知结束劳动关系或双方协商提前结束劳动关系的法律行为。劳动合同解除分为协商解除和法定解除两种情况。

（二）协商解除

协商解除，又称意定解除，是指劳动合同订立后，双方当事人因某种原因，在完全自愿的基础上协商一致，合意解除劳动合同，提前终止劳动合同的效力。

小贴士：

用人单位提出协商的，应当给劳动者经济补偿；但是劳动者提出协商的，则需要给单位补偿。当然，这种情况下，单位也不用给劳动者补偿。

（三）法定解除

法定解除是指在出现国家法律、法规或劳动合同规定的可以解除劳动合同的情形时，不需双方当事人一致同意，劳动合同效力可以自然或由单方提前终止。法定解除又可分为用人单位的单方解除和劳动者的单方解除。

1. 劳动者可单方解除劳动合同的情形

(1) 预告解除（或称"辞职"）：

①劳动者在试用期内提前三日通知用人单位，可以解除劳动合同。

②劳动者提前三十日以书面形式通知用人单位，可以解除劳动合同。

小贴士：

劳动者不能获得经济补偿，而且劳动者必须履行法定的通知程序。如果劳动者没有履行通知程序，则属于违法解除，如果因此对用人单位造成损失的，劳动者应对用人单位的损失承担赔偿责任。

(2) 即时解除（或称"被迫辞职"）。即时解除，即不需要提前通知，原因是用人单位有过错。根据《劳动合同法》第三十八条规定，用人单位有下列情形之一的，劳动者可以解除劳动合同：

①用人单位未按照劳动合同约定提供劳动保护或者劳动条件的。

②用人单位未及时足额支付劳动报酬的。

③用人单位未依法为劳动者缴纳社会保险费的。

④用人单位的规章制度违反法律、法规的规定，损害劳动者权益的。

⑤用人单位以欺诈、胁迫的手段或者乘人之危，使对方在违背真实意思的情况下订立或者变更劳动合同的。

⑥用人单位免除自己的法定责任、排除劳动者权利的。

⑦用人单位违反法律、行政法规强制性规定的。

⑧法律、行政法规规定劳动者可以解除劳动合同的其他情形。

对劳动者依据上述情形而解除劳动合同的，用人单位需向劳动者支付经济补偿。

(3) 劳动者不需事先告知用人单位即可解除劳动合同的情形：

①用人单位以暴力、威胁或者非法限制人身自由的手段强迫劳动者劳动。

②用人单位违章指挥、强令冒险作业危及劳动者人身安全的。

在上述这两种情形中，劳动者可以立即解除劳动合同，不需事先告知用人单位。对于劳动者不需事先告知即可解除劳动合同的，用人单位需向劳动者支付经济补偿。

2. 用人单位可单方解除劳动合同的情形

(1) 提前通知解除的情形（无过失性辞退）。《中华人民共和国劳动合同法》第四章第四十条：有下列情形之一的，用人单位提前30日以书面形式通知劳动者本人或者额外支付劳动者1个月工资后，可以解除劳动合同：

①劳动者患病或者非因工负伤，在规定的医疗期满后不能从事原工作，也不能从事由用人单位另行安排的工作的。

②劳动者不能胜任工作，经过培训或者调整工作岗位，仍不能胜任工作的。

③劳动合同订立时所依据的客观情况发生重大变化，致使劳动合同无法履行，经用人单位与劳动者协商，未能就变更劳动合同内容达成协议的。

(2) 用人单位可随时通知劳动者解除合同的情形：

①劳动者在试用期间被证明不符合录用条件的。

②劳动者严重违反用人单位的规章制度的。

③劳动者严重失职，营私舞弊，给用人单位造成重大损害的。

④劳动者同时与其他用人单位建立劳动关系，对完成本单位的工作任务造成严重影响，或者经用人单位提出，拒不改正的。

⑤劳动者以欺诈、胁迫的手段或者乘人之危，使用人单位在违背真实意思的情况下订立或者变更劳动合同的。

⑥劳动者被依法追究刑事责任的。

根据上述情形解除劳动合同的，用人单位无需向劳动者支付经济补偿。需要注意的是，用人单位的解除理由必须充分符合上述情形。如果用人单位所依据的理由实际上不能成立，那么用人单位解除劳动者的劳动合同是违法的。

> **案例分析**
>
> 甲所在公司人手一册《员工手册》规定，"上班时间不得利用办公室电脑玩游戏；违者，第一次给予书面警告，第二次再犯，则给予立即解除劳动合同的处理"。甲在公司上班时间屡次用办公室电脑玩游戏，公司经理口头予以过多次警告。后公司董事长撞见甲上班时间玩电脑，令经理立即解聘甲。请问公司可以立即解聘甲吗？
>
> 【解析】劳动者与用人单位在履行劳动合同的过程中，双方要共同遵守企业内部的规章制度。企业的规章制度是对职工行为准则的规范，也是对企业处理职工的程序规定。《劳动合同法》规定：劳动者严重违反劳动纪律或用人单位规章制度的，用人单位可以随时解除劳动合同。在本案例中，企业规章制度中规定，该企业对违反规定在上班时间利用办公电脑玩游戏的员工，第一次对其作出书面警告，如果第二次再犯这类的错误，才能解除员工的劳动合同。即该企业依据此条规定解除违纪员工的劳动合同，必须经过书面警告的程序。由于该企业对甲违纪行为未给予书面警告，那么甲利用办公电脑玩游戏的行为就不能直接产生解除劳动合同的法律后果，即该企业立即解除与甲的劳动合同这一处理决定的程序不合法。
>
> （资料来源：柳国华、肖文珍，《新编经济法实用教程》，中国轻工业出版社2016年版。）

（3）用人单位可以裁减人员的情形（经济性裁员）。《劳动合同法》第四十一条规定：有下列情形之一，需要裁减人员20以上或者裁减不足20人但占企业职工总数10%以上的，用人单位提前30日向工会或者全体职工说明情况，听取工会或者职工的意见后，裁减人员方案经向劳动行政部门报告，可以裁减人员：

①依照企业破产法规定进行重整的。

②生产经营发生严重困难的。

③企业转产、重大技术革新或者经营方式调整，经变更劳动合同后，仍需裁减人员的。

④其他因劳动合同订立时所依据的客观经济情况发生重大变化，致使劳动合同无法履行的。

裁减人员不足20人且占企业职工总数不足10%的，无需执行上述程序。

裁减人员时，应当优先留用下列人员：

①与本单位订立较长期限的固定期限劳动合同的。

②与本单位订立无固定期限劳动合同的。
③家庭无其他就业人员，有需要扶养的老人或者未成年人的。

用人单位裁减人员后，在6个月内重新招用人员的，应当通知被裁减的人员，并在同等条件下优先招用被裁减的人员。

对于用人单位裁减人员情形的，用人单位应当向劳动者支付经济补偿。

（4）用人单位不得解除劳动合同的情形。《劳动合同法》第四十二条规定：劳动者有下列情形之一的，用人单位不得解除劳动合同：

①从事接触职业病危害作业的劳动者未进行离岗前职业健康检查，或者疑似职业病病人在诊断或者医学观察期间的。
②在本单位患职业病或者因工负伤并被确认丧失或者部分丧失劳动能力的。
③患病或者非因工负伤，在规定的医疗期内的。
④女职工在孕期、产期、哺乳期的。
⑤在本单位连续工作满十五年，且距法定退休年龄不足五年的。
⑥法律、行政法规规定的其他情形。

如果用人单位在上述情形下解除劳动合同的，属于违法解除劳动合同情形，劳动者可要求继续履行劳动合同，享受在劳动关系存续期间的待遇。如果劳动者不愿意履行劳动合同或者劳动合同的履行已经不可能，那么劳动者可要求获得2倍经济补偿的赔偿金。

二、劳动合同的终止

劳动合同终止是指劳动合同订立后，因出现某种法定的事实，导致用人单位与劳动者之间形成的劳动合同自动归于消灭，或导致双方劳动关系的继续履行成为不可能而不得不消灭的情形。劳动合同终止主要是基于某种法定事实的出现，其一般不涉及用人单位与劳动者的意思表示，只要法定事实出现，一般情况下，都会导致双方劳动关系的消灭。

小贴士：
劳动合同终止不同于劳动合同的解除。劳动合同终止是劳动合同关系的自然结束，而劳动合同解除是劳动合同关系的提前结束。

（一）劳动合同终止的情形

（1）劳动合同期满的。
（2）劳动者开始依法享受基本养老保险待遇的。
（3）劳动者达到法定退休年龄的。
（4）劳动者死亡，或者被人民法院宣告死亡或者宣告失踪的。
（5）用人单位被依法宣告破产的。
（6）用人单位被吊销营业执照、责令关闭、撤销或者用人单位决定提前解散的。
（7）法律、行政法规规定的其他情形。

用人单位与劳动者不得约定上述情形之外的其他劳动合同终止条件，即使约定也无效。

相关链接

根据我国《劳动和社会保障部办公厅关于企业职工"法定退休年龄"涵义的复函》的规定,我国职工法定退休年龄是男工人年满60周岁,女工人年满50周岁,女干部年满55周岁。

(二)劳动合同终止的限制性规定

一般劳动合同期满,劳动合同就终止,但也有例外。根据《劳动合同法》第四十二条规定,如果有下列情形,用人单位既不得解除劳动合同,也不得终止劳动合同,劳动合同应当续延至相应的情形消失时终止:

(1)从事接触职业病危害作业的劳动者未进行离岗前职业健康检查,或者疑似职业病病人在诊断或者医学观察期间的。

(2)在本单位患职业病或者因工负伤并被确认丧失或者部分丧失劳动能力的。

(3)患病或者非因工负伤,在规定的医疗期内的。

(4)女职工在孕期、产期、哺乳期的。

(5)在本单位连续工作满十五年,且距法定退休年龄不足五年的。

(6)法律、行政法规规定的其他情形。

上述第2项"丧失或者部分丧失劳动能力"劳动者的劳动合同的终止,按照国家有关工伤保险的规定执行。

三、劳动合同解除和终止的法律后果和责任

(1)劳动合同的解除和终止,只对未履行的部分发生效力,即双方不再继续履行劳动合同。

(2)用人单位单方解除劳动合同,应当事先将理由通知工会。用人单位违反法律、行政法规规定或者劳动合同约定的,工会有权要求用人单位纠正。用人单位应当研究工会的意见,并将处理结果书面通知工会。

(3)用人单位违反规定解除或者终止劳动合同的,劳动者要求继续履行劳动合同的,用人单位应当继续履行;劳动者不要求继续履行劳动合同或者劳动合同已经不能继续履行的,用人单位应当依照劳动合同法规定的经济补偿标准的2倍向劳动者支付赔偿金,支付赔偿金的,不再支付经济补偿。赔偿金的计算年限自用工之日起计算。

(4)劳动合同解除或终止的,用人单位应当出具解除或者终止劳动合同的证明,并在15日内为劳动者办理档案和社会保险关系转移手续。劳动者应当按照双方约定,办理工作交接。用人单位依照本法有关规定应当向劳动者支付经济补偿的,在办结工作交接时支付。国家采取措施,建立健全劳动者社会保险关系跨地区转移接续制度。

用人单位对已经解除或者终止的劳动合同的文本,至少保存2年备查。

四、劳动合同解除和终止的经济补偿

(一)经济补偿的概念

劳动合同法中的经济补偿是指按劳动合同法的规定,在劳动者无过错的情况下,用人单

位与劳动者解除或终止劳动合同而依法应给予劳动者的经济上的补助，也称经济补偿金。

（二）用人单位应当向劳动者支付经济补偿的情形

（1）由用人单位提出解除劳动合同并与劳动者协商一致解除劳动合同的。

（2）劳动者符合随时通知解除和不需事先通知即可解除劳动合同规定情形而解除劳动合同的。

（3）用人单位符合提前30日以书面形式通知劳动者本人或者额外支付劳动者1个月工资后，可以解除劳动合同规定情形而解除劳动合同的。

（4）用人单位符合可裁减人员规定而解除劳动合同的。

（5）除用人单位维持或者提高劳动合同约定条件续订劳动合同，劳动者不同意续订的情形外，劳动合同期满终止固定期限劳动合同的。

（6）以完成一定工作任务为期限的劳动合同因任务完成而终止的。

（7）用人单位被依法宣告破产终止劳动合同的。

（8）用人单位被吊销营业执照、责令关闭、撤销或者用人单位决定提前解散而终止劳动合同的。

（9）法律、行政法规规定解除或终止劳动合同应当向劳动者支付经济补偿的其他情形。

案例分析

未签署劳动合同双倍工资纠纷

2010年4月，陈女士与某开发公司签订劳动合同，期限为2010年4月15日至同年12月31日。2011年1月，开发公司发放2011年合同续签名单，里面有陈女士的名字。后来开发公司多次敦促陈女士签订2011年度劳动合同，陈女士均未理睬。无奈之下开发公司两次向陈女士发出敦促函，陈女士收到后均未回复。后开发公司作出解除劳动关系通知书，并就向陈女士现场送达《解除劳动关系通知书》的过程进行了公证。被解除劳动关系后，陈女士起诉至法院请求开发公司与她签订劳动合同，恢复工作，并要求开发公司支付未签订劳动合同的双倍工资。

【解析】法院审理后认为，开发公司已主动提出与陈女士续签劳动合同，陈女士未作出回应，双方未能签订劳动合同的责任不在于开发公司，故对于陈女士主张开发公司支付未签订劳动合同双倍工资的请求，不予支持。对于陈女士主张撤销《解除劳动关系通知书》、签订劳动合同、恢复原岗位工作的请求，不予支持。

（资料来源：王晓燕，《公司常见纠纷防范与处理法律实务应用》，中国法制出版社2011年版）

（三）经济补偿的支付标准

经济补偿，一般根据劳动者在用人单位的工作年限和工资标准来计算具体金额，并以货币形式支付给劳动者。

经济补偿金的计算公式为：

经济补偿金 = 劳动合同解除或终止前劳动者在本单位的工作年限 × 每工作一年应得的经济补偿

或者简写为：经济补偿金＝工作年限×月工资

1. 关于补偿年限的计算标准

（1）经济补偿按劳动者在本单位工作的年限，每满1年支付1个月工资的标准向劳动者支付。6个月以上不满1年的，按1年计算；不满6个月的，向劳动者支付半个月工资的经济补偿。

（2）劳动者非因本人原因从原用人单位被安排到新用人单位工作的，劳动者在原用人单位的工作年限合并计入新用人单位的工作年限。原用人单位已经向劳动者支付经济补偿的，新用人单位在依法解除、终止劳动合同计算支付经济补偿的工作年限时，不再计算劳动者在原用人单位的工作年限。

2. 关于补偿基数的计算标准

（1）月工资按照劳动者应得工资计算，包括计时工资或者计件工资以及奖金、津贴和补贴等货币性收入。

（2）劳动者在劳动合同解除或者终止前12个月的平均工资低于当地最低工资标准的，按照当地最低工资标准计算。劳动者工作不满12个月的，按照实际工作的月数计算平均工资。

（3）劳动者月工资高于用人单位所在直辖市、设区的市级人民政府公布的本地区上年度职工月平均工资3倍的，向其支付经济补偿的标准按职工月平均工资3倍的数额支付，向其支付经济补偿的年限最高不超过12年。

3. 关于补偿年限和基数的特殊计算

《劳动合同法》施行之日已存续的劳动合同，在《劳动合同法》施行后解除或者终止，依照《劳动合同法》规定应当支付经济补偿的，经济补偿年限自《劳动合同法》施行之日起计算；《劳动合同法》施行前按照当时有关规定，用人单位应向劳动者支付经济补偿的，按照当时有关规定。在此情况下，经济补偿的计发办法分两段计算：2008年1月1日前的补偿年限和补偿基数，按当时当地的有关规定执行；2008年1月1日以后的补偿年限和补偿基数，按新规定执行，两段补偿合并计算。

对于劳动合同终止需支付经济补偿的情形，《劳动合同法》新规定劳动合同期满后，若用人单位不同意按照维持或高于原劳动合同约定条件的，与劳动者续订劳动合同的，用人单位应当向劳动者支付经济补偿，即以2008年1月1日为分界点，对于2008年1月1日后，因劳动合同终止需要支付经济补偿的，经济补偿的计算年限应自2008年1月1日开始计算；2008年1月1日之前的工作年限不属于经济补偿的计算范畴。

第六节　劳资双方的争议——劳动争议的解决

一、劳动争议的概念及适用范围

（一）劳动争议的概念

劳动争议是指对劳动者与用人单位因订立、履行、变更、解除或者终止劳动合同发生的争议。

(二) 劳动争议的范围

劳动争议的范围主要是指中华人民共和国境内的用人单位与劳动者发生的下列劳动争议：

(1) 因确认劳动关系发生的争议。
(2) 因订立、履行、变更、解除和终止劳动合同发生的争议。
(3) 因除名、辞退和辞职、离职发生的争议。
(4) 因工作时间、休息休假、社会保险、福利、培训以及劳动保护发生的争议。
(5) 因劳动报酬、工伤医疗费、经济补偿或者赔偿金等发生的争议。
(6) 法律、法规规定的其他劳动争议。

解决劳动争议的法律依据主要是《中华人民共和国劳动争议调解仲裁法》和《劳动人事争议仲裁办案规则》。

二、劳动争议的解决原则

根据《中华人民共和国劳动争议调解仲裁法》第三条规定：解决劳动争议，应当根据事实，遵循合法、公正、及时、着重调解的原则，依法保护当事人的合法权益。

举证责任。发生劳动争议，当事人对自己提出的主张，有责任提供证据。与争议事项有关的证据属于用人单位掌握管理的，用人单位应当提供；用人单位不提供的，应当承担不利后果。

三、劳动争议的解决方法

根据《中华人民共和国劳动争议调解仲裁法》第四条、第五条规定：用人单位与劳动者发生劳动争议，劳动者可以与用人单位协商，也可以请工会或者第三方共同与用人单位协商，达成和解协议；当事人不愿协商、协商不成或者达成和解协议后不履行的，可以向调解组织申请调解；不愿调解、调解不成或者达成调解协议后不履行的，可以向劳动争议仲裁委员会申请仲裁；对仲裁裁决不服的，除本法另有规定的外，可以依法向人民法院提起诉讼或者申请撤销仲裁裁决。

> **试一试**
>
> 甲、乙、丙、丁为某电器公司的技术人员，四人受该公司指派完成一项技术革新项目。该公司领导当时允诺如按期完成项目则每人奖励1万元。后技术任务已按期完成，但领导说1万元太多，公司其他员工有意见，只能每人奖励1千元。甲、乙准备申请劳动争议仲裁，而丙、丁则认为应该直接向人民法院起诉。
>
> 请问，本案争议能否直接向人民法院起诉？
>
> 【解析】甲、乙、丙、丁不能向人民法院起诉。根据我国《劳动争议调解仲裁法》规定，劳动争议发生后，当事人可以向本单位劳动争议仲裁委员会申请调解；调解不成，

> 当事人一方要求仲裁的，可以向劳动争议仲裁委员会申请仲裁。当事人一方也可以直接向劳动争议仲裁委员会申请仲裁。对仲裁裁决不服的，可以向人民法院提起诉讼，即劳动争议仲裁为向人民法院提起诉讼的必经程序。因此，本案例中，甲、乙、丙、丁在未经仲裁裁决的情况下，不能直接向人民法院起诉。

第七节　违反劳动合同法的法律责任

一、用人单位违反劳动合同的法律责任

（一）用人单位规章制度违法的法律责任

《劳动合同法》第八十条规定：用人单位直接涉及劳动者切身利益的规章制度违反法律、法规规定的，由劳动行政部门责令改正，给予警告；给劳动者造成损害的，应当承担赔偿责任。

（二）用人单位订立劳动合同违法的法律责任

（1）用人单位提供的劳动合同文本未载明劳动合同必备条款或者用人单位未将劳动合同文本交付劳动者的，由劳动行政部门责令改正；给劳动者造成损害的，应当承担赔偿责任。

（2）用人单位自用工之日起超过1个月不满1年未与劳动者订立书面劳动合同的，应当向劳动者每月支付2倍的工资。

（3）用人单位违反规定不与劳动者订立无固定期限劳动合同的，自应当订立无固定期限劳动合同之日起向劳动者每月支付2倍的工资。

（4）劳动合同依法律规定被确认无效，给劳动者造成损害的，用人单位应当承担赔偿责任。

（5）用人单位违反本法规定与劳动者约定试用期的，由劳动行政部门责令改正；违法约定的试用期已经履行的，由用人单位以劳动者试用期满月工资为标准，按已经履行的超过法定试用期的期间向劳动者支付赔偿金。

（6）用人单位违反本法规定，扣押劳动者居民身份证等证件的，由劳动行政部门责令限期退还劳动者本人，并依照有关法律规定给予处罚。

（7）用人单位违反规定，以担保或者其他名义向劳动者收取财物的，由劳动行政部门责令限期退还劳动者本人，并以每人500元以上2000元以下的标准处以罚款；给劳动者造成损害的，应当承担赔偿责任。劳动者依法解除或者终止劳动合同，用人单位扣押劳动者档案或者其他物品的，依照前款规定处罚。

(三) 用人单位履行劳动合同违法的法律责任

(1) 根据《劳动合同法》第八十五条规定，用人单位有下列情形之一的，由劳动行政部门责令限期支付劳动报酬、加班费或者经济补偿；劳动报酬低于当地最低工资标准的，应当支付其差额部分；逾期不支付的，责令用人单位按应付金额50%以上100%以下的标准向劳动者加付赔偿金：

(1) 未按照劳动合同的约定或者国家规定及时足额支付劳动者劳动报酬的。

(2) 低于当地最低工资标准支付劳动者工资的。

(3) 安排加班不支付加班费的。

(4) 解除或者终止劳动合同，未依照本法规定向劳动者支付经济补偿的。

(2) 根据《劳动合同法》第八十八条规定，用人单位有下列情形之一的，依法给予行政处罚；构成犯罪的，依法追究刑事责任；给劳动者造成损害的，应当承担赔偿责任：

①以暴力、威胁或者非法限制人身自由的手段强迫劳动的。

②违章指挥或者强令冒险作业危及劳动者人身安全的。

③侮辱、体罚、殴打、非法搜查或者拘禁劳动者的。

④劳动条件恶劣、环境污染严重，给劳动者身心健康造成严重损害的。

(四) 用人单位违法解除和终止劳动合同的法律责任

(1) 用人单位违反劳动合同规定解除或者终止劳动合同的，应当依照劳动合同法规定的经济补偿标准的2倍向劳动者支付赔偿金。

(2) 用人单位违反劳动合同法规定未向劳动者出具解除或者终止劳动合同的书面证明，由劳动行政部门责令改正；给劳动者造成损害的，应当承担赔偿责任。

(3) 劳动者依法解除或者终止劳动合同，用人单位扣押劳动者档案或者其他物品的，由劳动行政部门责令限期退还劳动者本人，并以每人500元以上2000元以下的标准处以罚款；给劳动者造成损害的，应当承担赔偿责任。

(五) 其他法律责任

根据《劳动合同法》第九十一条规定：用人单位招用与其他用人单位尚未解除或者终止劳动合同的劳动者，给其他用人单位造成损失的，应当承担连带赔偿责任。

对不具备合法经营资格的用人单位的违法犯罪行为，依法追究法律责任；劳动者已经付出劳动的，该单位或者其出资人应当依照本法有关规定向劳动者支付劳动报酬、经济补偿、赔偿金；给劳动者造成损害的，应当承担赔偿责任。

个人承包经营违反本法规定招用劳动者，给劳动者造成损害的，发包的组织与个人承包经营者承担连带赔偿责任。

二、劳动者违反劳动合同法的法律责任

(1) 劳动合同被确认无效，给用人单位造成损害的，有过错的一方应当承担赔偿责任。

(2) 劳动者违反劳动合同中约定的保密义务或者竞业限制，劳动者应当按照劳动合同的约定，向用人单位支付违约金。给用人单位造成损失的，应当承担赔偿责任。

(3) 劳动者违反劳动合同法规定解除劳动合同，或者给用人单位造成损失的，应当承担赔偿责任。

(4) 劳动者违反培训协议，未满服务期解除或者终止劳动合同的，或者因劳动者严重违纪，用人单位与劳动者解除约定服务期的劳动合同的，劳动者应当按照劳动合同的约定，向用人单位支付违约金。

综合实训

一、应掌握的专业术语

劳动合同、劳动合同的订立、固定期限劳动合同、无固定期限劳动合同、无效劳动合同、试用期、服务期、劳动合同的履行、劳动合同解除、劳动合同终止、经济补偿、劳动争议

二、单选题

1. 下列情形中，订立劳动合同的当事人具备主体合法性的是（   ）。
   A. 未满16周岁的小赵与某餐厅签订的劳动合同
   B. 未满16周岁的小钱与某杂技团签订的劳动合同
   C. 未满16周岁的小孙与某快递公司签订的劳动合同
   D. 未满16周岁的小李与某保安公司签订的劳动合同

2. 甲到晓霞宾馆做服务员已满1年，但晓霞宾馆迟迟未与甲签订书面劳动合同，下列说法正确的是（   ）。
   A. 双方劳动关系未建立
   B. 甲这1年可得24个月的工资
   C. 视为甲与饭店已签订无固定期限劳动合同
   D. 双方应签订书面劳动合同，签订前视为甲与宾馆已形成事实劳动关系

3. 已建立劳动关系，未同时订立书面劳动合同的，应当自用工之日起（   ）内订立书面劳动合同。
   A. 半个月   B. 一个月
   C. 两个月   D. 六个月

4. 用人单位自（   ）起即与劳动者建立劳动关系。
   A. 订立劳动合同   B. 在合同文本签字盖章
   C. 用工之日   D. 试用期结束

5. 2011年3月1日，甲公司与韩某签订劳动合同，约定合同期限1年，试用期1个月，每月15日发放工资。韩某3月10日上岗工作。甲公司与韩某建立劳动关系的起始时间是（   ）。
   A. 2011年3月1日   B. 2011年3月10日
   C. 2011年3月15日   D. 2011年4月10日

6. 根据劳动合同法律制度的规定，下列情形中，用人单位与劳动者可以不签订书面劳动合同的是（　　）。
   A. 试用期用工　　　　　　　B. 非全日制用工
   C. 固定期限用工　　　　　　D. 无固定期限用工

7. 某公司为员工李某提供专项培训费用10万元，对其进行专业技术培训，双方约定服务期10年。工作满5年时，李某辞职，李某应向某公司支付违约金（　　）万元。
   A. 0　　　　　　　　　　　B. 2
   C. 3　　　　　　　　　　　D. 5

8. 劳动者在试用期的工资不得低于本单位相同岗位最低工资或劳动合同约定工资的（　　）。
   A. 60%　　　　　　　　　　B. 80%
   C. 100%　　　　　　　　　 D. 60%

9. 在解除或终止劳动合同后，竞业限制的人员竞业限制期限，不得超过（　　）。
   A. 一年　　　　　　　　　　B. 二年
   C. 三年　　　　　　　　　　D. 四年

10. 劳动者提前（　　）以书面形式通知用人单位，可以解除劳动合同。
    A. 十五日　　　　　　　　　B. 三十日
    C. 六十日　　　　　　　　　D. 四十

三、多项题

1. 关于劳动合同的特征，下列选项正确的有（　　）。
   A. 劳动合同的主体一方是劳动者，另一方是用人单位
   B. 对于劳动合同，法律规定了较多的强制性规范
   C. 劳动者与用人单位在签订劳动合同时，应遵循平等、自愿、协商一致的原则
   D. 在履行劳动合同的过程中，双方的地位是平等的

2. 2009年2月，下列人员向所在单位提出订立无固定期限劳动合同，哪些人具备法定条件（　　）。
   A. 赵女士于1995年1月到某公司工作。1999年2月辞职，2002年1月回到该公司工作
   B. 钱先生于1985年进入某国有企业工作。2006年3月，该企业改制成为私人控股的有限责任公司，年满50岁的钱先生与公司签订了三年期的劳动合同
   C. 孙女士于2000年2月进入某公司担任技术开发工作，签订了为期三年、到期自动续期三年且续期次数不限的劳动合同。2009年1月，公司将孙女士提升为技术部副经理
   D. 李先生原为甲公司的资深业务员，于2008年2月被乙公司聘请担任市场开发经理，约定：先签订一年期合同，如果李先生于期满时提出请求，可以与公司签订无固定期限劳动合同

3. 关于当事人订立无固定期限劳动合同，下列哪些选项是符合法律规定的（　　）。
   A. 赵某到某公司应聘，提议在双方协商一致的基础上订立无固定期限劳动合同
   B. 王某在某公司连续工作满10年，要求与该公司签订无固定期限劳动合同

C. 李某在某国有企业连续工作满10年，距法定退休年龄还有12年，在该企业改制重新订立劳动合同时，主张企业有义务与自己订立无固定期限劳动合同

D. 杨某在与某公司连续订立的第二次固定期限劳动合同到期，公司提出续订时，杨某要求与该公司签订无固定期限劳动合同

4. 李某原在甲公司就职，适用不定时工作制。2012年1月，因甲公司被乙公司兼并，李某成为乙公司职工，继续适用不定时工作制。2012年12月，由于李某在年度绩效考核中得分最低，乙公司根据公司绩效考核制度中"末位淘汰"的规定，决定终止与李某的劳动关系。李某于2013年11月提出劳动争议仲裁申请。主张：原劳动合同于2012年3月到期后，乙公司一直未与本人签订新的书面劳动合同，应从4月起每月支付两倍的工资；公司终止合同违法，应恢复本人的工作。关于乙公司兼并甲公司时李某的劳动合同及工作年限，下列选项正确的是（　　）。

A. 甲公司与李某的原劳动合同继续有效，由乙公司继续履行

B. 如原劳动合同继续履行，在甲公司的工作年限合并计算为乙公司的工作年限

C. 甲公司还可与李某经协商一致解除其劳动合同，由乙公司新签劳动合同替代原劳动合同

D. 如解除原劳动合同时甲公司已支付经济补偿，乙公司在依法解除或终止劳动合同计算支付经济补偿金的工作年限时，不再计算在甲公司的工作年限

5. 关于未签订书面劳动合同期间支付两倍工资的仲裁请求，下列选项正确的是（　　）。

A. 劳动合同到期后未签订新的劳动合同，李某仍继续在公司工作，应视为原劳动合同继续有效，故李某无权请求支付两倍工资

B. 劳动合同到期后应签订新的劳动合同，否则属于未与劳动者订立书面劳动合同的情形，故李某有权请求支付两倍工资

C. 李某的该项仲裁请求已经超过时效期间

D. 李某的该项仲裁请求没有超过时效期间

6. 甲厂与工程师江某签订了保密协议。江某在劳动合同终止后应聘至同行业的乙厂，并帮助乙厂生产出与甲厂相同技术的发动机。甲厂认为保密义务理应包括竞业限制义务，江某不得到乙厂工作，乙厂和江某共同侵犯其商业秘密。关于此案，下列哪些选项是正确的（　　）。

A. 如保密协议只约定保密义务，未约定支付保密费，则保密义务无约束力

B. 如双方未明确约定江某负有竞业限制义务，则江某有权到乙厂工作

C. 如江某违反保密协议的要求，向乙厂披露甲厂的保密技术，则构成侵犯商业秘密

D. 如乙厂能证明其未利用江某披露甲厂的保密技术，则不构成侵犯商业秘密

7. 下列哪些说法违反劳动法的规定（　　）。

A. 我国公民未满十六岁的，用人单位一律不得招用

B. 双方当事人不可以约定周六加班

C. 劳动合同期限约定为两年的，试用期应在半年以上

D. 双方当事人可就全部合同条款做出违约金约定

8. 某厂工人田某体检时被初诊为脑瘤，万念俱灰，既不复检也未经请假就外出旅游。

该厂以田某连续旷工超过15天，严重违反规章制度为由解除劳动合同。对于由此引起的劳动争议，下列哪些说法是正确的（　　）。

A. 该厂单方解除劳动合同，应事先将理由通知工会
B. 因田某严重违反规章制度，无论是否在规定的医疗期内，该厂均有权解除劳动合同
C. 如该厂解除劳动合同的理由成立，无需向田某支付经济补偿金
D. 如该厂解除劳动合同的理由违法，田某有权要求继续履行劳动合同并主张经济补偿金2倍的赔偿金

9. 李某原在甲公司就职，适用不定时工作制。2012年1月，因甲公司被乙公司兼并，李某成为乙公司职工，继续适用不定时工作制。2012年12月，由于李某在年度绩效考核中得分最低，乙公司根据公司绩效考核制度中"末位淘汰"的规定，决定终止与李某的劳动关系。李某于2013年11月提出劳动争议仲裁申请，主张：原劳动合同于2012年3月到期后，乙公司一直未与本人签订新的书面劳动合同，应从4月起每月支付两倍的工资；公司终止合同违法，应恢复本人的工作。关于李某申请仲裁的有关问题，下列选项正确的是（　　）。

A. 因劳动合同履行地与乙公司所在地不一致，李某只能向劳动合同履行地的劳动争议仲裁委员会申请仲裁
B. 申请时应提交仲裁申请书，确有困难的也可口头申请
C. 乙公司对终止劳动合同的主张负举证责任
D. 对劳动争议仲裁委员会逾期未作出是否受理决定的，李某可就该劳动争议事项，向法院起诉

10. 李某因追索工资与所在公司发生争议，遂向律师咨询。该律师提供的下列哪些意见是合法的（　　）。

A. 解决该争议既可与公司协商，也可申请调解，还可直接申请仲裁
B. 应向劳动者工资关系所在地的劳动争议仲裁委提出仲裁请求
C. 如追索工资的金额未超过当地月最低工资标准12个月的金额，则仲裁裁决为终局裁决，用人单位不得再起诉
D. 即使追索工资的金额未超过当地月最低资标准12个月的金额，只要李某对仲裁裁决不服，仍可向法院起诉

四、案例分析

1. 2014年6月，王女士被深圳×公司录用，协商劳动合同时间2年，薪资1800元，×公司要求先签订3个月的试用期合同，试用期内发放80%工资，通过试用期后，再签订1年9个月的正式录用合同。

该公司的做法有什么问题吗？你如果是该公司人事经理你会怎么做？

2. 2014年10月深圳一公司HR接到业务经理需求，想辞退2001年1月入职该公司的一名员工，该员工上个季度绩效考核为不合格，目前工资为5000元。如果你是接到这个需求的HR你会怎么做？如果用人单位提出对该名员工进行立即辞退，且员工同意，需要经济补偿金多少？如果用人单位提出协商，该员工不同意，公司要求必须辞退，你会建议采用哪些条款，如何操作进行辞退？

参 考 文 献

1. 韩雪琴、李梦钧：《经济法概论》（第4版），东北财经大学出版社2017年版。
2. 张亮、刘彩霞：《税法》，东北财经大学出版社2017年版。
3. 赵炬：《经济法基础与实务》（2016年修订），北京邮电大学出版社2016年版。
4. 吴笑囡、韩雪娇、郑福芹：《经济法》，清华大学出版社2016年版。
5. 华本良：《经济法概论》（第6版），东北财经大学出版社2016年版。
6. 张新莉：《经济法基础》，上海交通大学出版社2016年版。
7. 柯新华：《经济法原理与实务》，上海财经大学出版社2016年版。
8. 房绍坤：《物权法案例教程》（第2版），知识产权出版社2012年版。
9. 财政部会计资格评价中心：《初级会计资格经济法基础》，中国财经出版传媒集团、经济科学出版社、中国财政经济出版社2016年版。
10. 财政部会计资格评价中心：《中级会计资格经济法》，中国财经出版传媒集团、经济科学出版社，2016年版。
11. 崔建远：《合同法》（第6版），法律出版社2016年版。
12. 柳国华、肖文珍：《新编经济法实用教程》，中国轻工业出版社2016年版。
13. 周昀：《反垄断法新论》，中国政法大学出版社2016年版。
14. 李余华：《经济法案例分析》，北京出版社2016年版。
15. 杨红心：《经济法》，北京邮电大学出版社2016年版。
16. 曲振涛：《经济法教程》，高等教育出版社2016年版。
17. 邱云：《经济法基础》，南京大学出版社2016年版。
18. 王利明：《合同法研究》，中国人民大学出版社2015年版。
19. 程啸：《侵权责任法》（第2版），法律出版社2015年版。
20. 仇兆波、孔庆华、田嘉：《经济法》，上海交通大学出版社2015年版。
21. 何辛、梁敏：《新编经济法实用教程》，大连理工大学出版社2014年版。
22. 马瑄：《经济法》，东北财经大学出版社2014年版。
23. 李遐桢、李涛：《劳动与社会保障法》，清华大学出版社2014年版。
24. 程先林：《经济法》，上海交通大学出版社2013年版。
25. 孙桂娟：《经济法概论》，高等教育出版社2013年版。
26. 李俊、许光红：《产品质量法案例评析》，对外经济贸易大学出版社2012年版。
27. 王瑜：《经济法》，高等教育出版社2012年版。
28. 王晓燕：《公司常见纠纷防范与处理法律实务应用》，中国法制出版社2011年版。
29. 王晓晔：《反垄断法》，法律出版社2011年版。
30. 张云、徐楠轩：《产品质量法教程》，厦门大学出版社2011年版。